Peter Pohmann

C++17

C++17

Praxiswissen zum neuen Standard. Von C++11 bis 17

Peter Pohmann
C++ 17. Praxiswissen zum neuen Standard. Von C++11 bis 17

ISBN: 978-3-86802-174-5

© 2017 entwickler.press
Ein Imprint der Software & Support Media GmbH

Bibliografische Information Der Deutschen Bibliothek
Die Deutsche Bibliothek verzeichnet diese Publikation in der Deutschen Nationalbibliografie; detaillierte bibliografische Daten sind im Internet über http://dnb.ddb.de abrufbar.

Ihr Kontakt zum Verlag und Lektorat:
Software & Support Media GmbH
entwickler.press
Schwedlerstraße 8
60314 Frankfurt am Main
Tel.: +49 (0)69 630089-0
Fax: +49 (0)69 630089-89
lektorat@entwickler-press.de
http://www.entwickler-press.de

Lektorat/Korrektorat: Björn Bohn, Martina Raschke
Copy-Editor: Nicole Bechtel
Satz: Sibel Sarli
Umschlaggestaltung: Maria Rudi
Titelbild: © Raycat | istockphoto.com
Belichtung, Druck und Bindung: Media-Print Informationstechnologie GmbH, Paderborn

Alle Rechte, auch für Übersetzungen, sind vorbehalten. Reproduktion jeglicher Art (Fotokopie, Nachdruck, Mikrofilm, Erfassung auf elektronischen Datenträgern oder anderen Verfahren) nur mit schriftlicher Genehmigung des Verlags. Jegliche Haftung für die Richtigkeit des gesamten Werks kann, trotz sorgfältiger Prüfung durch Autor und Verlag, nicht übernommen werden. Die im Buch genannten Produkte, Warenzeichen und Firmennamen sind in der Regel durch deren Inhaber geschützt.

Inhaltsverzeichnis

1	**Einleitung**	**9**
1.1	Ist dieses Buch für Sie?	9
1.2	Aufbau	10
1.3	Compiler	11
1.4	Schreibweisen	12
1.5	Dank	12
1.6	Kontakt	13
1.7	Neue Features im Überblick	13
2	**Sprache**	**19**
2.1	Automatische Typableitung mit „auto"	19
2.2	Nachgestellter Ergebnistyp	23
2.3	Streng typisierte Aufzählungen	25
2.4	Ausnahmespezifikation	29
2.5	Attribute	31
2.6	„Rvalue"-Referenzen	34
2.7	Explizites Überschreiben	42
2.8	Ableitung und Überschreibung verhindern	45
2.9	Automatische Implementierung löschen und wiederherstellen	47
2.10	Konstruktoraufruf in Konstruktoren	52
2.11	Konstruktoren vererben	56
2.12	Unbeschränkte Union	58
2.13	Bereich-basierte „for"-Schleife	61
2.14	Initialisierer-Listen	65

2.15 Einheitliche Initialisierung 68
2.16 Initialisierer für Elementvariablen 71
2.17 Lambda-Funktionen 72
2.18 Initialisierte Lambda-Bindungen 80
2.19 Generische Lambda-Funktionen 82
2.20 Konstante Ausdrücke 83
2.21 Erweiterte „friend"-Deklaration 89
2.22 Binäre Literale 91
2.23 Zahlentrennzeichen 91
2.24 Zeichenketten-Literale 92
2.25 Benutzerdefinierte Literale 96
2.26 „nullptr" 100
2.27 „Inline"-Namensräume 104
2.28 Statische Zusicherungen 106
2.29 Expliziter Typkonvertierungsoperator 108
2.30 „alignof" und „alignas" 110
2.31 „sizeof" für Elementvariablen 111
2.32 Strukturierte Bindung 112
2.33 Bedingungen mit Initialisierer 114
2.34 Geschachtelte Namensraumdefinition 116
2.35 „Inline"-Variable 117

3 Templates 119

3.1 Variablen-Templates 119
3.2 Typberechnung 121
3.3 Typableitung mit „decltype(auto)" 123
3.4 Unbenannte und lokale Typen als Templateargumente 126
3.5 Default-Argumente für Funktionstemplates 127
3.6 Abgeleiteter Templateparametertyp 128
3.7 Typ-Alias 129
3.8 Externe Templateinstanziierung 131

3.9	Variadische Templates	133
3.10	Faltungsausdrücke	139
3.11	Referenz-Wrapper	141
3.12	Typmerkmale	145
3.13	„forward"-Funktion	156
3.14	„declval"-Funktion	161
3.15	Bedingte Kompilierung im Template	162

4 Bibliothek 165

4.1	Integrale Typen mit definierter Länge	165
4.2	„unique_ptr"-Klasse	168
4.3	„shared_ptr"-Klasse	174
4.4	„weak_ptr"-Klasse	179
4.5	„move"-Funktion	182
4.6	„bind"-Funktion	187
4.7	„function"-Klasse	190
4.8	Einfach verkettete Liste	194
4.9	Array mit fester Länge	197
4.10	Hash-basierte Container	200
4.11	Tupel	207
4.12	Varianten	210
4.13	Beliebige Werte	212
4.14	Optionale Werte	214
4.15	Elementzugriff über den Typ	215
4.16	Brüche	217
4.17	Zeitpunkte und Zeitdauern	220
4.18	Zeitliterale	224
4.19	Zufallszahlen	225
4.20	Reguläre Ausdrücke	230
4.21	„system_error"-Klasse	233
4.22	„next"- und „prev"-Funktionen	237

4.23	Containererweiterungen	238
4.24	IO-Manipulator „quoted"	240
4.25	String-Sichten	241
4.26	Konvertierung von Zeichenketten in Zahlen	243

5 Nebenläufigkeit 245

5.1	„async"-Funktion	245
5.2	Threads	252
5.3	„packaged_task"-Klasse	254
5.4	„promise"-Klasse	257
5.5	„shared_future"-Klasse	262
5.6	Mutexe	264
5.7	Zweistufige Mutexe	267
5.8	„lock_guard"-Klasse	269
5.9	Rekursiver Mutex	272
5.10	„lock"- und "try_lock"-Methoden	276
5.11	„unique_lock"-Klasse	279
5.12	Thread-lokale Daten	282
5.13	Einmalige Ausführung	284
5.14	Bedingungsvariablen	287
5.15	Atomare Operationen	296
5.16	„exception_ptr"-Klasse	302

6 Anhang 305

6.1	Glossar	305
6.2	Literatur	319

Stichwortverzeichnis 321

1 Einleitung

1.1 Ist dieses Buch für Sie?

Als C++-Entwickler haben Sie natürlich mitbekommen, dass es seit 2011 ein runderneuertes „modernes" C++ gibt, das sich in vielen Konzepten vom klassischen C++ unterscheidet und das seitdem regelmäßig weiterentwickelt wird, mit einem kleinen Update im Jahr 2014 und mit einer größeren Updates im Jahr 2017 (zum Zeitpunkt des Buchs so geplant).

Aber es geht Ihnen vielleicht wie den meisten: Sie stecken im Tagesgeschäft, haben Deadlines zu beachten und unvorhersehbare Fixes zu liefern. Bis jetzt blieb Ihnen keine Zeit, um sich die Neuerungen genauer anzusehen oder gar darüber nachzudenken, wie Sie sie in Ihrer Arbeit einsetzen wollen. Die vorhandenen Bücher zum modernen C++ sind alle recht umfangreich, erheblich umfangreicher jedenfalls als das ursprüngliche C++-Buch „Die C++-Programmiersprache" von Bjarne Stroustrup aus dem Jahr 1985. Das alles zu lesen, zu verstehen sowie die Vor- und Nachteile abzuwägen, dafür hat die Zeit bisher einfach nicht gereicht.

Wenn diese Beschreibung auf Sie zutrifft, dann ist dieses Buch genau das richtige für Sie. Es strebt nicht danach, möglichst alle Aspekte des neuen Standards ausführlichst zu beschreiben, sondern gibt Ihnen so knapp wie möglich das nötige Wissen und Verständnis an die Hand, die neuen Möglichkeiten sofort einzusetzen. Es beginnt bei den Erläuterungen nicht bei Adam und Eva, sondern setzt voraus, dass Sie über ein solides Praxiswissen mit klassischem C++ verfügen. Andererseits erwartet es von Ihnen nicht, dass Sie die theoretischen Grundlagen von Programmiersprachen noch auswendig aufsagen können. Ein großer Wert liegt darauf, zu jeder Neuerung zu erläutern, wie und wann man sie einsetzen kann. Ab und zu steht hier auch einmal, dass Sie das eher nicht brauchen werden oder lieber die Finger davon lassen sollten.

1 – Einleitung

Vom Aufbau her stehen die einzelnen Kapitel, von denen jedes genau ein neues Feature beschreibt, weitgehend für sich. So brauchen Sie dieses Buch nicht unbedingt von vorne bis hinten zu lesen, sondern können sich auch einfach die Themen heraussuchen, die Ihnen am interessantesten erscheinen. Weil natürlich manche Neuigkeiten auf anderen aufbauen, finden Sie an den entsprechenden Stellen die Verweise auf die nötigen Voraussetzungen.

1.2 Aufbau

Die Kapitel sind locker zu vier Themenbereichen zusammengefasst. Im ersten Teil „Sprache" geht es um Erweiterungen an der Programmiersprache selbst. Hier werden hauptsächlich neue Schlüsselwörter oder neue Bedeutungen vorhandener Schlüsselwörter vorgestellt.

Anschließend kommt ein Teil über „Templates", den Sie komplett überspringen können, wenn Sie keine Templates bei Ihrer Arbeit einsetzen. Hier sind sowohl Sprach- als auch Bibliothekserweiterungen zusammengefasst, die das Programmieren mit Templates betreffen. Früher oder später sollten Sie sich übrigens unbedingt mit diesem Themengebiet auseinandersetzen. Das Arbeiten mit Templates ist gerade durch die Erweiterungen seit C++11 erheblich angenehmer geworden. Dieses Buch will allerdings keine Einführung in die Templateprogrammierung sein.

Im dritten Teil geht es um die Erweiterungen der Standardbibliothek. Er ist mit „Bibliothek" überschrieben und enthält Dutzende von neuen Funktionen und Klassen von ganz einfachen Dingen wie den Funktionen *next* und *prev* bis zu umfangreichen Bibliotheken wie der für Zufallszahlen oder Zeitpunkte und Zeitdauern.

Alles, was mit Multithreading und paralleler Programmierung zu tun hat, fasst der vierte Teil unter „Nebenläufigkeit" zusammen. Auch hier kommen sowohl Spracherweiterungen als auch neue Bibliotheksklassen vor, weil sie zusammen ein sinnvolles Ganzes ergeben. Wenn diesem Ihr Hauptinteresse gilt, fangen Sie einfach damit an und folgen den Verweisen für die wenigen Spracherweiterungen und Bibliotheksklassen, die als Grundlage benötigt werden.

Compiler

Im Anhang finden Sie ein Glossar, welches einige Fachbegriffe rund um C++ erläutert. Diese Begriffe gehören zwar nicht zu den Neuerungen seit C++11. Sie tauchen aber im Hauptteil auf und sind dann doch so speziell, dass sie nicht jeder sofort parat haben kann. Immer, wenn Sie den Pfeil vor einem Wort sehen wie in →trivialer Typ, dann wissen Sie, dass es dazu einen Glossareintrag gibt.

Die Beschreibung jedes Sprachmerkmals hat einen sich wiederholenden Aufbau. Zuerst kommt unter „Worum geht es?" eine Kurzfassung, die in wenigen Sätzen erklärt, was das Feature tut. Darauf folgt unter der Überschrift „Was steckt dahinter?" eine Motivation und Erläuterung, wo erklärt wird, wieso das Feature eingeführt wurde und wie es funktioniert. Als drittes kommen Tipps, wie Sie die Erweiterung am besten einsetzen, und wie nicht. Dieser Abschnitt ist mit „Wie setzt man es ein?" überschrieben. In „Wer unterstützt es?" folgen Hinweise zur Compilerunterstützung in Visual C++ und GCC. Abschließend runden Verweise auf den Header und gegebenenfalls weiterführende Literatur die Beschreibung ab.

Damit Sie die für Sie interessanten Neuigkeiten möglichst schnell finden, gibt es neben einem umfangreichen Stichwortverzeichnis gleich anschließend eine Feature-Tabelle als Wegweiser. Hier finden Sie alle Erweiterungen von C++ mit einer Bewertung bezüglich Relevanz, Expertentum und Spezialwissen mit Verweis auf das jeweilige Kapitel.

1.3 Compiler

Bei den Compilern beschränkt sich dieses Buch auf die beiden meistverwendeten, nämlich Visual C++ unter Windows und GNU unter Linux. Viele Beispiele wurden sowohl mit MSVC 2015 Update 3 als auch GCC 5.4 bzw. 7.0 getestet. Manchmal war das aber nicht möglich, weil insbesondere MSVC 2015 bei den Features von C++17 noch große Lücken hat. Die Version 2017 war noch nicht veröffentlicht, als dieses Buch geschrieben wurde.

Insbesondere für GCC ist auch nicht vollständig dokumentiert, ab welcher Version eine bestimmte Erweiterung der Standardbibliothek unterstützt wird. Deshalb finden Sie bei der Beschreibung der Compilerunterstützung öfter Formulierungen wie „spätestens ab 4.8". Das bedeutet dann, dass laut Dokumentation und eigenen Tests das Feature in GCC 4.8 zur Verfügung steht, dass aber nicht bekannt ist, seit wann es schon existiert.

1.4 Schreibweisen

Dieses Buch wurde in der Originalfassung auf Deutsch geschrieben und bemüht sich deshalb, wo immer sinnvoll möglich, deutsche oder eingedeutschte Begriffe zu nutzen. Dies führt zwangsläufig zu einigen schwierigen Fällen. Zum Beispiel könnte man Compiler als Übersetzer verwenden, aber genau genommen besteht der Übersetzer aus Compiler und Linker zusammen. Statt Templates könnte man Schablonen sagen, aber dieser Begriff hat sich nicht genug eingebürgert, um ihn zu verwenden. Das Wort *variadisch* steht nicht im Duden, allerdings steht auch seine englische Entsprechung *variadic* nicht im Oxford Dictionary, so dass es hier verwendet wird (für *variadic templates*). Es gibt noch viele weitere Beispiele für Zweifelsfälle, sie wurden so gut gelöst, wie es eben möglich ist.

Generell wird in Programmierrichtlinien und Coding-Style-Guides empfohlen, auf die using-namespace-Anweisung zu verzichten, und gerade bei Bezeichnern aus der Standardbibliothek das *std* immer mit dazuzuschreiben. Diese Regel wird in diesem Buch grundsätzlich beachtet, an einigen Stellen aber aus Platzgründen übergangen. In den Codebeispielen passen ca. 70 Zeichen in eine Zeile und Umbrüche führen zu sehr schlechter Lesbarkeit. Deshalb wurden lange Zeilen, wo immer möglich, gekürzt, unter anderem durch Weglassen von *std::*, durch Einsatz kürzerer Bezeichner, durch kürzere Literale für die Ausgabe, durch Einführung zusätzlicher Variablen usw. Diese Maßnahmen würden in echtem Code die Lesbarkeit verschlechtern und werden deshalb nicht empfohlen, im Buch jedoch verbessern sie die Übersichtlichkeit.

1.5 Dank

Dieses Buch hat der Autor nicht alleine geschaffen. Mein Dank geht an meine Frau Judith und meine Söhne Simon und Philipp, die nicht nur viele Stunden auf Mann und Vater verzichten mussten, sondern auch auf den leistungsstärksten Computer unserer Familie. Peter Biereder, Jörg Roth und Kurt Holzinger haben sich durch das Manuskript gekämpft und geholfen, Fehler und Ungereimtheiten zu beseitigen. Sebastian Burkart und Martina Raschke vom Verlag haben das Projekt betreut und mir mit Rat und Tat zur Seite gestanden.

1.6 Kontakt

Über Anmerkungen zu diesem Buch freue ich mich unter peter.pohmann@dataweb.de.

1.7 Neue Features im Überblick

Die folgende Tabelle soll Ihnen einen Überblick über die Neuheiten und ihre praktische Bedeutung geben. Jedes neue Feature hat eine Bewertung in den drei Kategorien Relevanzfaktor, Expertenfaktor und Spezialistenfaktor. In jeder Kategorie bekommt das Feature ein bis drei Symbole für gering, mittel und ausgeprägt.

*** Relevanzfaktor: Je mehr Sternchen, desto wichtiger ist das Feature für Ihren Programmiereralltag. Features mit drei Sternchen sollten Sie möglichst sofort lesen und einsetzen, vorausgesetzt, es ist von allgemeiner Bedeutung oder für Ihr Spezialgebiet relevant.

!!! Expertenfaktor: Mehr Ausrufezeichen bedeuten höheren Lernaufwand. Ein Feature mit hohem Expertenfaktor und geringer Relevanz werden Sie sich wohl erst ansehen, wenn Sie einmal Zeit übrig haben oder wenn es für Ihr Spezialgebiet genau passt.

??? Spezialistenfaktor: Manche Features sind nur für spezifische Anwendungsfälle interessant, beispielsweise für Simulation oder systemnahe Programmierung. Auch wenn sie in diesen Anwendungsgebieten sehr wichtig sind, kommen viele Softwareentwickler auch gut ohne sie aus.

1 – Einleitung

Sprache

Feature	Relevanz	Experte	Spezialist	Kapitel
Automatische Typableitung mit *auto*	***	!	?	2.1
Nachgestellter Ergebnistyp	*	!	?	2.2
streng typisierte Aufzählungen	***	!	?	2.3
Ausnahmespezifikation	**	!	?	2.4
Attribute	**	!	?	2.5
rvalue-Referenzen	**	!!	?	2.6
explizites Überschreiben	**	!!	?	2.7
Ableitung und Überschreibung verhindern	***	!	?	2.8
automatische Implementierung löschen und wiederherstellen	**	!!	?	2.9
Konstruktoraufruf in Konstruktoren	**	!	?	2.10
Konstruktoren vererben	**	!	?	2.11
unbeschränkte Unions	*	!!	?	2.12
bereichbasierte *for*-Schleife	***	!	?	2.13
Initialisierer-Listen	***	!!	?	2.14
einheitliche Initialisierung	***	!	?	2.15
Initialisierer für Elementvariablen	***	!	?	2.16
Lambda-Funktionen	***	!	?	2.17
initialisierte Lambda-Captures	**	!!	?	2.18
generische Lambda-Funktionen	*	!!	?	2.19
konstante Ausdrücke	***	!	?	2.20
erweiterte *Friend*-Deklaration	**	!!	?	2.21
binäre Literale	*	!	???	2.22
Zahlentrennzeichen	*	!	?	2.23
Zeichenketten-Literale	**	!	?	2.24
benutzerdefinierte Literale	*	!	??	2.25
nullptr	***	!	?	2.26
Inline-Namensräume	*	!!	??	2.27

Neue Features im Überblick

Feature	Relevanz	Experte	Spezialist	Kapitel
statische Zusicherungen	**	!	?	2.28
expliziter Typkonvertierungsoperator	**	!	?	2.29
alignof und *alignas*	*	!	?	2.30
sizeof für Elementvariable	*	!!	???	2.31
strukturierte Bindung	**	!	?	2.32
Bedingung mit Initialisierer	**	!	?	2.33
geschachtelte Namensraumdefinition	**	!	?	2.34
Inline-Variable	**	!	?	2.35

Templates

Feature	Relevanz	Experte	Spezialist	Kapitel
Variablentemplates	*	!!	?	3.1
Typberechnung	**	!!	?	3.2
automatische Typableitung mit *declspec(auto)*	*	!!	??	3.3
unbenannte und lokale Typen als Templateargumente	*	!	?	3.4
Default-Argumente für Funktionstemplates	*	!	?	3.5
abgeleiteter Templateparametertyp	*	!!	??	3.6
Typ-Alias	*	!	??	3.7
externe Templateinstanziierung	**	!!	??	3.8
variadische Templates	***	!!	?	3.9
Faltungsausdrücke	**	!!	??	3.10
Referenz-Wrapper	**	!	?	3.11
Typmerkmale	**	!	?	3.12
forward-Funktion	**	!!!	??	3.13
declval-Funktion	*	!!	??	3.14
bedingte Kompilierung im Template	**	!!	?	3.15

1 – Einleitung

Bibliothek

Feature	Relevanz	Experte	Spezialist	Kapitel
integrale Typen mit definierter Länge	**	!	?	4.1
unique_ptr-Klasse	***	!	?	4.2
shared_ptr-Klasse	**	!!	?	4.3
weak_ptr-Klasse	**	!!	?	4.4
move-Funktion	**	!	?	4.5
bind-Funktion	**	!!	?	4.6
function-Klasse	**	!!	?	4.7
einfach verkettete Liste	*	!!	?	4.8
Array mit fester Länge	*	!	?	4.9
Hash-basierte Container	**	!	?	4.10
Tupel	**	!!	??	4.11
Varianten	**	!	?	4.12
beliebige Werte	*	!	??	4.13
optionale Werte	***	!	?	4.14
Zugriff auf Element über seinen Typ	**	!	??	4.15
Brüche	*	!!	??	4.16
Zeitpunkte und Zeitdauern	***	!!	?	4.17
Zeitliterale	**	!	?	4.18
Zufallszahlen	**	!!	???	4.19
Reguläre Ausdrücke	**	!!	??	4.20
system_error-Klasse	*	!!	??	4.21
next- und prev-Funktionen	*	!	?	4.22
Containererweiterung	**	!	?	4.23
IO-Manipulator quoted	**	!	??	4.24
String-Sichten	***	!	?	4.25
Konvertierung von Zeichenketten in Zahlen	***	!	?	4.26

Nebenläufigkeit

Feature	Relevanz	Experte	Spezialist	Kapitel
async-Funktion	***	!	?	5.1
Threads	**	!!	??	5.2
packaged_task-Klasse	*	!!	??	5.3
promise-Klasse	**	!!	??	5.4
shared_future-Klasse	*	!!	???	5.5
Mutexe	***	!	?	5.6
zweistufige Mutexe	**	!!	??	5.7
lock_guard-Klasse	***	!	?	5.8
rekursiver Mutex	***	!	?	5.9
lock- und *try_lock*-Methoden	**	!!	?	5.10
unique_lock-Klasse	**	!	?	5.11
Thread-lokale Daten	**	!	?	5.12
einmalige Ausführung	**	!	?	5.13
Bedingungsvariablen	**	!!	?	5.14
atomare Operationen	**	!!	???	5.15
exception_ptr-Klasse	**	!	??	5.16

2 Sprache

2.1 Automatische Typableitung mit „auto"

Worum geht es?

Wenn Sie den Typ einer zu definierenden Variablen als *auto* angeben, bestimmt der Compiler den tatsächlichen Typ automatisch aus dem Initialisierer. Zum Beispiel:

```
auto pi = 3.1415;

std::string s("Anthony");
auto l = s.length();

std::vector<int> v;
auto i = v.begin();
```

Seit C++14 funktioniert das auch mit dem Ergebnistyp einer Funktion:

```
auto Calculate(double a, int b, float c) {
  return b/a * c;
}
```

Was steckt dahinter?

Den korrekten Typ für eine Variable anzugeben, ist in manchen Fällen eine Qual. Nehmen Sie zum Beispiel folgende Definition einer *map*, die zu einem Bezeichner in einem konfigurierbaren Zeichensatz eine Funktion liefert, welche zwei *double*-Argumente erwartet und eine komplexe Zahl zurückgibt.

```
std::map<
  std::basic_string<uchar>,
  std::complex<float> (*)(double, double)
> functions;
```

Nun soll die *map* in einer *for*-Schleife abgearbeitet werden. Wie war nochmal gleich der genaue Typ des Iterators?

```
for (std::map<std::basic_string<uchar>,
    std::complex<float> (*)(double, double)>::const_iterator it =
    functions.begin(); it != functions.end(); ++it) {
 ...
}
```

Das einzutippen macht wenig Spaß und fördert auch nicht gerade die Lesbarkeit des Codes. Hier kommt im neuen Standard das Schlüsselwort *auto* zur Hilfe:

```
for (auto it = functions.begin(); it != functions.end(); ++it) {
 ...
}
```

Das einfache Prinzip: „*auto* definiert die Variable mit dem Typ des Initialisierers" funktioniert aber nicht überall intuitiv. Die Typableitung für *auto* unterliegt denselben Regeln wie die für Templateparameter. So gilt für Referenzen:

Wenn der Initialisierer eine Referenz liefert, definiert *auto* den unreferenzierten Typ.

Nach

```
class Foo {
public:
  const std::string& GetName() const;
  std::string* CreateDescription() const;
  ...
};

Foo foo;
auto name = foo.GetName();
```

Automatische Typableitung mit „auto"

hat *name* also den Typ *string* und nicht *const string&*.

Sie können aber auch explizit definieren, dass der automatische Typ konstant, eine Referenz oder ein Zeiger sein soll:

```
const auto& name = foo.GetName();
```

macht *name* zu einer konstanten *string*-Referenz.

Als Zeiger können Sie den automatischen Typ nur dann deklarieren, wenn der Initialisierer auch eine Adresse liefert. Eine Konvertierung ist nicht vorgesehen. Technisch gesehen ist also

```
auto* desc = foo.CreateDescription();
```

identisch mit

```
auto desc = foo.CreateDescription();
```

Ersteres macht aber deutlicher, dass es sich bei *desc* um einen Zeiger handelt.

Auf eine Funktion angewendet bestimmt sich der Ergebnistyp dadurch, dass die beschriebenen Regeln auf den zurückgegebenen Ausdruck angewendet werden. Der Ergebnistyp der Funktion *Calculate* ist also derselbe, der für *r* in folgender Umformung berechnet werden würde:

```
auto r = b/a * c;
return r;
```

Das Schlüsselwort *auto* wird auch für Rückgabewerte von Funktionen im Zusammenhang mit dem nachgestellten Typ benutzt, wie im Kapitel 2.2 beschrieben wird.

Vielleicht erinnern Sie sich, dass das Schlüsselwort *auto* früher dafür verwendet wurde, eine Stack-Variable (automatic variable) zu definieren. Das ist schon lange nicht mehr nötig und ab C++11 auch nicht mehr möglich, weil das Schlüsselwort eine neue Bedeutung bekommen hat.

2 – Sprache

Wie setzt man es ein?

Es ist verführerisch, bei Variablendefinition einfach nur *auto* zu schreiben und den Rest der Arbeit dem Compiler zu überlassen. Namhafte Autoren empfehlen aus guten Gründen, *auto* einzusetzen, wo es möglich ist (z. B. Meyers 2015). Fehler durch falsche Typdeklaration und durch ungewollte Konvertierungen werden so vermieden. Außerdem passt sich der automatische Typ an, wenn der Typ des Initialisierers durch eine Programmänderung nicht mehr derselbe ist.

Andererseits gibt es auch Fälle, wo bei der Definition mit *auto* der resultierende Typ nicht der ist, den Sie intuitiv explizit geschrieben hätten. Hier sind ein paar Beispiele, bei denen Sie vorsichtig sein müssen:

```
std::string n = "Alexandrescu";
auto n = "Alexandrescu"; // n ist jetzt vom Typ const char*

BaseClass* o = new DerivedClass();
auto* o = new DerivedClass(); // o ist jetzt von Typ DerivedClass*

const std::string* d = foo.CreateDescription();
auto d = foo.CreateDescription(); // d ist nicht mehr const
```

Problematisch ist auch die Verständlichkeit des Codes, wenn der Typ einer Variablen nicht mehr offensichtlich ist. Sehen Sie sich dieses Beispiel an:

```
auto x = foo1->GetX();
auto y = foo1->GetFactor();
auto r = foo2->Process(x, y);
auto z = r - x;
```

Preisfrage: Welchen Typ hat z?

Am besten setzt man *auto* da ein, wo eine Variable oder Funktion mit einem technisch komplizierten Typ definiert wird, der zum Verständnis des Ablaufs aber weiter nichts beiträgt. Beispiele dafür sind Iteratoren, wie oben gezeigt, oder auch Lambda-Funktionen (siehe 2.17) und andere
→ aufrufbare Objekte sowie Templateklassen.

```
int Func(double, std::string, double);

auto lambda = [&](double d, const std::string& s) {
  return Func(d, s, d);
};
auto f = std::bind(Func, std::placeholders::_1, "Williams",
  std::placeholders::_2);

std::map<int, std::string> m;
auto e = m[12];
```

Wo der Typ der Variablen aus der Initialisierung nicht eindeutig hervorgeht, aber für das weitere Verständnis des Codes wichtig ist, sollten Sie überlegen, bei der expliziten Deklaration zu bleiben. Dies gilt erst recht für Funktionen, bei denen man die Implementierung lesen muss, um den Ergebnistyp zu erschließen.

Wer unterstützt es?

Standard C++11, für Ergebnistypen C++14

MSVC ab 2010, für Ergebnistypen ab 2015

GCC ab 4.4, für Ergebnistypen ab 4.9

2.2 Nachgestellter Ergebnistyp

Worum geht es?

Statt

```
int Func(double d);
```

können Sie jetzt auch schreiben

```
auto Func(double d)->int;
```

Was steckt dahinter?

Die neue Schreibweise vereinfacht an manchen Stellen die Angabe des Ergebnistyps. Sehen Sie sich zum Beispiel diese Klasse an:

```
class Foo {
public:
  enum Color { red, green, blue };
  Color GetColor() const;
private:
  Color color_;
};
```

Die Implementierung von *GetColor* mussten Sie bisher so schreiben:

```
Foo::Color Foo::GetColor() const {
  return color_;
}
```

Nun können Sie es auch folgendermaßen formulieren:

```
auto Foo::GetColor() const -> Color {
  return color_;
}
```

Der nachgestellte Ergebnistyp befindet sich schon innerhalb des Sichtbarkeitsbereichs der Klassenelemente. Das gilt für den vorangestellten nicht. Deshalb können Sie im zweiten Fall auf den zusätzlichen Klassennamen verzichten und ersparen sich in manchen Fällen einige Schreibarbeit.

Wie setzt man es ein?

Der nachgestellte Ergebnistyp bricht mit lange eingeprägten Denkmustern beim Lesen von Quelltext. Sein Einsatz ist also nur in Sonderfällen zu empfehlen.

Einen echten Gewinn bringt die neue Schreibweise im Zusammenspiel mit der berechneten Typdeklaration mit *decltype*, die im Kapitel 3.2 beschrieben wird. Außerdem wird sie für Lambda-Funktionen benutzt (siehe Kapitel 2.17).

Wer unterstützt es?

Standard C++11

MSVC ab 2010

GCC ab 4.4

2.3 Streng typisierte Aufzählungen

Worum geht es?

Wenn Sie Ihre Aufzählungen mit dem zusätzlichen Schlüsselwort *struct* oder *class* kennzeichnen, dürfen die Werte nur noch mit vorangestelltem Aufzählungsnamen angesprochen werden und können nicht mehr versehentlich nach *int* konvertiert werden:

```
// Definiert Linienstile durchgezogen, gepunktet, gestrichelt
enum struct LineStyle { solid, dotted, dashed };
```

```
void DrawLine(LineStyle style);
```

```
DrawLine(LineStyle::dotted);
```

Statt *enum struct* können Sie auch mit genau derselben Bedeutung *enum class* schreiben.

Was steckt dahinter?

Die Wertbezeichner in einem herkömmlichen *enum* sind in seinem Namensraum global definiert. Da diese Bezeichner aber meistens „schöne" Namen haben, möchte man sie nicht auf diese Weise „verschwenden" und den Namensraum verschmutzen. Daher sehen die meisten Programmierrichtlinien vor, dem Wertbezeichner ein Präfix voranzustellen. Zum Beispiel so:

```
enum LineStyle { lsSolid, lsDotted, lsDashed };
```

So richtig gut lesbar ist das nicht, vor allem, wenn weitere Aufzählungen dazu kommen:

```
enum FillStyle { fsSolid, fsHatched, fsHollow };
DrawCircle(lsSolid, fsSolid);
```

Da sieht es mit den neuen C++-Aufzählungen doch gleich viel lesbarer aus:

```
enum struct LineStyle { solid, dotted, dashed };
enum struct FillStyle { solid, hatched, hollow };
DrawCircle(LineStyle::solid, FillStyle::solid);
```

Das ist aber noch nicht alles. Auch wenn die neuen Aufzählungstypen standardmäßig immer noch auf *int*-Werten basieren, erlauben sie doch keine implizite Konvertierung mehr. Dadurch werden Fehler eher vom Compiler erkannt und Sie brauchen nicht mehr typischen Code wie diesen hier zu schreiben:

```
void DrawCircle(LineStyle lineStyle, FillStyle fillStyle){
    assert(lineStyle >= lsSolid && lineStyle <= lsDashed);
    assert(fillStyle >= fsSolid && fillStyle <= fsDashed);
    ....
}
```

Mit den streng typisierten Aufzählungen dürfen Sie davon ausgehen, dass keine illegalen Werte übergeben oder zugewiesen werden können, so wie Sie ja bei einem *short* auch nicht prüfen müssen, ob er nicht etwa größer als 32 767 ist.

```
LineStyle lineStyle;
lineStyle = 1; // Compilerfehler
lineStyle = LineStyle::dotted + 1; // Compilerfehler
```

Natürlich können Sie auch beim neuen Aufzählungstyp die nummerischen Werte festlegen. C++11 geht sogar noch einen Schritt weiter und erlaubt die Definition des Basistyps. Dadurch können Sie die Speichergröße des *enum* selbst bestimmen, wenn Sie dabei die neuen Integer-Typen wie *uint8_t* (siehe Kapitel 4.1) benutzen, sogar für alle Plattformen auf die identische Weise.

Streng typisierte Aufzählungen

```
enum struct LineStyle: uint8_t {
  solid = 0,
  dotted = 1,
  dashed = 2
};
```

Im Unterschied zu klassischen Aufzählungstypen können *enum structs* auch vorwärts deklariert werden:

```
enum struct LineStyle: uint8_t;
enum struct FillStyle: uint8_t;

void DrawCircle(LineStyle lineStyle, FillStyle fillStyle);

enum struct LineStyle: uint8_t {
  solid = 0,
  dotted = 1,
  dashed = 2
};
```

Wie setzt man es ein?

enum structs und *enum classes* sind die besseren Aufzählungstypen. Sie sollten konsequent eingesetzt werden, sofern keine Kompatibilität mit Code nach altem Standard gefordert ist. Das fördert die Lesbarkeit und vermeidet Fehler durch Zuweisung ungültiger Werte.

Durch Festlegung eines kleineren zugrundeliegenden Typs können Sie Speicherplatz sparen. Oft macht das keinen wesentlichen Unterschied, aber in einem Vektor von 1 000 000 Linienarten kann es sich schon lohnen.

Grundsätzlich sind bei der Wahl des Basistyps die neuen Integer-Typen mit fester Länge zu empfehlen. Schließlich ändert sich die Anzahl der Aufzählungswerte nicht zwischen den Plattformen, also sollte auch der Basistyp einen identischen Wertebereich haben. Dies hilft dann wiederum bei der Serialisierung und Deserialisierung.

Größere Basistypen als *int* brauchen Sie nicht explizit anzugeben, der Compiler wählt ihn geeignet.

2 – Sprache

Wenn Sie den Aufzählungstyp für Flags benutzen möchten, also einzelne Werte zu einem Gesamtwert kombinieren, dann ist es sinnvoll, den bitweisen *Oder*-Operator zu definieren:

```
enum struct AggregationFlags: uint32_t {
    minimum = 0x000001;
    maximum = 0x000002;
    average = 0x000004;
    first   = 0x000008;
    last    = 0x000010;
};

AggregationFlags operator|(AggregationFlags a,
                           AggregationFlags b) {
    typedef std::underlying_type<AggregationFlags>::type
            EnumType;
    return static_cast<AggregationFlags>(
        static_cast<EnumType>(a) | static_cast<EnumType>(b));
}
```

Hier ist *underlying_type* eine Typeigenschaft, mit der sich bestimmen lässt, auf welchem Basistyp die Aufzählung beruht. Typeigenschaften und andere Typmerkmale sind das Thema des Kapitels 3.12.

Ob Sie *enum struct* oder *enum class* benutzen, macht technisch gesehen keinen Unterschied. Man könnte allerdings argumentieren, dass der Unterschied zwischen *struct* und *class* an anderen Stellen darin liegt, dass die Elemente von *struct* standardmäßig öffentlich sind, während sie bei *class* privat sind. Da die Elemente einer *enum struct* oder *enum class* immer öffentlich sind, liegt die Bezeichnung *enum struct* näher.

Wer unterstützt es?

Standard C++11

MSVC ab 2012

GCC ab 4.4

2.4 Ausnahmespezifikation

Worum geht es?

Die Ausnahmespezifikation mit *throw* wurde als veraltet (*deprecated*) eingestuft:

```
void Foo(int a) throw(logical_error); // Nicht mehr benutzen.
```

Teilweise wird sie ersetzt durch das neue Schlüsselwort *noexcept*. Es bedeutet, dass die Funktion keine Ausnahme wirft, und kann zur Übersetzungszeit ausgewertet werden:

```
void Bar(int a) noexcept;
```

Was steckt dahinter?

Die *throw*-Spezifikationen wurden von der Entwicklergemeinde nie richtig angenommen und werden schon länger von führenden Köpfen wie Herb Sutter (Sutter 2005) nicht mehr empfohlen. Die Idee war, dass eine Funktion dokumentiert, welche Ausnahmen sie wirft. Die Erfahrung zeigt aber, dass das für den Entwickler eine schwer lösbare Aufgabe ist, vor allem, wenn Templates oder Ableitungshierarchien im Spiel sind. Der Compiler kann die Spezifikation zur Übersetzungszeit nicht überprüfen. Wenn dann zur Laufzeit eine unerwartete *Exception*-Klasse geworfen wird, beendet sich das Programm sofort. Dadurch führen Ausnahmespezifikationen oft eher zu schlechteren Programmen als zu stabileren.

Die Grundidee ist aber nach wie vor interessant und deshalb wurde in C++11 eine neue Form der Spezifikation eingeführt, die als Ersatz für das bisherige *throw()* dient. Sie spezifiziert nur das, was auch im Entwurf schon festgelegt werden sollte, nämlich, ob eine Funktion überhaupt eine Ausnahme werfen kann oder nicht. Wenn sie mit *noexcept* gekennzeichnet ist und zur Laufzeit doch eine Exception auslöst, wird das Programm sofort mit *terminate* beendet.

2 – Sprache

Der Zweck des neuen Schlüsselwortes liegt ausschließlich in der Dokumentation. Auch die neue Variante kann vom Compiler nicht verifiziert werden. Allerdings kann der Compiler die Information von *noexcept* verwenden, um den erzeugten Code zu optimieren.

Bis hierher sieht es so aus, also ob *noexcept* einfach nur eine Reduktion von *throw* auf ein sinnvolles Maß darstellt. Es hält aber auch eine Erweiterung bereit, die für den Einsatz mit Templatefunktion notwendig ist. Hier hängt ja die Frage, ob die Funktion eine Ausnahme wirft oder nicht, vom Templateargument ab. Zum Beispiel wird bei

```
vector<MyClass> myVector;
myVector.push_back(MyObject(..));
```

ein Zuweisungsoperator für *MyObject* aufgerufen, der je nach Implementierung von *MyObject noexcept* sein könnte oder nicht. Diese Abhängigkeit können Sie explizit im *noexcept*-Spezifizierer angeben:

```
template<typename T>
void DoSomething(T a, T b) noexcept(std::is_trivial<T>::value) {
...
}
```

Der Spezifizierer *noexcept* hat hier also ein Argument, das angibt, ob die *noexcept*-Zusicherung gilt oder nicht. Die Funktion *DoSomething<T>* ist genau dann *noexcept*, wenn *T* ein trivialer Typ ist. (*is_trivial* ist eine Typeigenschaft, auf die im Kapitel 3.12 eingegangen wird.)

Für den Fall, dass in *DoSomething* eine Funktion *Foo* von *T* aufgerufen wird, können Sie das *noexcept* von *DoSomething* auch vom *noexcept*-Spezifizierer von *Foo* abhängig machen:

```
template<typename T>
void DoSomething(T a) noexcept(noexcept(a.Foo())) {
  a.Foo();
...
}
```

Das innere *noexcept* ist der *noexcept*-Operator. Er liefert dann *false*, wenn sein Argument nicht sicher als *noexcept* identifiziert werden kann.

Wie setzt man es ein?

Es ist sicherlich sinnvoll, Funktionen, die keine Ausnahme werfen (sollten), entsprechend mit *noexcept* zu kennzeichnen. Es hilft nicht nur dem Compiler beim Optimieren, sondern insbesondere dem Leser des Programms beim Verständnis und dem Aufrufer der Funktion bei der Ausnahmebehandlung.

Die Verwendung des *noexcept*-Operators in Templatefunktionen ist die konsequente Fortführung dieses Prinzips, erscheint aber recht kompliziert, verglichen mit den Vorteilen.

Wer unterstützt es?

Standard C++11

MSVC ab 2015

GCC spätestens ab 4.8

2.5 Attribute

Worum geht es?

Attribute sind eine Möglichkeit, dem Compiler zusätzliche Hinweise zu geben, beispielsweise, dass die Funktion nie zurückkehren wird:

```
[[noreturn]]
void throwException() {
  throw "exception";
}
```

Was steckt dahinter?

Die Möglichkeit für solche Hinweise existiert in vielen Programmiersprachen und auch in C++ haben die Compilerhersteller schon lange proprietäre Sprachmittel eingeführt, beispielsweise __*declspec* bei Visual C++ oder __*attribute*__ bei GCC. Die Attribute im Standard führen eine

2 – Sprache

einheitliche Syntax für diese Zwecke ein und definieren gleichzeitig einige konkrete Attribute, die dann auf allen Plattformen dieselbe Bedeutung haben. Es ist allerdings weiterhin zulässig, dass Implementierungen ihre eigenen Attribute definieren.

Attribute können praktisch allen Elementen eines Programms zugeordnet werden: Typen, Variablen, Funktionen, Namen, Codeblöcken, Modulen, Namensräumen und Enumeratoren. Manche Attribute wie *deprecated* erlauben auch Argumente:

```
[[deprecated("Veraltet, stattdessen newFunc benutzen")]]
void oldFunc() {
  ...
}
```

Ein weiteres Attribut zeigt an, dass das „Durchfallen" von einem *case*-Label zum nächsten beabsichtigt ist.

```
switch(n) {
case 1:
  DoFor1();
  break;
case 2:
  if (Ask()) {
    DoFor2a();
    break;
  } else {
    DoFor2b();
    [[fallthrough]];
  }
case 3:
  DoFor3And2b();
  break;
}
```

Das Attribut steht hier an einer seltsamen Stelle, weil es syntaktisch ein Attribut für eine leere Anweisung ist, welche wiederum die letzte einer Sequenz sein muss, bevor ein neues *case*-Label kommt. Wenn das Attribut zum *case*-Label gehören würde, könnte man keine Einzelfälle unterscheiden, wie das oben für *n* == 2 geschieht.

Attribute

Die folgenden Attribute sind im Standard definiert:

Attribut	Bedeutung
noreturn	Funktion kehrt nie zurück
carries_dependency	Funktionsverhalten in Bezug auf die Speicherzugriffsreihenfolge
deprecated deprecated("Meldung")	Typ, Funktion etc. soll nicht mehr benutzt werden. Erzeugt eine Compilerwarnung
fallthrough	Keine Compilerwarnung beim „Durchfallen" von einem *case*-Label zum nächsten
nodiscard	Warnung, wenn Typ, Aufzählung oder Funktion in einem Ausdruck benutzt wird, dessen Ergebnis verworfen wird.
maybe_unused	Keine Warnung, wenn das Objekt nicht benutzt wird

Wie setzt man es ein?

Mit *[[noreturn]]* vermeiden Sie unnötige Warnungen des Compilers. *[[deprecated]]* erzeugt beim Übersetzen einen Hinweis auf die Benutzung eines veralteten Konstrukts. *[[fallthrough]]* unterdrückt die Warnung des Compilers, wenn eine Anweisungssequenz nicht mit *break* abgeschlossen wurde. Attribute verbessern Ihren Code, weil sie helfen, Ihre Absicht auszudrücken, und sollten dementsprechend konsequent genutzt werden.

Wer unterstützt es?

- Attribute bei Namensräumen und Enumeratoren
  - Standard C++17
  - MSVC ab 2017
  - GCC ab 4.9 (Namensräume) bzw. 6 (Enumeratoren)
- *fallthrough*, *nodiscard*, *maybe_unused*
  - Standard C++17
  - MSVC ab 2017
  - GCC ab 7
- *deprecated*

- Standard C++14
- MSVC ab 2015
- GCC ab 4.9
* Attribute allgemein, *noreturn, carries_dependency*
- Standard C++11
- MSVC ab 2015
- GCC ab 4.8

2.6 „Rvalue"-Referenzen

Worum geht es?

Eine *Rvalue*-Referenz ist eine Referenz, die nur auf ein Objekt ohne Name verweisen kann. Die folgende Funktion kann nicht mit normalen *string*-Instanzen aufgerufen werden:

```
void Foo(std::string&& s) {
    ...
}

// Erlaubt, ein temporäres Objekt hat keinen Namen
Foo(std::string("Otto"));

// Nicht erlaubt, die Variable hat einen Namen
std::string author("Josuttis");
Foo(author);
```

Da namenlose Objekte weiter nicht mehr benutzt werden können, ist es zulässig, das Objekt durch den Funktionsaufruf kaputt zu machen. Das können Sie ausnutzen, um effizientere Funktionen zu schreiben.

Was steckt dahinter?

Rvalues sind im Gegensatz zu *Lvalues* Objekte, die keine Adresse im Speicher haben und deshalb auch keinen Namen. Dadurch können sie nur an der Definitionsstelle benutzt werden und sind abgesehen davon nicht zugänglich. Die Bezeichnungen *Rvalue* und *Lvalue* kommen ursprüng-

„Rvalue"-Referenzen

lich davon, dass man nur Objekten mit Speicheradressen einen Wert zuweisen kann, das heißt, nur *Lvalues* können auf der linken Seite einer Zuweisung stehen. Aus dieser Sicht dürften *Rvalues* nur auf der rechten Seite einer Zuweisung stehen.

Diese Regel ist allerdings nach heutigen Maßstäben nicht vollständig, zum Beispiel haben *const*-Objekte eine Speicheradresse und sind deshalb *Lvalues*, dürfen aber trotzdem nicht auf der linken Seite einer Zuweisung stehen. Doch als Gedächtnisstütze taugt die alte Regel allemal:

Lvalue = linke Seite der Zuweisung = Adresse im Speicher

Rvalue = nur rechte Seite der Zuweisung = keine Adresse im Speicher

Per Definition sind alle Objekte, die kein *Lvalue* sind, ein *Rvalue*. Zu letzteren gehören neben Literalen vor allem temporäre Objekte. Diese entstehen zum Beispiel durch explizite Erzeugung:

```
Foo(std::string("Stroustrup"));
```

oder als Rückgabewert einer Funktion:

```
std::string MakeString() {
  return "Stroustrup";
}

Foo(MakeString());
```

oder als Ergebnis einer Berechnung

```
std::string name("Stroustrup");
Foo(name + ", Bjarne");
```

Die Unterscheidung zwischen *Rvalue*- und *Lvalue*-Objekten ist nicht neu. Neu ist jedoch die Möglichkeit, Referenzen speziell für *Rvalues* zu definieren. Einer solchen Referenz können Sie keinen *Lvalue* zuweisen, umgekehrt geht das aber schon. Sehen Sie sich diese Definitionen an:

```
std::string name("Herb");
std::string& nameLRef = name;
```

nameLRef ist eine *Lvalue*-Referenz auf *name* und deshalb kann man ihr auch einen neuen Wert zuweisen, der dann in *name* gespeichert wird:

```
nameLRef = "Sutter";
```

Damit Sie einer *Lvalue*-Referenz einen *Rvalue* zuweisen dürfen, muss sie konstant sein. Ansonsten könnte man den *Rvalue* ja darüber ändern.

```
string& nameLRef2 = string("Herb"); // Geht nicht
const string& nameLRef2 = string("Herb"); // Das schon
```

Die *Rvalue*-Referenz funktioniert im Prinzip genauso, nur darf man ihr keinen *Lvalue* zuweisen:

```
string&& nameRRef = name; // Geht nicht, name ist ein Lvalue
string&& nameRRef = string("Herb"); // Geht, temporäres Objekt
nameRRef = "Sutter"; // Weist der string-Instanz einen neuen
                     // Wert zu
```

Die letzte Zeile funktioniert deshalb, weil *nameRRef* zwar eine *Rvalue*-Referenz ist und also auf einen *Rvalue* verweist, aber selbst einen Namen hat und deshalb ein *Lvalue* ist. Diese Unterscheidung wirkt anfangs etwas verwirrend, ist aber eigentlich logisch. Schließlich muss ein Zeiger auf ein konstantes Objekt selbst nicht konstant sein und eine Referenz auf einen String ist ja nicht selbst ein String.

Diese Zuweisungsregeln gelten analog auch für die Zuweisung von Argumenten an Funktionsparameter. Wenn es zwei Funktionen gibt,

```
void Foo(std::string& s) {
  std::cout << s << " (Lvalue)";
}

void Foo(std::string&& s) {
  std::cout << s << " (Rvalue)";
}
```

dann wird für *Lvalues* die erste Überladung aufgerufen und für *Rvalues* die zweite:

„Rvalue"-Referenzen

```
Foo(std::string("Rainer")); // Ruft die zweite Überladung auf.
std::string name("Alexandrescu");
Foo(name); // Ruft die erste Überladung auf.
```

Ein interessanter Fall entsteht, wenn *Foo* mit einer *Rvalue*-Referenz statt einem *Rvalue* aufgerufen wird.

```
std::string&& nameRRef = std::string("Herb");
Foo(nameRRef);
```

Obwohl man der Meinung sein könnte, dass hier die zweite Überladung mit der *Rvalue*-Referenz aufgerufen wird, ist das Gegenteil der Fall. Das wurde so festgelegt, weil Operationen auf *Rvalue*-Referenzen gefährlich sind und schließlich ist *nameRRef* ja ein *Lvalue*. Die Details hierzu finden Sie im Kapitel 3.13.

Wie setzt man es ein?

Rvalues-Referenzen dienen hauptsächlich dazu, die sogenannte *Move*-Semantik zu realisieren. Das Ziel der Sache ist, effizientere Implementierungen für elegante und sichere Algorithmen zu erreichen.

Nehmen Sie folgende Klasse als Beispiel:

```
class DataObject {
public:
  DataObject(): data_(nullptr), size_(0) {
  }
  DataObject(int n, int v): data_(new int[n]), size_(n) {
    std::fill(data_, data_ + size_, v);
  }
  DataObject(const DataObject& src)  {
    data_ = new int[src.size_];
    std::copy(src.data_, src.data_ + src.size_, data_);
    size_ = src.size_;
  }
  int GetSize() const {
    return size_;
  }
  DataObject& operator=(const DataObject& src) {
    size_ = 0;
    delete[] data_;
```

```
    data_ = new int[src.size_];
    std::copy(src.data_, src.data_ + src.size_, data_);
    size_ = src.size_;
  }
  virtual ~DataObject() {
    delete[] data_;
  }
private:
  int* data_;
  int size_;
};
```

Sie enthält ein dynamisch allokiertes C-Array von Integern und besitzt sowohl einen Kopierkonstruktor als auch einen Zuweisungsoperator.

Wenn Sie einer Instanz dieser Klasse ein temporäres Objekt zuweisen wollen, passiert eine ganze Menge:

```
DataObject do2 = DataObject(10, 1);
```

1. Eine temporäre Instanz von *DataObject* wird auf dem Stapelspeicher angelegt.
2. Der Konstruktur allokiert das interne C-Array von Integer und füllt es.
3. Der Zuweisungsoperator wird aufgerufen.
4. Er löscht das vorhandene C-Array, allokiert es neu und kopiert alle Werte aus dem temporären Array.
5. Der Destruktor der temporären Instanz wird aufgerufen.
6. Er löscht das C-Array.

Vorübergehend existieren also zwei Kopien des C-Arrays im Speicher, obwohl nie mehr als eine benötigt wird.

Es wäre deutlich effizienter, wenn man die Daten von *data_* vom temporären Objekt direkt in die Zielinstanz verschieben könnte, anstatt es erst zu kopieren und dann das Original zu löschen. Das ist es, was mit *Move*-Semantik gemeint ist:

Beim Zuweisen oder Kopieren mit *Move*-Semantik werden die Daten direkt von der Quelle in das Ziel verschoben, statt dupliziert. Als Folge daraus ist das Quellobjekt anschließend leer.

„Rvalue"-Referenzen

Um das zu realisieren, ist ein Zuweisungsoperator gewünscht, welcher auf den internen Speicher der Quelle zugreift und ihn direkt in das Zielobjekt übernimmt. Technisch ist das kein Problem:

```
class DataObject {
public:
  ...
  DataObject& operator=(DataObject& src) {
    delete[] data_;
    data_ = src.data_;
    size_ = src.size_;
    src.size_ = 0;
    src.data_ = nullptr;
  }
  ...
};
```

Allerdings ist dies eine gefährliche Funktion, da sie ja den Speicher der Quelle „raubt" und das *src*-Objekt leer zurücklässt. Die folgende Sequenz würde zur Ausgabe 0 führen, was dann auf den ersten Blick doch unerwartet wäre:

```
DataObject ob1(1, 10);
DataObject ob2 = ob1;
cout << ob1.GetSize();
```

Das ist im Übrigen genau der Punkt, warum *auto_ptr* als gefährlich und ab C++11 als veraltet (*deprecated*) gilt. Sein Kopierkonstruktor und sein Zuweisungsoperator verwenden die *Move*-Semantik und können damit sehr leicht unbeabsichtigt die Quelle zerstören (mehr darüber im Kapitel 4.2).

Mit einer *Rvalue*-Referenz lässt sich diese Gefahr bannen:

```
class DataObject {
public:
  ...
  DataObject& operator=(const DataObject& src) {
    size_ = 0;
    delete[] data_;
    data_ = new int[src.size_];
```

```
std::copy(src.data_, src.data_ + src.size_, data_);
    size_ = src.size_;
  }
  DataObject& operator=(DataObject&& src) {
    delete[] data_;
    data_ = src.data_;
    size_ = src.size_;
    src.size_ = 0;
    src.data_ = nullptr;
  }
  ...
};
```

Die Klasse hat nun zwei Überladungen für den Zuweisungsoperator. Die zweite Überladung zerstört zwar immer noch das Quellobjekt, kann aber nur noch mit *Rvalue*-Argumenten aufgerufen werden. Bei denen spielt es aber keine Rolle, weil auf sie nach dem Aufruf nicht mehr zugegriffen werden kann. Für andere als *Rvalue*-Argumente ruft der Compiler die erste Überladung auf und führt die Zuweisung in der langsamen Variante durch, die die Quelle erhält.

Dasselbe gilt auch für den Kopierkonstruktor:

```
class DataObject {
public:
  ...
  DataObject(const DataObject& src) {
    data_ = new int[src.size_];
    std::copy(src.data_, src.data_ + src.size_, data_);
    size_ = src.size_;
  }
  DataObject(DataObject&& src): data_(src.data_),
                                size_(src.size_) {
    src.size_ = 0;
    src.data_ = nullptr;
  }
};
```

Die Konsequenz daraus: Wenn Ihnen die Performanz Ihres Programms wichtig ist, implementieren Sie für Klassen mit nennenswerten internen Daten die *Move*-Semantik für Kopierkonstruktor und Zuweisungsoperator.

„Rvalue"-Referenzen

Dabei sollten Sie unbedingt darauf achten, dass diese Funktionen keine Ausnahmen werfen und sie entsprechend mit *noexcept* auszeichnen. Der Grund dafür ist, dass der Compiler so ausgezeichnete *Move*-Operatoren noch besser optimieren kann. Es sollte auch nicht besonders schwierig sein, weil im Grunde ja nur Adressen von einem Objekt ins andere kopiert werden.

Auch die ausführende Instanz einer Funktion kann ein *Rvalue* oder ein *Lvalue* sein und kann entsprechend ausgezeichnet werden:

```
class DataObject {
public:
  ...
  // Wird für Lvalue-Instanzen aufgerufen
  int* GetData() const& {
    int* result(new int[size_]);
    copy(data_, data_ + size, result);
    return result;
  }
  // Wird für Rvalue-Instanzen aufgerufen
  int* GetData() && {
    return data_;
    data_ = nullptr;
    size_ = 0;
  }
  ...
};
```

Bei Aufrufen wie diesen hier wählt der Compiler je nach *Rvalue*-Eigenschaft des ausführenden Objekts die entsprechende Überladung aus. Deshalb führt der erste Aufruf zu einer Kopie und der zweite zu einer Verschiebung:

```
DataObject do(4, 10);
int* data1 = do.GetData();
int* data2 = DataObject(5, 20).GetData();
```

Manchmal tritt auch der Fall auf, dass Sie für einen *Lvalue* eine Funktion mit *Move*-Semantik aufrufen wollen. Zum Beispiel dann, wenn Sie sicher sind, dass der *Lvalue* im Folgenden nicht mehr benutzt wird. Dazu dient die Utility-Funktion *move*, die im Kapitel 4.5 beschrieben ist.

Wer unterstützt es?

Standard C++11

MSVC ab 2010

GCC ab 4.3

Wo gibt es mehr Infos?

Eine hervorragende und recht tief gehende Erläuterung in Englisch finden Sie unter:

http://thbecker.ne t/articles/rvalue_references/section_01.html

2.7 Explizites Überschreiben

Worum geht es?

Wie in den meisten neueren Programmiersprachen können Sie ab C++11 explizit angeben, dass eine Elementfunktion einer abgeleiteten Klasse die geerbte Funktion der Basisklasse überschreiben soll:

```
class FooBase {
public:
    virtual void Func(void);
};

class FooDerived: public FooBase {
public:
    virtual void Func(void) override;
};
```

Was steckt dahinter?

Kurz gesagt, drückt diese Schreibweise die Intention des Programmierers aus und hilft dem Compiler bei der Überprüfung des Codes. Wenn Sie das optionale Schlüsselwort *override* bei der Funktionsdeklaration angeben, sind folgende Fehlermöglichkeiten ausgeschlossen:

Explizites Überschreiben

Sie vertippen sich beim Funktionsnamen und schreiben zum Beispiel:

```
class FooDerived: public FooBase {
public:
  void Fun(void) override;
}
```

Das sollte natürlich auch ohne das Schlüsselwort *override* spätestens beim ersten Testfall auffallen, da ja nun beim Aufruf:

```
FooDerived* fd = new FooDerived;
fd->Func();
```

die Methode der Basisklasse aufgerufen wird. Aber es ist eben doch erheblich besser, der Compiler erkennt das schon beim Übersetzen.

Ein unaufmerksamer Kollege benennt die Methode der Basisklasse um oder verändert ihre Signatur, nachdem Sie Ihre Klasse *FooDerived* davon abgeleitet haben:

```
class FooBase {
public:
  virtual void Func(int p);
};
```

Schon landet der angepasste Aufruf:

```
FooBase* fb = new FooDerived;
fb->Func(3);
```

nicht mehr wie ursprünglich beabsichtigt in der Methode der abgeleiteten Klasse.

Leider ist das Schlüsselwort aus Kompatibilitätsgründen nicht vorgeschrieben. Das bedeutet, dass die umgekehrten Fehlerfälle durch unbeabsichtigtes Überschreiben immer noch auftreten können. Nehmen wir an, Sie ergänzen die Klasse *FooDerived* um eine neue Methode *Do*, die in der Basisklasse nicht vorhanden ist:

```
class FooDerived: public FooBase {
public:
  void Do();
};
```

Wenn nun jemand in *FooBase* nachträglich eine virtuelle Methode Do ergänzt, ohne darauf zu achten, dass es in *FooDerived* schon eine gibt, überschreibt *FooDerived::Do* nachträglich *FooBase::Do* und es kommt wiederum zu unerwünschten Effekten.

```
class FooBase {
public:
  virtual void Do();
};

FooBase* fb = new FooDerived;
// Ruft FooDerived::Do auf
fb->Do();
```

Wie setzt man es ein?

Es gibt keine Gründe, warum Sie das neue Schlüsselwort nicht prinzipiell beim Überschreiben von Funktionen einsetzen sollten. Der Arbeitsaufwand ist minimal und hat sich schon beim ersten Mal gelohnt, wenn der Compiler einen entsprechenden Fehler meldet.

Für die Übersetzung mit älteren Compilern könnten Sie sich überlegen, das Schlüsselwort *override* einfach wegzudefinieren:

```
#define override
```

Allerdings ist *override* ein kontextuelles Schlüsselwort, so dass Folgendes erlaubt ist und mit dem obigen *define* zu einem Compilerfehler führt:

```
bool override = false;
```

Wer unterstützt es?

Standard C++11

MSVS ab 2012

GCC ab 4.7

2.8 Ableitung und Überschreibung verhindern

Worum geht es?

Von einer als *final* deklarierten Klasse darf nicht abgeleitet werden. Eine als *final* deklarierte virtuelle Methode darf nicht überschrieben werden.

```
class FooBase {
public:
  virtual void Func();
};

class FooDerived: public FooBase {
public:
  void Func() override final; // überschreibt FooBase::Func
};

class FooDerived2: public FooDerived final {
public;
  void Func() override; // nicht erlaubt, auch ohne override
                        // nicht
};

class FooDerived3: public FooDerived2 {
}; // nicht erlaubt, die Basisklasse ist final
```

Was steckt dahinter?

Die meisten Ableitungshierarchien sind für einen beschränkten Umfang entworfen und implementiert. Es ist dann eigentlich nicht vorgesehen, dass beliebige andere Klassen davon abgeleitet werden und somit Zugriff auf die geschützten Elemente erhalten. Eine solche offene Vererbungshierarchie stellt ganz andere Ansprüche an die formale und inhaltliche Stabilität der Schnittstellen und verursacht somit einen deutlich höheren Aufwand in der Erstellung und Pflege. Deshalb ist es sinnvoll, die Blätter eines durchgeplanten Vererbungsbaums mit *final* vor unüberlegtem Gebrauch oder gar Missbrauch zu schützen.

Bei einzelnen Methoden ist die Bewertung nicht so eindeutig. Eine Methode als *final* zu deklarieren bedeutet ja, dass von der Klasse noch abgeleitet werden darf, die Funktionsweise dieser speziellen Methode aber nicht mehr erweitert werden soll. Inwieweit das sinnvoll und möglich ist, entscheidet sich am konkreten Entwurf.

Wie setzt man es ein?

Verwenden Sie die zusätzlichen Schlüsselwörter wo möglich, um die Intention des Codes deutlich zu machen, Fehler vom Compiler erkennen zu lassen und falsche Benutzung Ihres Codes zu erschweren.

Im folgenden Beispiel stellt *final* für die Methode *Process* eine wertvolle Absicherung dar:

```
class FooBase {
public:
  virtual void Process(void);
};

class FooDerived: public FooBase {
public:
  void Process(void) override final {
    Preprocess();
    DoProcess();
    Postprocess();
  }
protected:
  virtual void DoProcess();
private:
  void Preprocess(void);
  void Postprocess(void);
};
```

Ohne das *final* könnten abgeleitete Klassen *Process* überschreiben, wodurch in *FooDerived* die Elementfunktionen *Preprocess* und *Postprocess* nicht mehr aufgerufen würden, die aber für das korrekte Funktionieren aller von *FooDerived* abgeleiteten Klassen nötig sein können. Das *final* ist hier also ein Mittel, die Beschädigung der Basisklasse *FooDerived* zu verhindern.

Wer unterstützt es?

Standard C++11

MSVC ab 2012

GCC ab 4.7

2.9 Automatische Implementierung löschen und wiederherstellen

Worum geht es?

Die Regeln für die Generierung Compiler-definierter Funktionen, wie zum Beispiel Kopierkonstruktor oder Zuweisungsoperator, waren bisher recht unflexibel. Mittels der Schlüsselwörter *delete* und *default* kann man jetzt einzelne solcher Funktionen unterdrücken oder wiederherstellen.

```
class Foo {
public:
  // Selbstdefinierter Konstruktor verhindert die automatische
  // Implementierung der anderen Konstruktoren
  Foo(int i);
  // Stellt die automatische Implementierung des
  // Standard-Konstruktors wieder her
  Foo() = default;
  // Löscht autom. Implementierung des Zuweisungsoperators
  Foo& operator=(const Foo&) = delete;
};
```

Was steckt dahinter?

Dieses Feature kommt der Trägheit des Programmierers entgegen und verbessert so seinen Code. Ein häufiges Beispiel sind Klassen, die nicht kopiert werden können und sollen:

```
class Foo {
protected:
  string* s_;
};
```

Der automatische Kopierkonstruktor würde den Zeiger auf den String kopieren. Damit teilen sich dann die Original-Instanz und die Kopie dieselbe *string*-Instanz. Wenn eine der beiden den String ändert, sieht auch die andere diese Änderung. Und sollte eine den String löschen, wäre der Zeiger s_ der anderen undefiniert.

Um das zu verhindern, muss man entweder einen korrekten Kopierkonstruktor implementieren, der zum Beispiel eine Kopie des Strings anlegt, oder man unterdrückt den automatischen Kopierkonstruktor, so dass Objekte vom Typ *Foo* gar nicht kopiert werden können. Je nachdem, wofür Sie sich entscheiden, müssen Sie dann auch weitere spezielle Elementfunktionen wie den Zuweisungsoperator implementieren oder unterdrücken.

Zum Unterdrücken mussten Sie bisher private Funktionen deklarieren:

```
class Foo {
private:
  Foo(const Foo&);
  Foo& operator=(const Foo&);
protected:
  string* s_;
};
```

Diese Funktionen brauchen nicht implementiert zu werden. Damit ist sichergestellt, dass sie nicht aufgerufen werden können. Leider hat diese Methode auch Nachteile.

Zum einen wird es dadurch auch abgeleiteten Klassen unmöglich, Zuweisung und Kopieren anzubieten. Beide Operationen würden ja die Implementierung der Basisklasse benötigen, die aber privat und damit unerreichbar ist.

Abgesehen davon ist das „Privatisieren" der automatischen Elementfunktionen aber auch mit Denk- und Tipparbeit verbunden und somit eher lästig. Haben Sie nicht auch schon mal in der Eile diese und ähnliche Einträge in Ihren Klassen weggelassen? Damit das nicht so leicht passiert, bietet →*boost* sogar eine eigene Basisklasse

```
boost::noncopyable_::noncopyable
```

für genau diesen Zweck an. Sie hat wiederum den Nachteil, dass sie zu Mehrfachvererbung führt.

Mit dem neuen Schlüsselwort *delete* kann die Klasse den Kopierkonstruktor oder andere →spezielle Elementfunktionen einfach und offensichtlich unterdrücken. Andererseits können Sie mit *default* die automatische Implementierung der speziellen Elementfunktion wiederherstellen.

Wie setzt man es ein?

Für den Einsatz von *delete* und *default* kommen vier verschiedene Szenarien in Frage.

Szenario 1: Implizit erzeugte Funktionen entfernen

Benutzen Sie *delete*, um die implizite Definition spezieller Elementfunktionen zu unterdrücken. Dafür kann es verschiedene Gründe geben:

1. Die Klasse unterstützt keinen echten Kopierkonstruktor.
2. Die Klasse soll keinen Verschiebekonstruktor haben, obwohl ein automatischer Verschiebekonstruktor möglich wäre.
3. Den Instanzen der Klasse soll nichts zugewiesen werden können.

Im Prinzip geht es immer darum, dass eine automatische erzeugte Funktion nicht korrekt funktionieren würde und die entsprechende Funktionalität eh nicht benötigt wird. Beachten Sie dabei, dass zwischen den speziellen Elementfunktionen ein Zusammenhang besteht. Wenn Sie den Kopierkonstruktor löschen, werden auch alle anderen Konstruktoren und die Zuweisungsoperatoren gelöscht. Das folgende ist das typische Szenario, wie oben schon beschrieben:

```
class Foo {
public:
  Foo(const Foo&) = delete;
protected:
  std::string* s_;
};
```

Szenario 2: Implizit gelöschte Funktionen wiederherstellen

Es gibt zwei Fälle, in denen Compiler-generierte Funktionen implizit unterdrückt werden. Zum einen, wenn Sie selbst einen Konstruktor implementieren. Dann werden überhaupt keine Konstruktoren mehr automatisch erzeugt. Sie können sie aber mit *default* wieder herstellen:

```
class Foo {
public:
  Foo() {
    s_ = nullptr;
  }
  Foo(Foo&&) = default;
protected:
  std::string* s_;
};
```

Zum anderen, wenn Sie einen Konstruktor oder Zuweisungsoperator mit *delete* löschen. Dann werden auch die entsprechenden zugehörigen speziellen Funktionen mit gelöscht. Auch hier können Sie mit *default* gegensteuern:

```
class Foo {
public:
  Foo(const Foo&) = delete;
  Foo(Foo&&) = default;
  Foo& operator=(Foo&&) = default;
protected:
  std::string* s_;
};
```

Szenario 3: Gelöschte Funktionen der Basisklasse wiederherstellen

Benutzen Sie *default*, um die automatische Implementierung einer speziellen Elementfunktion wiederherzustellen, nachdem diese in der Basisklasse explizit implementiert oder gelöscht wurde.

```
class Foo {
public:
  Foo() = delete;
protected:
```

```
    std::string* s_;
};

class FooDerived: public Foo {
public:
    FooDerived() = default;
};
```

Szenario 4: Spezifizierer von speziellen Elementfunktionen abändern

Sie können *default* auch dazu benutzen, die automatische generierte Elementfunktion mit anderen Spezifizierern als der Vorgabe zu versehen. Während normalerweise eine automatisch generierte spezielle Funktion *public*, *inline* und nicht *explicit* ist, können Sie sie mittels *default* anders spezifizieren, also zum Beispiel den Standardkonstruktor *protected* machen oder den Verschiebekonstruktor *explizit*. In diesen Fällen muss die Definition außerhalb der Klassendefinition erfolgen:

```
class Foo {
public:
    explicit Foo(Foo&&);
    virtual ~Foo();
protected:
    Foo();
    std::string* s_;
};

Foo::Foo(Foo&&) = default;
Foo::Foo() = default;
Foo::~Foo() = default;
```

Ein wichtiger Anwendungsfall hierfür ist auch der Destruktor. Eine Regel von Herb Sutter in seinem hervorragenden Buch „C++ Coding Standards"" (Sutter 2005) lautet: *Ein öffentlicher Destruktor muss virtuell sein*.

Leider sind automatisch generierte Destruktoren aber nicht virtuell. Wenn Sie diese Regel also konsequent beachten wollen, können Sie in den Basisklassen, wo der automatische Destruktor ausreicht, das Schlüsselwort *default* benutzen, um die Virtualität herzustellen.

2 – Sprache

Wer unterstützt es?

Standard C++11

MSVC ab 2013

GCC ab 4.4

2.10 Konstruktoraufruf in Konstruktoren

Worum geht es?

Ein Konstruktor einer Klasse kann einen Teil seiner Aufgabe an einen anderen Konstruktor derselben Klasse delegieren, indem er ihn aufruft:

```
class Foo {
public:
  Foo(int a, const std::string& b): a_(a), b_(b) {
  }
  Foo(): Foo(1, "Andrei") {
  }
private:
  int a_;
  std::string b_;
};
```

Was steckt dahinter?

Das ist Ihnen doch sicher auch schon passiert, dass Sie gezwungen waren, in verschiedenen Konstruktoren einer Klasse mehr oder weniger denselben Code zu schreiben. Im obigen Beispiel könnte man noch mit Default-Argumenten hinkommen, aber spätestens, wenn noch die Überladung

```
Foo(const std::string& b)
```

benötigt wird, braucht man eine intelligentere Lösung.

Der nahe liegende Ansatz besteht darin, den gemeinsamen Code in eine separate Methode auszulagern:

Konstruktoraufruf in Konstruktoren

```cpp
class Foo {
public:
  Foo(int a, const std::string& b) {
    Construct(a, b);
  }
  Foo(const std::string& b) {
    Construct(3, b);
  }
  Foo() {
    Construct(1, "Alexandrescu");
  }
private:
  void Construct(int a, const std::string& b) {
    a_ = a;
    b_ = b;
  }
  int a_;
  std::string b_;
};
```

Dadurch geht aber der Performanzvorteil durch die direkte Initialisierung der Elementvariablen verloren. Sie werden im Konstruktor erst einmal mit ihrem jeweiligen Standardkonstruktor initialisiert und erhalten erst anschließend den gewünschten Wert in der Funktion *Construct*.

Wenn Sie dann noch von der Klasse ableiten wollen, entsteht ein eher seltsames Gebilde:

```cpp
class FooDerived: public Foo {
public:
  FooDerived(int a, const string& b, double c)
  : Foo(a, b) {
    Construct(c);
  }
private:
  void Construct(double c) {
    c_ = c;
  }
  double c_;
};
```

Auf diese Weise ergibt sich folgende Aufrufreihenfolge:

```
FooDerived::FooDerived(int, const string&, double)
  Foo::Foo(int, const string&)
    Foo::Construct(int, const string&)
  FooDerived::Construct(double)
```

Mit der neuen Möglichkeit können Sie von der direkten Elementinitialisierung profitieren und außerdem Ihren Code eleganter und lesbarer machen.

Allerdings werden dann zwei Konstruktoren von *Foo* ineinander verschachtelt ausgeführt. Dadurch entsteht ein interessanter Nebeneffekt. Bisher galt eine Instanz als fertig konstruiert, wenn der Konstruktor beendet war. Erst ab diesem Zeitpunkt ist es sicher, virtuelle Elementfunktionen aufzurufen und erst ab diesem Zeitpunkt läuft die Instanz beim Löschen automatisch in den Destruktor.

Wenn aber ein Konstruktor einen anderen aufruft, ist die Instanz schon nach dem ersten Aufruf komplett. Damit können Sie auch Folgendes tun:

```
class Foo {
public:
  Foo(int a, const std::string& b): a_(a), b_(b) {
  }
  Foo(): Foo(1, "Andrei") {
  }
protected:
  virtual void SomeVirtualMethod();
private:
  int a_;
  std::string b_;
};

class FooDerived: public Foo
{
public:
  FooDerived(int a, const std::string& b, double c)
  : Foo(a, b), c_(c) {
  }
  FooDerived(): FooDerived(3, "Grimm", 5.4) {
    SomeVirtualMethod();
  }
```

```
protected:
  void SomeVirtualMethod() override;
private:
  double c_;
};
```

SomeVirtualMethod wird korrekt aufgerufen, das heißt, die Ausführung geht in die Überschreibung *FooDerived::SomeVirtualMethod*. Sollte in *FooDerived::SomeVirtualMethod* eine Ausnahme auftreten, kommt es dann auch folgerichtig zu einem Destruktoraufruf für *FooDerived*.

Beim Delegieren von Konstruktoren geht der Compiler davon aus, dass der aufgerufene Konstruktor das Objekt vollständig initialisiert. Sie können also Konstruktoraufrufe nicht mit weiteren direkten Initialisierungen mischen:

```
class Foo {
public:
  Foo(int a): Foo("Rainer"), a_(a) { // Compilerfehler
  }
  Foo(const std::string& b);
private:
  int a_;
  std::string b_;
};
```

Sollten Sie diese Logik trotzdem realisieren wollen, müssen Sie die Initialisierung von *a_* im Funktionskörper des Konstruktors erledigen.

Wie setzt man es ein?

Wenn eine größere Menge an Konstruktoren benötigt wird, muss man sich schon gut überlegen, welche Konstruktoren welche anderen aufrufen sollen. Ansonsten verliert man den Überblick und es kann zu Rekursion kommen.

```
class Foo {
public:
  Foo(int a): Foo("Rainer") {
    a_ = a;
  }
```

```
Foo(const std::string& b): Foo(1) {
  b_ = b;
}
private:
  int a_;
  std::string b_;
};
```

Das Verhalten des Programms in diesem Fall ist undefiniert. Oft ist einfach eine Endlosrekursion die Folge. Mit den folgenden Regeln können Sie solche Situationen verhindern:

- Definiere einen Konstruktor mit der maximalen Menge an möglichen Parametern. Dieser kann auch *private* oder *protected* sein.
- Konstruktoren mit weniger Parameter rufen solche mit mehr Parametern auf und ergänzen Standardwerte für die fehlenden Argumente.

Wer unterstützt es?

Standard C++11

MSVC ab 2013

GCC ab 4.7

2.11 Konstruktoren vererben

Worum geht es?

Mit der Anweisung:

```
class Derived: public Base {
    using Base::Base;
};
```

erbt *Derived* alle Konstruktoren von *Base*, ohne dass sie noch einmal explizit aufgeführt und implementiert werden müssen.

Was steckt dahinter?

Vor C++11 musste man jeden gewünschten Konstruktor durch explizite Definition „erben".

```
class Base {
public:
  Base(int a);
  Base(const std::string& b);
  ...
private:
  int a_;
  std::string& b;
};

class Derived: public Base {
public:
   Derived(int a): Base(a) {
   }
   Derived(const std::string& b): Base(b) {
   }
   ...
};
```

Das können Sie sich jetzt sparen. Allerdings sind der Standardkonstruktor und die Kopierkonstruktoren von der Vererbung ausgeschlossen. Alle Eigenschaften der Konstruktoren wie *implizit/explizit* oder *public/ protected/private* werden mit vererbt. Wenn die abgeleitete Klasse mehr Konstruktoren als gewünscht geerbt hat, kann sie die überflüssigen mit *delete* entfernen (siehe Kapitel 2.9).

Wie setzt man es ein?

Dieses Feature erspart einfach nur etwas Schreibarbeit. Es ist nur dann sinnvoll, wenn die abgeleitete Klasse keine eigenen primitiven Elementvariablen enthält. Diese müssten ja in jedem Fall initialisiert werden, wozu wiederum ein eigener Konstruktor nötig ist.

Wenn Sie zu einer Klasse mit geerbten Konstruktoren später einmal eine Elementvariable eines primitiven Typs hinzufügen, wird diese erst einmal nicht initialisiert. Auf diese Gefahr müssen Sie achten.

Außer in wenigen Sonderfällen, werden Sie dieses neue Feature nicht benötigen. Es bietet keine neuen Möglichkeiten, sondern spart nur etwas Schreibarbeit und produziert neue potenzielle Fehlerquellen.

Wer unterstützt es?

Standard C++11

MSVC ab 2013

GCC ab 4.8

2.12 Unbeschränkte Union

Worum geht es?

Eine Union darf jetzt auch Elemente mit speziellen Elementfunktionen enthalten. Damit können Sie auch Unionen wie die folgende definieren:

```
class Foo {
public:
  Foo(): f_(3) {
  }
private:
  int f_;
};

union Bar {
  int a; // War schon immer erlaubt
  std::string b; // Bisher nicht möglich
  std::complex<float> c; // Bisher nicht möglich
  Foo f; // Bisher nicht möglich
};
```

Was steckt dahinter?

Objekte mit speziellen Elementfunktionen wie Konstruktoren oder Zuweisungsoperatoren wie eben *string*, *complex* und *Foo* waren bisher in Unionen verboten. Genauso übrigens wie Typen mit virtuellen Funktionen, Referenzen als Elemente oder Basisklassen. Der Grund dafür ist offensichtlich: Das Laufzeitsystem (und oft auch der Programmierer) wissen nicht, welche Alternative der Union zu einem bestimmten Zeitpunkt die gültige ist. Also kann man nicht bestimmen, ob und wenn ja, welche spezielle Funktion aufgerufen werden soll. Zum Beispiel stellt sich beim Erzeugen eines *Bar*-Objekts die Frage, ob der Konstruktor von *string*, der von *complex* oder der von *Foo* aufgerufen werden sollte, oder keiner oder alle drei. Eine richtige Lösung gibt es hier nicht. Dazu müsste man wissen, in welcher Ausprägung die Union anschließend benutzt werden wird.

Der Ansatz von C++ besteht nun darin, dass bei Elementen mit speziellen Elementfunktionen innerhalb von Unions diese speziellen Elementfunktionen einfach gelöscht werden (siehe Kapitel 2.9).

Wie setzt man es ein?

Der Einsatz von Unionen hat wegen seiner Fehleranfälligkeit seit jeher einen schlechten Ruf. Bei Verwendung einer Union muss stets klar sein, welche Alternative momentan die gültige ist, ansonsten entstehen schwer analysierbare Fehler. Die neuen Möglichkeiten machen Unionen einerseits ein Stück weit mächtiger, aber andererseits auch noch fehleranfälliger. Man muss sich schon fragen, was ein *string* oder ein *complex* innerhalb einer Union ohne ihre Konstruktoren und automatischen Operatoren überhaupt wert sind.

Dazu hilft eine Aufstellung der üblichen Einsatzzwecke von Unions:

Typkonvertierung

Der typische Fall ist eine Deklaration wie diese:

```
union Color {
  uint32_t Value;
  struct Argb {
    uint8_t transparency;
    uint8_t red;
    uint8_t green;
    uint8_t blue;
  };
};
```

Dadurch kann man den Farbwert einer *Color*-Variable als *Integer*-Wert setzen und auf die Komponenten einfach zugreifen. Diesen Einsatzfall kann man aber auch ohne Union einfach und weniger fehleranfällig implementieren. Der Laufzeitverlust dürfte in den meisten Fällen vernachlässigbar sein.

```
struct Color {
  uint32_t value;
  uint8_t GetBlue() const {
    return value & 0xff000000 >> 24;
  }
  void SetBlue(uint8_t blue) {
    value = (value & 0xff00ffffff) | (blue << 24);
  }
  ...
};
```

Speicherplatzschonende Implementierung von Varianten

Hier geht es darum, eine Variable zu definieren, welche wahlweise unterschiedliche Datentypen abspeichern kann. Das sieht dann ungefähr so aus:

```
struct Variant {
  enum struct VariantType { integer, double, string, complex ];
  VariantType type;
  union {
    int intValue;
    double doubleValue;
    std::string stringValue;
    std::complex complexValue;
  }
};
```

Dies führt allerdings in der Folge ständig zu unschönen *switch*-Statements:

```
Variant variant;
...
switch (variant.type) {
  case VariantType::integer:
    ...
    break;
  case VariantType::double:
```

```
...
    break;
...
}
```

Überlegen Sie in solchen Fällen also lieber, ob hier nicht eine andere Lösung, zum Beispiel mit einer Ableitungshierarchie oder mit Templates, möglich ist. Ab C++17 ist für diesen Einsatzzweck ein *std::variant* (siehe Kapitel 4.12) die richtige Lösung.

Speicherausrichtung erzwingen

Durch Definition einer Union können Sie eine bestimmte Position von Datenelementen im Speicher erreichen, zum Beispiel *short-int*-Werte an 4-Byte-Grenzen ausrichten. Diese Anforderung ist allerdings nur für sehr spezielle Anwendungsfälle in der Systemprogrammierung gegeben und kann außerdem teilweise mit anderen Mitteln wie dem Spezifizierer *alignas* (siehe Kapitel 2.30) abgedeckt werden.

Verzichten Sie also generell auf Unionen, wo es möglich ist. In den Szenarien der systemnahen Programmierung, wo es nicht möglich ist, werden Sie wohl auch keine Elemente mit speziellen Elementfunktionen benötigen.

Wer unterstützt es?

Standard C++11

MSVC ab 2015

GCC ab 4.6

2.13 Bereich-basierte „for"-Schleife

Worum geht es?

Wenn der Bereich klar ist, müssen Sie ihn in *for*-Schleifen zukünftig nicht mehr explizit angeben. Ausgehend von einem Vektor:

```
std::vector<double> doubles;
```

2 – Sprache

müssen Sie nun nicht mehr schreiben:

```
for (auto it = doubles.begin(); it != doubles.end(); ++it) {
  // ...
}
```

Sondern können so abkürzen:

```
for (auto d: doubles) {
  // ...
}
```

d steht innerhalb der Schleife für den aktuellen *double*-Wert im Vektor, also nicht etwas für den Iterator. Das Gleiche funktioniert auch für viele andere Container-Klassen und sogar C-Arrays.

Was steckt dahinter?

Bereich-basierte *for*-Schleifen auf C-Arrays sind ein Sonderfall. Von diesem abgesehen sind sie für alle Klassen möglich, welche einen Iterator im Sinn der Standardbibliothek anbieten. Das bedeutet im Einzelnen:

- Die Klasse besitzt Methoden *begin* und *end*, welche einen Iterator zurückliefern.
- Als Iterator zählt jede Klasse, welche die Operatoren *, != und ++ als Präfix unterstützt.

Diese Bedingungen erfüllen alle Container-Klassen der Standardbibliothek und viele weitere existierende Klassen.

Der Typ der Schleifenvariablen ist grundsätzlich der Typ des dereferenzierten Iterators. Sie können ihn entweder explizit angeben oder mit *auto* vom Compiler bestimmen lassen. Auch die bei *auto* üblichen Spezifizierer sind hier zulässig. So erlaubt eine Definition als Referenz sogar den schreibenden Zugriff auf die Daten:

```
for (auto& d: doubles) {
  d += 1.1;
}
```

Wenn Sie sichergehen möchten, dass eine vom Iterator gelieferte Referenz nicht zum Ändern des Objekts benutzt wird, darf sie auch als *konstant* definiert werden:

```
for (const auto& d: doubles)
    ...
```

Das ergibt hauptsächlich dann Sinn, wenn der Vektor größere Elemente enthält, bei denen man sich eine Kopie in die Schleifenvariable sparen möchte. Der Zugriff über die Referenz erspart den Aufruf des Kopierkonstruktors.

Wie setzt man es ein?

Die neue Notation ist eine elegante Methode zur Abarbeitung von Schleifen, die Sie wahrscheinlich nicht nur gerne benutzen, sondern auch in eigenen Klassen unterstützen möchten. Dazu werden die oben aufgelisteten fünf Methoden und Operatoren benötigt, die nicht nur als Elemente der entsprechenden Klassen, sondern auch als externe Funktionen implementiert werden können.

Das folgende Beispiel zeigt, wie Sie eine bestehende Klasse mit Indexzugriff ohne Änderungen an der Klasse selbst so erweitern können, dass die Bereich-basierte *for*-Schleife unterstützt wird.

```
// Existierende Klasse
class LegacyContainer
{
public:
    ...
    size_t GetCount() const;
    Element* operator[](size_t index);
    ...
};

// Neue Iteratorklasse für Elemente aus dem LegacyContainer
class ElementIterator
{
public:
    ElementIterator(LegacyContainer* container, size_t
                                            beginIndex)
```

```
  : container_(container), index_(beginIndex) {
  }
  Element& operator*() {
    return *(*container_)[index_];
  }
  bool operator!=(const ElementIterator& other) const {
    return container_ != other.container_ || index_ !=
                                              other.index_;
  }
  ElementIterator& operator++() {
    ++index_;
    return *this;
  }
private:
  LegacyContainer* container_;
  size_t index_;
};

// Zusätzliche Funktionen für begin und end
ElementIterator begin(LegacyContainer& container) {
  return ElementIterator(&container, 0);
}

ElementIterator end(LegacyContainer& container) {
  return ElementIterator(&container, container.GetCount());
}
```

Bis auf Fehlerbehandlung, Berücksichtigung von *const* und anderen Kleinigkeiten ist dies eine komplette Implementierung des Iterators für *LegacyContainer*. Damit können Sie die Bereich-basierte *for*-Schleife tatsächlich einsetzen:

```
LegacyContainer lc;
for (auto e: lc)
...
```

Was sind die Details?

Ab C++17 ist es als Verallgemeinerung zusätzlich möglich, dass der Wert für das Ende der Schleife nicht vom selben Typ ist, wie der für den Beginn. Er muss nicht einmal ein Iterator sein. Wichtig ist nur, dass er sich mit dem Iterator für den Beginn der Schleife vergleichen lässt, das heißt, der !=-Operator definiert ist. Damit kann man Container-Klassen schreiben, deren Funktion *end* einen Dummy zurückgibt und die Prüfung auf das Ende der Schleife letztlich im !=-Operator des Dummies oder des Iterators implementiert ist.

```
size_t end(LegacyContainer& container) {
  return container.GetCount();
}

bool ElementIterator:operator!=(size_t n) const {
  return index_ < n;
}
```

Wer unterstützt es?

Standard C++11, Verallgemeinerung C++17

MSVC ab 2012, Verallgemeinerung ab 2017

GCC ab 4.6, Verallgemeinerung ab 6

2.14 Initialisierer-Listen

Worum geht es?

Um einen Vektor zu initialisieren, müssen Sie in Zukunft nicht mehr schreiben:

```
vector<int> v;
v.push_back(2);
v.push_back(3);
v.push_back(5);
```

Stattdessen schreiben Sie:

```
vector<int> v = {2, 3, 5};
```

Das funktioniert auch für viele andere Container-Klassen und auf Wunsch auch für Ihre eigenen Typen.

2 – Sprache

Was steckt dahinter?

Im Hintergrund steht eine neue Klasse der Standardbibliothek, die einfach eine Reihe von Werten des gleichen Typs aufnimmt:

```
template<class T> class initializer_list;
```

Initialisierer-Listen sind nicht einfach nur eine Klasse der Standardbibliothek, sondern auch mit einer Sonderbehandlung durch den Compiler ausgerüstet. Das Besondere daran ist, dass der C++-Compiler eine Instanz dieser Klasse erzeugt, wenn Werte in einer geschweiften Liste auf der rechten Seite einer Zuweisung, in einem Funktionsaufruf, in einer Variablendefinition mit *auto* oder in einer Bereich-basierten *for*-Schleife (siehe Kapitel 2.13) stehen:

```
std::vector<int> v = {2, 3, 5};
Foo({"Andrei", "Anthony", "Herb", "Scott"});
auto initList = {1.2, 18.7, 3.4, 9.0, 3.6};
```

Sie können sich eine *initializer_list* so vorstellen, dass sie Adressen der Initialisierungswerte enthält. Mit den üblichen Iteratoren erhält man diese Werte und mit *size* kann die Anzahl der Werte abgefragt werden.

Als Gegenstück haben *vector* und viele andere Containerklassen der Standardbibliothek einen Konstruktor mit einer Initialisierer-Liste als Parameter:

```
vector(initializer_list<T> init, const Allocator& alloc =
                                            Allocator());
```

Die Anweisung

```
vector<int> v = {2, 3, 5};
```

erzeugt also zuerst eine *initializer_list* mit den Werten 2, 3 und 5 und benutzt diese anschließend, um den entsprechenden Konstruktor des Vektors aufzurufen. Ein solcher Konstruktor wird Sequenzkonstruktor genannt. Bei der Suche nach dem passenden Konstruktor für einen bestimmten Aufruf zieht der C++-Compiler einen Sequenzkonstruktor im Zweifelsfall vor.

Initialisierer-Listen

Bei Funktionen, die eine Initialisierer-Liste als Parameter haben, können Sie die geschweifte Klammer direkt als Argument angeben. Im folgenden Beispiel wird die Funktion mit einer beliebigen Anzahl an Integer-Argumenten aufgerufen und bildet aus diesen die Summe.

```
int Sum(std::initializer_list<int> values) {
  int result = 0;
  for (auto it = values.begin(); it != values.end(); ++it)
    result += *it;
  return result;
}

std::cout << Sum({23, -8, 234, 45671, 1200});
```

Diese Bereich-basierte Schleife gibt einfach die angegebenen Zeichenketten aus:

```
for (auto s: {"Hallo ", "Welt", "!"})
  std::cout << s;
```

Vielleicht ist Ihnen aufgefallen, dass die Initialisierer-Liste immer als Wertparameter übergeben wird, statt als Referenz. Das ist so beabsichtigt, da diese Klasse sehr leichtgewichtig ist und auf diese Weise meistens *inline* übersetzt werden kann.

Wie setzt man es ein?

Initialisierer-Listen sind ein äußerst praktisches Feature im neuen Standard, auf das Sie bald nicht mehr verzichten wollen werden. Es erspart eine Menge Schreibarbeit und Ihr Code wird zudem noch besser lesbar.

Damit die Magie auch für Ihre eigenen Funktionen und Klassen nutzbar wird, sollten Sie überlegen, ob Sequenzkonstruktoren oder Funktionen mit einem *initializer_list*-Argument nicht sinnvoll wären. Wenn eine Klasse zum Beispiel einen Vektor enthält, brauchen Sie das Argument nur weiterzugeben:

```
class Foo {
public:
  Foo(std::initializer_list<std::string> names): names_(names) {
  ...
```

```
}
    ...
private:
  std::vector<std::string> names_;
};

Foo foo({"Andrei", "Scott", "Bjarne", "Herb"});
```

Denken Sie daran, den *initializer_list*-Parameter immer als Wertparameter zu übergeben, um die Optimierungsfähigkeiten des Compilers auszuschöpfen. In manchen Fällen sollten Sie den Sequenzkonstruktor als explizit spezifizieren. Den Grund dafür erfahren Sie im folgenden Kapitel über einheitliche Initialisierung.

Wer unterstützt es?

Standard C++11

MSVC ab 2013

GCC ab 4.4

2.15 Einheitliche Initialisierung

Worum geht es?

Alle Arten von Skalaren, Sequenzen und →Aggregaten können mit derselben Schreibweise unter Verwendung geschweifter Klammern initialisiert werden.

```
int a{5}; // Skalare Variable

std::string{"Meyers"}; // Temporäres Objekt

int* p = new int[3] {2, 3, 5}; // C-Array

class Foo {
public:
  Foo(int a, int b, int c): vec_{a, b, c} {
```

```
    }
  private:
    int vec_[3];
};

Foo foo{2, 8, -1}; // Benutzerdefinierte Klasse

std::string MakeEmptyString(int len) {
  return {' ', len}; // Rückgabewert
}
```

Was steckt dahinter?

Wenn der Compiler bei der Definition einer Variablen auf eine Initialisierer-Liste trifft, prüft er unter anderem folgende Fälle:

1. Wenn die Variable ein Aggregat ist, initialisiert die Initialisierungsliste die Elemente.
2. Wenn die Variable ein Objekt vom Typ *initializer_list* ist, initialisiert die Initialisierungsliste die Einträge.
3. Wenn die Variable ein Objekt von einem anderen Typ ist, wird versucht mit den Werten einen Konstruktor zu versorgen. Dabei erhält der Sequenzkonstruktor Vorrang.

Initialisierer-Listen funktionieren sogar geschachtelt. Auf diese Weise können Sie auch eine *map* direkt befüllen:

```
std::map<int, std::string> names = {
  {0, "Meyers"}, {1, "Alexandrescu"}, {2, "Sutter"}
};
```

Die inneren geschweiften Klammern werden auf einen Konstruktoraufruf von *pair<>* abgebildet, die äußeren erzeugen eine

```
initializer_list<std::pair<int, std::string>>
```

welche dann wiederum als Argument für den Sequenzkonstruktor der *map* dient.

Wie setzt man es ein?

Der eine große Vorteil dieses neuen Features besteht darin, dass Sie nun manche Konstrukte initialisieren können, bei denen das bisher gar nicht ging, so zum Beispiel Container-Instanzen der Standardbibliothek, mit *new* allokierte C-Arrays oder C-Arrays, die Elementvariablen sind. Die Beispiele dafür haben Sie alle schon gesehen.

Der andere Vorteil ist sicherlich die Einheitlichkeit bei der Initialisierung. Es wäre zu überlegen, ob man nicht grundsätzlich nur noch geschweifte Klammern für die Initialisierung von Objekten verwendet. Auf diese Weise wird der Code einerseits einheitlich und andererseits werden Initialisierungen deutlich erkennbar und können besser von Funktionsaufrufen unterschieden werden:

```
Foo f = Bar(18.5); // Funktionsaufruf oder temporäre Instanz?
Foo f = Bar{18.5}; // Ach so!
```

Um die einheitliche Initialisierung zu unterstützen, sollten Sie auch in Ihren eigenen Klassen den Sequenzkonstruktor implementieren, wo immer das sinnvoll ist.

Ein Sonderfall der einheitlichen Initialisierung ist die Wert-Initialisierung mit leeren geschweiften Klammern:

```
int a{};
std::map<int, std::string> m{};
double d[874]{};
```

Sie können jede beliebige Variable auf diese Art initialisieren und es wird immer eine sinnvolle Initialisierung durchgeführt. Wenn ein *Default*-Konstruktor oder Sequenzkonstruktor existiert, wird er ausgeführt, ansonsten wird die Variable mit 0 initialisiert.

Sehr nützlich ist dies Art der Wert-Initialisierung in Templates, wo es keine andere Möglichkeit gibt, einen initialisierten Wert beliebigen Typs zu erstellen.

```
template<class T>
class SomeClass {
public:
```

```
    static T GetEmtpy() {
        return T{};
    }
};
```

Im folgenden Kapitel werden Sie sehen, wie die vereinheitliche Initialisierung auch für Elementvariablen eingesetzt werden kann.

Wer unterstützt es?

Standard C++11

MSVC ab 2013

GCC ab 4.6

2.16 Initialisierer für Elementvariablen

Worum geht es?

Für nicht-statische Elementvariablen erlaubt C++11 einen Initialisierer bei der Definition:

```
class InitializedObject
{
private:
    int count = 0;
    std::vector<float> fv = { 1.3f, 0.7f, 2.1f };
    std::unique_ptr<AnotherObject> p{ new AnotherObject() };
    double d{};
    float f = fv[1];
};
```

Was steckt dahinter?

Haben Sie sich nicht schon oft gewünscht, die Elementvariablen einer Klasse „ganz normal" initialisieren zu können? Jetzt geht das und ist auch noch C++-typisch effizient. Das heißt, wenn ein Konstruktur aufgerufen wird, der die Elementvariable in seiner Initialisierungsliste enthält, dann wird der Initialisierer nicht ausgeführt.

Wie setzt man es ein?

Es gibt wohl keinen Grund, seine Elementvariablen nicht zu initialisieren. Selbst wenn der gewünschte Startwert in jedem Konstruktur anders gesetzt wird, kann man den Initialisierer immer noch dazu benutzen, einen definierten ungültigen Wert zu vergeben. Auf diese Weise kann man reproduzierbare Testfälle schreiben, die bemerken, wenn die Initialisierung in einem Konstruktur vergessen wurde.

Wer unterstützt es?

Standard C++11

MSVC ab 2013

GCC 4.7

2.17 Lambda-Funktionen

Worum geht es?

Für Funktionen, die man „nur mal kurz" braucht, ist die übliche Schreibweise mit Prototyp und Funktionsdefinition inklusive Funktionskopf zu schwerfällig. Mit C++11-Lambda-Funktionen geht es auch kurz und knapp. So findet der folgende Code die kleinste Primzahl über 20:

```
std::vector<int> primes { 2, 3, 5, 7, 11, 13, 17, 19, 23, 29 };
auto it = std::find_if(primes.begin(), primes.end(),
  [](int v){ return v > 20;});
```

Dabei ist

```
[](int v){ return v > 20;}
```

eine Funktion mit einem *int*-Parameter, die *true* zurückgibt, wenn dieser Parameter größer als 20 ist. Diese Funktion ist eine Lambda-Funktion und muss nirgends weiter deklariert oder definiert werden.

Lambda-Funktionen

Was steckt dahinter?

Mit Lambda-Funktionen machen Prädikate, Funktionsobjekte und ähnliches erst so richtig Spaß, weil man sich die Umständlichkeit einer separaten Funktionsdeklaration und -definition spart und einfach an der Stelle, wo es benötigt wird, hinschreibt, was passieren soll.

Abgesehen davon sind Lambda-Funktionen auch aus Entwurfssicht vorteilhaft. Sie tauchen nicht im Header-File auf, das heißt, sie minimieren die Abhängigkeit zur Übersetzungszeit. Sie bestehen nur aus dem Nötigsten und verringern somit den Code-Overhead. Sie definieren das Wissenswerte an der Aufrufstelle, also genau da, wo man es zum Verständnis des Codes benötigt. Sie haben keinen Namen und machen somit klar, dass sie von nirgendwo anders aufgerufen werden können und sollen. Und schließlich – das Beste kommt ja oft am Schluss – können Lambda-Funktionen sehr einfach und flexibel auf die Variablen des aufrufenden Kontextes zugreifen, was bei vollwertigen Funktionen überhaupt nicht möglich ist.

Eine Lambda-Funktion besteht aus vier Teilen:

`[...](...)-><Ergebnistyp>{...}`

- Bindung: Zwischen den eckigen Klammern können Sie angeben, auf welche Weise die Lambda-Funktion auf Variablen des aufrufenden Kontexts zugreifen kann. Dies wird gleich noch näher erläutert.

- Parameterliste: Zwischen den runden Klammern geben Sie wie üblich die Parameter der Funktion an. Wenn die Funktion keine Parameter hat, können Sie entweder leere runde Klammern schreiben oder sie komplett weglassen.

- Ergebnistyp: Dieser Teil ist meistens überflüssig, weil der Compiler den Ergebnistyp aus dem Rückgabewert bestimmen kann. Ansonsten entspricht die Schreibweise der in Kapitel 2.2 beschriebenen.

- Funktionskörper: Zwischen den geschweiften Klammern stehen die Anweisungen der Funktion wie sonst auch.

Eine Lambda-Funktion setzt sich also im Prinzip aus drei hintereinander geschriebenen unterschiedlichen Klammerausdrücken zusammen: [](){}.

2 – Sprache

Neben der eleganten Schreibweise besteht ein großer Vorteil der Lambda-Funktion darin, dass sie ohne Umschweife auf die gebundenen Variablen aus dem aufrufenden Kontext zugreifen kann:

```
int LeastPrimeGreaterThan(int b) {
  std::vector<int> primes { 2, 3, 5, 7, 11, 13, 17, 19, 23, 29 };
  return *std::find_if(primes.begin(), primes.end(),
    [b](int v){ return v > b;});
}
```

Der Zugriff auf b wird durch die Angabe in den eckigen Klammern möglich. Standardmäßig wird b hier als Wert übergeben, das heißt, als Kopie in die Funktion aufgenommen. Änderungen von b hinter der Definitionsstelle der Lambda-Funktion haben keinen Einfluss auf die Funktion.

Das ändert sich, wenn die Kontext-Variable als Referenz übergeben wird:

```
int PrimeSum() {
  std::vector<int> primes { 2, 3, 5, 7, 11, 13, 17, 19, 23, 29 };
  int result(0);
  std::for_each(primes.begin(), primes.end(),
    [&result](int v){ result += v;});
  return result;
}
```

Dann erhält die Lambda-Funktion eine Referenz auf die Variable und kann sie direkt im Kontext ändern. Natürlich müssen Sie in diesem Fall sichergehen, dass die referenzierte Variable mindestens so lange lebt, bis der letzte Aufruf der Lambda-Funktion abgeschlossen ist. Ansonsten werden Sie unsanft daran erinnert, dass dies trotz aller modernen Sprachfeatures immer noch C++ ist.

Um ein Beispiel für diese Stolperfalle zu konstruieren, braucht man außerdem eine Möglichkeit, eine Lambda-Funktion abzuspeichern. Sie können das entweder so machen:

```
auto lambda = [](int v){ return v > 20; };
```

oder ein *function*-Objekt benutzen, auf das im Kapitel 4.7 genauer eingegangen wird. Letzteres hat den Vorteil, dass die Variable nicht sofort initialisiert werden muss:

Lambda-Funktionen

```
std::function<void()> func;

void DoSomething() {
  std::string name{"Williams"};
  func = [&name]{ name += ", Anthony";};
}

DoSomething();
func(); // Führt gewöhnlich zum Absturz
```

Die Lambda-Funktion wird hier mittels *func()* aufgerufen und greift über die Kontextreferenz auf die lokale Variable *name* zu, die in diesem Moment gar nicht mehr existiert.

Wenn eine Kontextvariable jedoch als Wert übergeben wird, legt das Laufzeitsystem eine Kopie an, die garantiert so lange verfügbar ist, wie die Lambda-Funktion lebt.

Sie können auch mehrere oder alle Variablen des Kontexts per Wert oder per Referenz binden und optional einzelne davon ausnehmen:

Bindung	Beschreibung
[a,b]	bindet a und b als Wert
[&a,b]	bindet a als Referenz und b als Wert
[=]	bindet alle sichtbaren Variablen als Wert
[&]	bindet alle sichtbaren Variablen als Referenz
[=,&b]	bindet alle sichtbaren Variablen als Wert, aber b als Referenz
[&,a]	bindet alle sichtbaren Variablen als Referenz, aber a als Wert
[this]	bindet das gesamte Objekt als *const*-Zeiger (siehe mutable)

Was sind die Details?

Eine Lambda-Funktion ist standardmäßig eine *const*-Funktion. Das bedeutet, sie darf die per Wert übergebenen Variablen aus dem Kontext nicht ändern. Mit dem *mutable*-Schlüsselwort ist das dann aber möglich.

```
int n(0);
// Compilerfehler: assignment of read-only variable
auto f1 = [n](){return n += 2;};
```

```
// Zulässig, Kontext ist veränderlich.
auto f2 = [n]() mutable {return n += 2;};
```

Natürlich bedeutet das nicht, dass das äußere *n* durch die Zuweisung auf 2 gesetzt wird. Es bedeutet lediglich, dass der Wertparameter *n* innerhalb der Funktion nicht *const* ist.

Man kann das vielleicht besser verstehen, wenn man sich die Lambda-Funktion als Funktionsobjekt vorstellt mit den gebundenen Variablen als Elementvariablen und dem Funktionsaufruf als Klammeroperator. Ohne das *mutable* wird das Funktionsobjekt als *const* betrachtet und darf deshalb seine Elementvariablen nicht ändern. Das hat den Vorteil, dass jeder Aufruf einer „normalen" Lambda-Funktion denselben Wert zurückliefert. Die Variante mit *mutable* dagegen liefert beim ersten Aufruf 2, beim zweiten 4, beim dritten 6 und so weiter. Außerdem kann eine „normale" Lambda-Funktion auch dort übergeben werden, wo eine *const*-Referenz auf ein Funktionsobjekt erwartet wird:

```
void RegisterCallback(const std::function<void()>& func);

int n(0);
RegisterCallback([n]() {return n;});
RegisterCallback([n]() mutable {return n += 2;}); // Nicht
                                                  // konstant
```

Lambda-Funktionen können auch noch einen *no-throw*-Spezifizierer besitzen, der wie bei normalen Funktionen auch anzeigt, dass aus der Funktion keine Ausnahmen geworfen werden. Sowohl die alte Schreibweise mit *throw()* als auch die neue mit *noexcept* sind hier möglich:

```
[]() throw() {...}
[]() noexcept {...}
```

Lambda-Funktionen haben im Gegensatz zu anderen →aufrufbaren Objekten einen Typ, der vom Compiler bestimmt wird. Dieser Typ ist für jede Lambda-Funktion verschieden. Auch wenn zwei Lambda-Funktionen dieselbe Signatur haben, haben sie doch nicht denselben Typ:

```
auto lambda1 = [](int a) {return a*1.7;};
auto lambda2 = [](int a) {return a*2.3;};
lambda1 = lambda2; // Compilerfehler: Typen nicht kompatibel
```

Lambda-Funktionen

Im Zusammenhang mit Lambdas spricht man häufig von Funktionsabschluss (engl. Closure)-Objekten. Ein Funktionsabschluss ist ein Objekt, das sich bei der Definition seinen Kontext merkt und später bei der Ausführung darauf arbeiten kann, obwohl es den ursprünglichen Kontext eventuell gar nicht mehr gibt. Eine Lambda-Funktion mit ausschließlich wertgebundenen Variablen kann als ein solcher Funktionsabschluss verwendet werden.

Die Bezeichnung Lambda-Funktion kommt übrigens daher, weil das Konzept der anonymen Funktionen erstmalig im Lambda-Kalkül des Mathematikers Alonzo Church beschrieben wurde.

Wie setzt man es ein?

Klassische Anwendungsfälle für Lambda-Funktionen sind:

- Prädikate zum Suchen in Containern oder zum Sortieren
- Funktionsobjekte für die Algorithmen der Standardbibliothek und ähnliche Funktionen
- Allgemeine Callback-Funktionen
- Funktionen zur nebenläufigen Ausführung (siehe Kapitel 5.1)
- Implementierung von Entwurfsmustern, die in ihrer klassischen Form Ableitung und virtuelle Funktionen benutzen, um die auszuführende Aktion festzulegen. Beispiele: Strategy, Visitor

Beispiele für die ersten drei Anwendungsfälle wurden in diesem Kapitel schon gezeigt. Nebenläufige Ausführung mit Lambda-Funktionen demonstriert das Kapitel 5.1. Ein Lambda-basierter Visitor für einen Binärbaum mit *BinaryTreeNode* als *ConcreteElement* könnte folgendermaßen aussehen:

```
class BinaryTreeNode {
public:
  BinaryTreeNode(int value, BinaryTreeNode* left,
                            BinaryTreeNode* right)
  : value_(value), left_(left), right_(right) {
  }
  void Accept(function<void(BinaryTreeNode& node)> visitor) {
    visitor(*this);
```

2 – Sprache

```
    if (left_ != nullptr) left_->Accept(visitor);
    if (right_ != nullptr) right_->Accept(visitor);
  }
  int Value() const {
    return value_;
  }
private:
  int value_;
  BinaryTreeNode* left_  = nullptr;
  BinaryTreeNode* right_ = nullptr;
};

BinaryTreeNode tree(1, new BinaryTreeNode(2, new
BinaryTreeNode(3, nullptr, nullptr), new BinaryTreeNode(4,
nullptr, nullptr)), new BinaryTreeNode(5, nullptr, nullptr));
tree.Accept(
  [](BinaryTreeNode& visitor){cout << visitor.Value();});
```

Wenn Sie darüber nachdenken, eine Lambda-Funktion einzusetzen, werden Sie sicherlich auch die Alternativen erwägen: Normale oder statische Funktionen, Elementfunktionen, Funktionsobjekte und gebundene aufrufbare Objekte. Alle diese Alternativen gab es schon vor C++11. Allerdings gibt es im neuen Standard Erweiterungen für die letzten beiden, welche in den Kapiteln *„function-Klasse"* (4.7) und *„bind-Funktion"* (4.6) beschrieben werden.

Lambda versus Funktion

Die wesentlichen Unterschiede von normalen oder statischen Funktionen im Vergleich zu Lambda-Funktionen sind:

- Sie erfordern deutlich mehr Code.
- Sie erlauben keinen direkten Zugriff auf den Kontext der aufrufenden Stelle.
- Sie können einfach von mehreren Stellen im Code aus benutzt werden.
- Ihre Adresse kann bestimmt, gespeichert und weitergeben werden.

Sie eignen sich aus diesen Gründen dann besser als Lambda-Funktionen, wenn sie öfter benutzt werden und keinen Zugriff auf einen Kontext benötigen.

Lambda-Funktionen

Lambda versus Elementfunktion

Die Unterschiede von Elementfunktionen zu Lambda-Funktionen sind:

- Sie erfordern deutlich mehr Code.
- Sie erlauben den Zugriff auf die Elemente ihrer Klasse.
- Sie können an mehreren Stellen benutzt werden.
- Ihre Adresse kann bestimmt, gespeichert und weitergeben werden. Allerdings benötigt man noch eine Instanz für die Ausführung.

Ziehen Sie deshalb Elementfunktionen vor, wenn sie öfter benutzt werden und die Klassenelemente als Kontext ausreichen oder nötig sind.

Lambda versus Funktionsobjekt

Funktionsobjekte (oder Funktoren) sind Instanzen von Klassen, die den Aufrufoperator *operator()* unterstützen. Sie haben folgende Unterscheidungsmerkmale:

- Sie erfordern erheblich mehr Code.

- Sie besitzen ihren eigenen Kontext, was sowohl Verweise auf andere Objekt als auch einen eigenen internen Zustand ermöglicht. Sie können durch entsprechende Implementierung direkt auf den Stapel (stack frame) des Aufrufers zugreifen, wie Lambda-Funktionen das können.

- Sie können an mehreren Stellen benutzt werden. Da sie eigene Klassen sind, kann der Zugriff genau geregelt werden.

- Aufrufbare Objekte können erzeugt und weitergegeben, aber auch gespeichert werden.

Damit sind Funktionsobjekte die mächtigste und flexibelste Variante. Ihr Implementierungsaufwand ist hoch, aber wenn ein komplexer interner Zustand gefordert ist, sind sie die einzige Möglichkeit.

Lambda versus gebundenes aufrufbares Objekt

Unter einem gebundenen aufrufbaren Objekt ist hier gemeint, dass eine existierende Funktion oder ein existierendes Funktionsobjekt mit Hilfe von *std::bind1st*, *std::bind2nd* oder *std::bind* (siehe Kapitel 4.6) in die benötigte Form konvertiert werden kann. Gebundene aufrufbare Objekte unterscheiden sich in diesen Punkten von Lambda-Funktionen:

- Sie erfordern eigentlich gar keinen Code, weil sie nur vorhandene Funktionen anpassen und weiterreichen.
- Sie erlauben keinen Zugriff auf den Kontext der aufrufenden Stelle, bei Elementfunktionen aber immerhin auf die Klassenelemente.
- Sie können nur an einer Stelle benutzt werden, können aber jederzeit wieder generiert werden.
- Sie können erzeugt, gespeichert und weitergegeben werden.

Dies ist die am wenigsten aufwändige Variante. Wann immer ein gebundenes aufrufbares Objekt für den Zweck ausreicht, sollten Sie es einsetzen.

Wenn Sie sich für den Einsatz einer Lambda-Funktion entschieden haben, sollten Sie die Menge und Art der Bindungen gut überlegen. Mit einem einfachen [=] oder gar [&] transportieren Sie zu viel Kontext in die Funktion. Aber übertreiben Sie es andererseits auch nicht mit komplizierten Bindungen. Eine einfache Aufzählung der benötigten Variablen mit Bindungstyp ist lesbar, sicher und aussagekräftig.

Wer unterstützt es?
Standard C++11

MSVC ab 2010

GCC ab 4.5

2.18 Initialisierte Lambda-Bindungen

Worum geht es?
In der Bindungsliste einer Lambda-Definition können nicht nur Verweise auf Variablen des Kontexts, sondern zusätzlich auch neue initialisierte Variablen aufgeführt sein:

```
auto calcDouble = [f = 2](int v){ return v * f; };
```

Initialisierte Lambda-Bindungen

Was steckt dahinter?

Für die Initialisierung können Sie beliebige Ausdrücke verwenden, die im aktuellen Gültigkeitsbereich zulässig sind. Die Typen der initialisierten gebundenen Variablen werden wie in modernem C++ inzwischen üblich aus dem Initialisierungsausdruck automatisch abgeleitet. Sollten Sie ihn explizit bestimmen wollen, müssten Sie z. B. einen *static_cast<>* mit in den Initialisierer aufnehmen.

Wie setzt man es ein?

Mit den bisher möglichen Bindungen konnte man eine Variable entweder als Kopie oder als Referenz in das Lambda übernehmen. Mit der Initialisierungs-Variante können Sie den Variableninhalt auch verschieben:

```
std::unique_ptr<std::vector<std::string>> rivers(
    new std::vector<std::string>{ "Donau", "Elbe", "Main" });
auto is_river = [rs = std::move(rivers)](string r){
    return find(rs->begin(), rs->end(), r) != rs->end(); };
cout << "Ist der Main ein Fluss? " << is_river("Main") << endl;
```

Die Verschiebefunktion *std::move* wird in Kapitel 4.5 beschrieben.

Abgesehen davon können Sie das Feature auch dann nutzen, wenn Sie einen Wert für die Lambda-Funktion einmalig bei der Definition berechnen wollen, statt bei jedem Aufruf der Funktion.

Wer unterstützt es?

Standard C++14

MSVC ab 2015

GCC ab 4.9

2.19 Generische Lambda-Funktionen

Worum geht es?

Die Parameter einer Lambda-Funktion können auch vom Typ *auto* sein. In diesem Fall erzeugt der Compiler für jede genutzte Typkombination eine entsprechende Implementierung:

```
auto sum = [](auto s1, auto s2) { return s1 + s2; };
cout << sum(3, 7.5) << endl; // Ausgabe: 10.5
cout << sum("Herb"s, "Sutter"s); // Ausgabe HerbSutter
```

Was steckt dahinter?

Wenn Sie nun denken: „Genau wie bei Templates!", haben Sie vollkommen recht. So wie ein normales Lambda im Grunde auch ein aufrufbares Objekt ist, so ist ein generisches Lambda identisch mit einer entsprechenden Templateklasse. Die Schreibweise ist jedoch angenehmer und intuitiver zu verstehen.

Analog zu variadischen Templates haben auch generische Lambdas die Möglichkeit mit einer variablen Anzahl an Parametern zu arbeiten.

```
auto length = [](auto ...args) { return sizeof...(args); };
cout << length(5, "Huber", pair<int, int>(0, 0)); // Ausgabe: 3
```

args ist ein sogenanntes Parameterpaket, das für eine ganze Liste von Parametern bzw. Argument steht und *sizeof...* ist ein spezieller Operator für solche Pakete, der die Anzahl der enthaltenen Elemente zurückliefert. Diese Schreibweisen kommen von den variadischen Templates, die in Kapitel 3.9 beschrieben werden.

Wie setzt man es ein?

Generische Lambdas unterstützen anders als Templates keine expliziten Spezialisierungen. Deshalb sind sie kein vollwertiger Ersatz für Funktionstemplates. In all den Fällen aber, wo dies nicht benötigt wird, stellen sie eine knappe und gut lesbare Alternative da.

Auf der anderen Seite, wenn es um den ursprünglichen Zweck von Lambdas als anonyme lokale Funktionen geht, dürften generischen Lambdas eher selten zum Einsatz kommen. In diesen Situationen sind die Typen für die Parameter und den Rückgabewerte ja meistens vorgegeben.

Wer unterstützt es?

Standard C++14

MSVC ab 2015

GCC ab 4.9

2.20 Konstante Ausdrücke

Worum geht es?

Eine Variable oder Funktion, die mit *constexpr* gekennzeichnet ist, wird, falls möglich, zur Übersetzungszeit ausgewertet:

```
constexpr Color blue(0, 0, 0, 255);

constexpr size_t CalcArrayLength(size_t a, size_t b, size_t c) {
  return a * (b + c);
}

std::string names[CalcArrayLength(2, 3, 5)];
```

Was steckt dahinter?

Im ersten Beispiel wird eine Konstante namens *blue* definiert. Wir nehmen an, dass es einen Konstruktor von *Color* gibt, der das Objekt aus den Werten für Transparenz, Rotanteil, Grünanteil und Blauanteil erstellt. Wäre die Variable nur als

```
const Color blue(0, 0, 0, 255);
```

definiert, würde die Initialisierung meist zur Laufzeit ausgeführt. Durch die Auszeichnung mit *constexpr* prüft der Compiler, ob eine Berechnung zur Übersetzungszeit möglich ist, und führt sie gegebenenfalls auch durch. Abgesehen davon sind die beiden Definitionen identisch, es handelt sich also um eine reine Optimierungsmöglichkeit.

Das zweite Beispiel benutzt den Rückgabewert einer Funktion zur Dimensionierung eines C-Arrays. Im Allgemeinen ist so etwas nicht möglich. Durch das *constexpr* prüft der Compiler jedoch, ob er die Funktion zur Übersetzungszeit ausführen kann. Falls ja, gilt der Funktionswert als Übersetzungszeit-Konstante und kann bei der Definition von C-Arrays eingesetzt werden und generell überall dort, wo Übersetzungszeit-Konstanten erwartet werden, also zum Beispiel auch als Templateargument.

Was sind die Details?

Damit eine Variablendefinition oder ein Funktionsaufruf zur Übersetzungszeit ausgewertet wird, muss sie

- die Einschränkungen für *constexpr* erfüllen
- als *constexpr* ausgezeichnet sein
- bei Funktionen: mit Argumenten aufgerufen werden, die eine Auswertung zur Übersetzungszeit erlauben.

Falls eine Variablendefinition oder Funktion die Einschränkungen für *constexpr* nicht erfüllt und trotzdem mit *constexpr* ausgezeichnet wird, erzeugt der Compiler einen Übersetzungsfehler.

Bei den Einschränkungen, die ein *constexpr*-Objekt erfüllen muss, unterscheidet man zwischen Variablen, Funktionen und Konstruktoren. Etwas vereinfacht dargestellt gelten die folgenden Regeln:

Variablendefinition:

- Die Variable muss von einem Typ sein, für den es Literale (→literaler Typ) gibt.
- Sie muss sofort initialisiert werden, sei es durch Zuweisung oder Konstruktion.
- Die für die Initialisierung benutzten Werte müssen entweder Literale sein oder selbst den Spezifizierer *constexpr* tragen.

Konstante Ausdrücke

Funktion:

- Darf nicht virtuell sein.
- Rückgabewert und Parameter müssen einen literalen Typ haben.
- Darf alle Anweisungen enthalten außer: *asm*, *goto*, *label*, *try/catch* und nicht-literale Variablendefinition.

Der letzte Punkt gilt ab C++14. In C++11 war die Regelung noch erheblich strenger. Hier durfte der Funktionsrumpf außer Deklarationen nur genau eine *return*-Anweisung enthalten, die wiederum nur auf Literalen oder Objekten mit der Auszeichnung *constexpr* basiert.

Konstruktor:

- Die Parameter müssen einen literalen Typ haben.
- Die Klasse darf keine virtuelle Basisklasse haben.
- Der Konstruktor selbst darf keinen Funktions-*try*-Block enthalten.
- Darf alle Anweisungen enthalten außer: *asm*, *goto*, *label*, *try/catch*, nicht-literale Variablendefinition.

Auch hier war die letzte Regel anfangs noch erheblich strenger. In C++11 musste der Konstruktor alle nicht-statischen Elementvariablen auf triviale Art initialisieren und durfte dabei nur Literale, Konstanten oder Objekte mit der Auszeichnung *constexpr* verwenden.

Bei Funktionen ist es möglich, dass alle diese Einschränkungen erfüllt sind, die Funktion als *constexpr* ausgezeichnet wird und dann aber mit Argumenten aufgerufen wird, die nicht Literale oder *constexpr* sind. Solche Aufrufe werden dann einfach zur Laufzeit ausgeführt. Mit *Foo* als normaler Funktion, das heißt ohne den *constexpr*-Spezifizierer, können Sie trotzdem einen Aufruf wie diesen verwenden:

```
int len = CalcArrayLength(Foo(3), Bar(2), 5);
```

Was natürlich nicht geht und zu einem Compilerfehler führt, wäre eine Verwendung als Übersetzungszeit-Konstante:

```
// Compilerfehler, wenn Foo nicht ebenfalls constexpr sind.
std::string names[CalcArrayLength(Foo(3), 2, 5];
```

Für die Variablendefinition bedeuten die Einschränkungen, dass der Konstruktor *Color* selbst mit *constexpr* spezifiziert sein muss:

```
class Color {
public:
  constexpr Color(uint8_t t, uint8_t r, uint8_t g, uint8_t b)
  : t_(t), r_(r), g_(g), b_(b) {
  }
private:
  uint8_t t_, r_, g_, b_;
};
```

Im Vergleich mit *const* ist *constexpr* für Variablen die stärkere Einschränkung. Eine *const*-Variable kann zur Laufzeit initialisiert werden; sie ist erst ab dem Definitionszeitpunkt unveränderlich:

```
int a = f(); // beliebiges f, das auch Eingaben lesen könnte.
const b = a; // b darf ab hier nicht mehr geändert werden
```

Bei einer *constexpr*-Variablen muss der Wert zur Übersetzungszeit schon bekannt sein und darf dann nicht mehr verändert werden. In diesem Sinn sind nur *constexpr*-Variablen echte Konstanten, wie man sie beispielsweise aus Pascal kennt.

Bei Funktionen sind *constexpr* und *const* unabhängige Konzepte. Seit C++14 darf eine *constexpr*-Elementfunktion das aufgerufene Objekt auch ändern.

Vielleicht denken Sie jetzt, dass es für diese Optimierungen kein eigenes Schlüsselwort gebraucht hätte. Der Compiler könnte ja selbst prüfen, ob eine Funktion oder eine Konstante die Voraussetzungen erfüllt und gegebenenfalls den Wert zur Übersetzungszeit berechnen (Das tut er ja sowieso.). Wichtig ist aber auch die Dokumentation einer Variablen oder Funktion als *constexpr*, weil ein Programm nur solche Objekte als Übersetzungszeit-Konstanten benutzen darf. Würde der Compiler das sozusagen von Fall zu Fall entscheiden, könnte eine kleine Änderung an der Funktion dazu führen, dass sie nicht mehr zur Dimensionierung eines C-Arrays benutzt werden darf und an den Stellen, wo das geschehen ist, den existierenden Code brechen. Das Schlüsselwort ist also nicht nur eine Anweisung an den Compiler, sondern auch ein Teil des Interfaces, und sollte nur nach reiflicher Überlegung gesetzt und möglichst nicht mehr entfernt werden.

Wie setzt man es ein?

Zuerst einmal ist *constexpr* eine Optimierungsmethode. Konstruktoren, Funktionen und Variablen-Initialisierungen können zur Übersetzungszeit ausgeführt werden, was zur Laufzeit natürlich Zeit spart. In dieser Variante ergibt es also überall dort Sinn, wo länger dauernde Initialisierungen oder Berechnungen auf konstanten Werten häufig ausgeführt werden.

Wenn zum Beispiel eine Funktion basierend auf der schon oben angenommen Klasse *Color* oft aufgerufen wird und so aussieht:

```
void Bar() {
  Color white(0, 255, 255, 255);
  Color gray(0, 128, 128, 128);
  Color blue(0, 0, 0, 255);
  // weitere Farbwert-Initialisierungen hier
  //
  // Verwendung der Farben hier
}
```

dann kann es durchaus etwas bringen, den Farbkonstruktor und die Farbkonstanten als *constexpr* zu deklarieren. Andererseits wissen Sie ja nicht im Voraus, auf welche Weise Klassen zukünftig benutzt werden. Deshalb ist es sinnvoll, Funktionen und Konstruktoren, welche die Einschränkungen erfüllen, grundsätzlich als *constexpr* zu spezifizieren. Sie müssen sich aber stets gewiss sein, dass Sie diese Eigenschaft auch in Zukunft sicherstellen können, damit Sie keine Inkompatibilitäten verursachen.

Denn das ist ja der zweite Zweck des Spezifizierers: Bestimmte Aufrufe von Funktionen mit *constexpr* dürfen auch dort stehen, wo Übersetzungszeit-Konstanten erwartet werden. Das ist dann nicht nur eine Optimierung, sondern auch eine Methode, den Quellcode tatsächlich zu verbessern. Sie können auf Makros verzichten, Redundanzen vermeiden und die Lesbarkeit erhöhen.

Zum Beispiel war es bisher nicht möglich, ein C-Array auf diese Weise zu definieren:

```
std::string names[numeric_limits<short>::max()];
```

In C++11 ist die Funktion *max* als *constexpr* spezifiziert worden, so dass diese Anweisung jetzt zulässig ist.

In diesem Zusammenhang ist folgende Beobachtung noch interessant:

`std::string names[CalcArrayLength(3, 4, 1)];`

sollte nach dem bisher Gesagten zu einem Compilerfehler führen, wenn *CalcArrayLength* nicht als *constexpr* ausgezeichnet ist. Interessanterweise übersetzt GCC diese Definition und dimensioniert das Array zur Laufzeit, wie man durch Setzen eines Haltepunkts leicht nachweisen kann.

Über das bisher Gesagte hinaus kann man *constexpr* aber auch als eine Methode zur Metaprogrammierung ansehen, die teilweise an die Möglichkeiten von Templates heranreicht und sogar zusätzliche Vorteile bietet.

Sehen wir uns eine klassische rekursive Implementierung zur Berechnung der Fakultät an. Die Funktion kann so geschrieben werden, dass sie die Einschränkungen für *constexpr* erfüllt.

```
constexpr int Factorial(int n) {
  return n == 1? 1: n * Factorial(n - 1);
}
```

Das geht sogar schon nach den strengen Regeln von C++11. Denn die Funktion ist nicht virtuell, hat nur skalare Typen als Parameter und Rückgabewerte und besteht nur aus einer einzigen *return*-Anweisung. Deshalb kann die Fakultät von Literalen, Konstanten und Objekten mit der Auszeichnung *constexpr* zur Übersetzungszeit berechnet werden:

`std::string names[Factorial(8)];`

Vergleichen Sie diese einfache Funktion mit der entsprechenden Templateimplementierung:

```
template<int N> struct Factorial {
  enum { value = N * Factorial<N - 1>::value };
};

template<> struct Factorial<0> {
  enum { value = 1 };
};

std::string names[Factorial<8>::value];
```

Da ist die Variante mit *constexpr* doch erheblich kompakter und lesbarer. Sie erfüllt aber genau denselben Zweck.

Wer unterstützt es?

Standard C++11 mit Erweiterungen in C++14

MSVC ab 2015

GCC ab 4.6

Wo gibt es mehr Infos?

Zur Erweiterung von *constexpr* in C++14.

http://www.open-std.org/jtc1/sc22/wg21/docs/papers/2013/n3597.html

2.21 Erweiterte „friend"-Deklaration

Worum geht es?

Im neuen Standard muss das Schlüsselwort *class* für *friend*-Klassen nicht mehr angegeben werden.

```
class FooFriend {
    ...
};

class Foo
{
  friend FooFriend; // statt friend class FooFriend;
  ...
};
```

In dieser Variante sind jetzt auch Templateparameter und Basistypen als *friend*-Klassen erlaubt.

Was steckt dahinter?

Hier geht es Compiler-technisch um die feinen Unterschiede zwischen einer einfachen Typ-Spezifikation und einer elaborierten Typ-Spezifikation. Im Grunde ist das Ziel einfach nur, dass Templateparameter als *friend* deklariert werden können.

Wie setzt man es ein?

Sie brauchen sich nur zu merken, dass Templateparameter *friend* sein können. Das heißt, das Folgende ist jetzt möglich:

```
template<class T> class MyTemplate {
friend T;
private:
  void Private() {
  }
};

class Foo {
public:
  void DoSomething(MyTemplate<FooD>* t) {
    t->Private();
  }
};

MyTemplate<Foo> t;
Foo f;
f.DoSomething(&t);
```

Wer unterstützt es?

Standard C++11

MSVC ab 2010

GCC ab 4.7

2.22 Binäre Literale

Worum geht es?

Analog zur schon immer möglichen Definition einer ganzen Zahl in Hexadezimaldarstellung ist auch eine Binärdarstellung möglich:

```
int hexa = 0x11;
int binaer = 0b1001;
```

Was steckt dahinter?

Das ist rein eine Sache der besseren Lesbarkeit und damit nur für Programmierer interessant, die sich viel mit Binärzahlen beschäftigen. Wie bei 0x kann man auch hier ein L oder UL anhängen.

Wer unterstützt es?

Standard C++14

MSVC ab 2015

GCC offiziell ab 4.9

2.23 Zahlentrennzeichen

Worum geht es?

Um lange Zahlen lesbarer zu machen, erlaubt C++14 das Hochkomma als Trenner:

```
int ganzZahl = 9'999'999;
double kommaZahl = 1'234.998'734
```

Was steckt dahinter?

Mehr steckt nicht dahinter. Trenner sind auch bei Hexadezimal- und bei Binärdarstellung erlaubt. Natürlich prüft C++ nicht, ob der Trenner sinnvoll eingesetzt wird. Allerdings ist es nicht erlaubt, dass der Trenner am Anfang, am Ende oder neben dem Dezimalpunkt steht. Auch dürfen nicht zwei direkt aufeinanderfolgen;

```
float unsinnZahl = 3'2.4'31; // OK
float falscheZahl1 = 32'.4''1'; // Enthält drei Fehler
```

Wer unterstützt es?

Standard C++14

MSVC ab 2015

GCC ab 4.9

2.24 Zeichenketten-Literale

Worum geht es?

Sie können bei der Definition von Zeichenketten-Literalen präzise angeben, welche Kodierung benutzt werden soll:

```
const char*     utf8Chars = u8"Eine UTF-8 Zeichenkette";
const char16_t* utf16Chars = u"Eine UTF-16 Zeichenkette";
const char32_t* utf32Chars = U"Eine UTF-32 Zeichenkette";
```

Mit der Kennzeichnung *R* für *raw* (roh) können Sie ein Zeichenketten-Literal definieren, das überhaupt nicht interpretiert wird:

```
const char*     rawChars = R"(Rohe Zeichenketten mit \.)";
```

Hier gehören die runden Klammern mit zum Begrenzer und sind nicht Bestandteil der Zeichenkette.

Was steckt dahinter?

Das bisherige Zeichenketten-Literal für breite Strings wie

```
L"Dies ist ein 'breiter' String."
```

Zeichenketten-Literale

ist definiert als ein Literal vom Typ *wchar_t*. Dieses entspricht in Visual C++ einem UTF-16-Zeichen, während es in GCC als UTF-32 interpretiert wird. Damit führt derselbe Programmcode für bestimmte Zeichen auf verschiedenen Plattformen zu unterschiedlichen Dateninhalten und Größen der C-Strings.

Durch Einführung der neuen Zeichentypen *char16_t* und *char32_t* sowie der Festlegung der Codierung von Zeichenketten wird die Bedeutung solcher Strings eindeutig. Sie gelten als eigenständige Typen und sind nicht nur Aliase zu vorhandenen Typen, wie beispielsweise *unsigned short*.

In der Standardbibliothek existieren zudem auch die entsprechenden Spezialisierungen von *basic_string*:

```
std::u16string utf16String(u"Eine Zeichenkette in UTF-16");
std::u32string utf32String(U"Wine Zeichenkette in UTF-32");
```

Ein *Raw*-String wird eins zu eins kodiert und nicht interpretiert. Das bedeutet, dass der Backslash keine besondere Bedeutung hat. Im Gegenzug können Sie dann auch keine Sonderzeichen wie \t (Tabulator) oder \n (Zeilenvorschub) eingeben.

Raw-Strings können sich auch über mehrere Zeilen erstrecken:

```
std::string gedicht = R"(
Wer reitet so spät durch Nacht und Wind?
Es ist der Vater mit seinem Kind.
Er hat den Knaben wohl in dem Arm,
Er faßt ihn sicher, er hält ihn warm.)";
```

In einem *Raw*-String dürfen auch Anführungszeichen vorkommen, da das Ende durch die schließende Klammer eindeutig gekennzeichnet wird:

```
string bemerkung = R"("Das ist von Schiller", bemerkte er.)";
```

Und wenn Sie eine schließende Klammer im String aufnehmen möchten? Dann können Sie ähnlich wie in SQL den Begrenzer umdefinieren:

```
std::string antwort = R"del(Nein! (Es ist von Goethe.))del";
```

2 – Sprache

Das Ende wird hier dadurch erkannt, dass die Zeichen zwischen dem öffnenden Anführungszeichen und der öffnenden Klammer (also das *del* für *delimiter*) zwischen der schließenden Klammer und dem schließenden Anführungszeichen wiederholt werden.

Auch *Raw*-Strings können eine definierte Kodierung haben, die folgenden Literale sind erlaubt und sinnvoll:

```
u16string zweite = uR"(Es ist der Vater mit seinem Kind.)";
u32string dritte = UR"(Es ist der Vater mit seinem Kind.)";
```

Wie setzt man es ein?

Benutzen Sie die neuen Typen und Literale, wann immer die Kodierung einer Zeichenkette eindeutig definiert ist. Die Definition mit *L* kommt eigentlich nur noch für generische Zeichenketten oder bei Kompatibilitätsanforderungen in Betracht.

Raw-String-Literale sind optimal für

- Dateipfade insbesondere unter Windows
- Reguläre Ausdrücke (siehe auch „Reguläre Ausdrücke")
- XML-Code

und viele andere Einsatzzwecke. Es könnte durchaus passieren, dass Sie bald keine herkömmlichen Literale mehr benutzen.

Da die neuen Zeichentypen *char16_t* und *char32_t* als eigenständige Typen gelten, können Sie Überladungen schreiben, die zum Beispiel auch unter Windows zwischen einem *wchar_t* und einen *char16_t* unterscheiden, obwohl dort beide Zeichentypen für UTF-16 stehen.

```
std::u16string MakeString(const char16_t* src);
std::wstring MakeString(const wchar_t* src);
```

Denken Sie aber daran, dass die *string*-Klassen der Standardbibliothek keine Unicode-Kodierungen unterstützen. Die Zeichenkette:

```
std::string utf8String(u8"L\u00e4cheln!");
```

Zeichenketten-Literale

besteht zwar aus acht Unicode-Zeichen. Das zweite ist aber ein kleines 'ä', welches in UTF-8 in zwei Bytes, nämlich 0xc3a4 kodiert ist. Deshalb ist der String *utf8String* neun Zeichen lang.

```
utf8String.length() == 9 // liefert true
```

Viele Funktionen wie zum Beispiel die Suche im String liefern dann unter Umständen nicht das erwartete Ergebnis.

```
utf8String.find('Ã') // liefert 1
```

Denn Ã hat in der Latin-1 Codierung den Wert 0xc3.

Die Klasse *std::codecvt* wurde erweitert, um Zeichenketten zwischen UTF-8, UTF-16 und UTF-32 konvertieren zu können. Auch die alten Zeichensätze UCS2 und UCS4 werden unterstützt, sollten aber nicht mehr benutzt werden.

Das folgende Beispiel konvertiert einen UTF-16-kodierten *wstring* in einen UTF-8-kodierten *string*.

```
std::string WStrToStr(const std::wstring& s)
{
  wstring_convert<codecvt_utf8_utf16<char16_t>,char16_t> conv;
  return conv.to_bytes(s.c_str());
}
```

Wer unterstützt es?

Standard C++11

MSVC ab 2015, nicht-interpretierte Zeichenketten-Literale ab 2013

GCC ab 4.5

Wo gibt es mehr Infos?

Header für u16string, u32string etc. *<string>*

Header für *codecvt* *<locale>*

2.25 Benutzerdefinierte Literale

Worum geht es?

Durch Überladung des neuen Literaloperators *operator""* können Sie eigene Formate für Literale definieren. Diese bestehen aus einem Standard-Literal plus einem benutzerdefinierten Suffix. Damit können Sie Literale verwenden wie:

```
38.3kg          // Gewichtsangabe
100100b         // binäre Zahl
"kòngzhì"zi     // chinesische Zeichenkette
8.0+3.4i        // komplexe Zahl
0xff00ff_col    // Farbe
"2011-08-23"d   // Datum
```

Die Bedeutung dieser Literale wird durch den Operator definiert.

Was steckt dahinter?

Benutzerdefinierte Literale fördern die Lesbarkeit des Codes. Nehmen Sie als Beispiel Farbliterale:

```
class Color {
public:
  constexpr Color(uint8_t a, uint8_t r, uint8_t g, uint8_t b)
    : a_(a), r_(r), g_(g), b_(b) {
  };
private:
  uint8_t a_, r_, g_, b_;
};
```

Mit Verwendung eines Literals können Sie Folgendes schreiben:

```
vvoid FormatText(const Color& background, const Color& text);

const Color blue = 0x000000ff_col;
FormatText(0x00808080_col, 0x00ff0000_col);
```

statt zum Beispiel:

Benutzerdefinierte Literale

```
const Color blue(0, 0, 0, 0xff);
FormatText(Color(0, 0x80, 0x80, 0x80), Color(0, 0xff, 0, 0));
```

Dazu muss ein entsprechender Literaloperator definiert sein:

```
Color operator"" _col(unsigned long long value) {
  return Color(value & 0xff000000 >> 24,
    value & 0x00ff0000 >> 16, value & 0x0000ff00 >> 8,
    value & 0x000000ff);
}
```

Dieser enthält bei der Ausführung den verarbeiteten Wert des Standard-Literals – in diesem Fall den Integer-Wert des Literals – und konvertiert ihn in eine Farbe. Man nennt das die *cooked*-Form des Literaloperators.

Daneben können Sie auch den ursprünglichen Wert des Literals verarbeiten, indem Sie einen Literaloperator in *uncooked*- oder *raw*-Form definieren:

```
Color operator"" _col(const char* literal, size_t length) {
  ...
}
```

Dieser wird dann mit dem gesamten Literal einschließlich des Suffixes aufgerufen, im obigen Beispiel für *blue* also mit dem String *"0x000000ff_col"*.

Grundsätzlich können positive ganze Zahlen, Fließkommazahlen, Zeichen und Zeichenketten als Grundlage für benutzerdefinierte Literale eingesetzt werden. Die jeweiligen Signaturen des Operators sind wie folgt:

Basistyp	Signatur *raw*	Signatur *cooked*
positive ganze Zahl	const char*	unsigned long long
Fließkommazahl	const char*	long double
Zeichen	char	nicht möglich
Zeichenkette	const char*, size_t	nicht möglich

Wie setzt man es ein?

Benutzerdefinierte Literale sind eine nette Erweiterung, mit der ein Programm besser lesbar wird beziehungsweise besser ausdrücken kann, was es tut.

Wenn Sie zum Beispiel viel mit komplexen Zahlen arbeiten, ist die Anweisung

```
std::complex result = operand + (2.1 + 1.4i);
```

lesbarer als

```
std::complex result = operand + std::complex(2.1, 1.4);
```

In diesem Beispiel ist *1.4i* ein benutzerdefiniertes Literal, der *Plus*-Operator berechnet dann aus der reellen Zahl 2.1 und der imaginären Zahl 1.4i die gesamte komplexe Zahl. Das imaginäre Literal definieren Sie über den Literaloperator:

```
std::complex operator"" i(long double value) {
  return std::complex(0.0, value);
}
```

Die Spezifikation durch das Suffix ermöglicht auch den Einsatz von *auto* statt des expliziten Typs (siehe Kapitel 2.1):

```
auto c1 = 2.1 + 1.4i;
```

Im Zusammenhang mit Literalen bietet sich das Schlüsselwort *constexpr* an. Schließlich ist ja gerade ein Literal etwas, das schon beim Übersetzen verarbeitet werden kann. Wenn möglich sollten Sie also den Literaloperator mit *constexpr* spezifizieren. Im obigen Beispiel mit *Color* setzt das voraus, dass der *Color*-Konstruktor ebenfalls *constexpr* ist. Aber auch das ist möglich. Falls der Literaloperator wegen der geforderten Einschränkungen nicht als *constexpr* ausgezeichnet werden kann, empfiehlt sich zumindest die Spezifikation als *inline*.

Bei den Bezeichnungen für die Suffixe sind Sie technisch gesehen frei. Es wird jedoch empfohlen, einen Unterstrich voranzustellen, wie es im

Benutzerdefinierte Literale

Beispiel für *Color* geschehen ist. Dadurch kommen sich die benutzerdefinierten Literale nicht mit den von der Sprache definierten in die Quere. Der Operator _col hätte allerdings ohne den Unterstrich nicht funktioniert, weil *c* eine gültige hexadezimale Ziffer ist und die Definition

```
const Color blue = 0x000000ffcol;
```

zur Suche nach dem Suffix *'ol'* führt.

Man könnte das neue Feature auch auf die Spitze treiben, und zum Beispiel ein benutzerdefiniertes Literal für eine Domänen-Klasse *Kunde* definieren:

```
auto kunde = "Müller, Gerhard, R-2455, 1987, 5, 13"kunde;
```

Ob das noch Sinn ergibt, ist allerdings mehr als fraglich. Im Übrigen stellt sich bei übermäßiger Anwendung bald die Frage nach Konflikten zwischen den Namensräumen.

Ab C++14 enthält die Standardbibliothek die folgenden neuen benutzerdefinierten Literaloperatoren:

Suffix	Bedeutung
if	imaginäre *float*-Zahl
i	imaginäre Zahl
il	imaginäre *long*-Zahl
h	Stunden vom Typ *std::chrono:duration*
min	Minuten vom Typ *std::chrono::duration*
s	Sekunden vom Typ *std::chrono::duration*
us	Mikrosekunden vom Typ *std::chrono::duration*
s	String-Literal vom Typ *std::basic_string*

Insbesondere das letzte Suffix ist oft praktisch, um überflüssige Konstruktoraufrufe oder explizite Typ-Umwandlungen zu vermeiden.

```
bool isGermanUmlaut = "äöüÄÖÜß"s.find(c) != string::npos;
```

Das Suffix *s* lässt sich mit den Präfixen für die Kodierung kombinieren.

2 – Sprache

```
auto s1 = "abc"s; // s1 ist vom Typ std::string
auto s2 = L"abc"s; // s2 ist vom Typ std::wstring
auto s3 = u"abc"s; // s3 ist vom Typ std::u16string;
auto s4 = U"abc"s; // s4 ist vom Typ std::u32string;
auto s5 = u8"abc"s; // s5 ist vom Typ std::string
```

Aber auch die Zeit-Literale machen Ihr Programm lesbarer:

```
auto day = 24h;
auto halfMinute = 0.5min;
```

Wer unterstützt es?

Standard C++11

MSVC ab 2015

GCC ab 4.7

2.26 „nullptr"

Worum geht es?

Endlich gibt es ein Schlüsselwort zur Definition eines Null-Zeigers:

```
Foo* foo = nullptr;
```

Was steckt dahinter?

Fast 40 Jahre lang haben sich C++-Programmierer mit der Frage herumgeschlagen, wie sie ausdrücken sollen, dass ein Zeiger auf nichts zeigt. Entweder man benutzte direkt den Wert 0 wie in:

```
Foo* foo(0);
```

oder

```
if (foo == 0)
```

oder

```
Foo* findFoo(void) {
  if (...) {
    ...
  } else return 0;
}
```

Alternativ kam das Makro NULL zum Einsatz, die jedoch meist ebenfalls als

```
#define NULL 0
```

definiert war.

Oft sah die Lösung dann so aus, dass man versuchte, ganz auf eine explizite Notation zu verzichten:

```
if (foo) ...
```

Jedoch haben beide Methoden Nachteile. Bei Verwendung der Null lässt sich oft nicht auf den ersten Blick erkennen, dass ein Zeiger gemeint ist. Im Ausdruck

```
if (foo() == 0)
```

muss man schon wissen, welchen Rückgabetyp *foo* hat, um komplett zu erfassen, was hier passiert. Auf der anderen Seite ist NULL ein Makro, auf das man als moderner C++-Programmierer eigentlich lieber verzichten möchte. Zudem ist der Wert 0 als Adresse für einen undefinierten Zeiger nur eine Konvention, so dass NULL theoretisch auch als 0xffffffff oder jeden beliebigen anderen Wert definiert sein könnte. Der Austausch von undefinierten Zeigern zwischen den Plattformen als NULL würde dann zu Schwierigkeiten führen. Hingegen würde die durchgängige Verwendung von 0 manchen Plattformgegebenheiten widersprechen.

Aber auch wenn man einfach nur von einem Wert 0 ausgeht, kann die Verwendung eines Integer-Literals für Zeigerwerte die Fehlererkennung durch den Compiler erschweren.

2 – Sprache

Sehen Sie sich einmal dieses typische Codefragment an:

```
Foo* FindName(const std::string& name) {
  if (...) {
    ...
  } else return 0;
}

...
if (FindName("Williams") == 0) {
  // Nicht gefunden
}
```

Nun nehmen wir an, Sie beschließen die Funktion *FindName* so zu ändern, dass sie einen Index statt des Zeigers zurückgibt:

```
int FindName(const std::string& name) {
  if (...)
    return fooIndex;
  else return -1;
}
```

Aber weil Sie einen schlechten Tag haben, übersehen Sie das *if* und deshalb steht da immer noch:

```
if (FindName("Williams") == 0) {
  ...
}
```

Hier wird kein Compiler einen Fehler melden oder wenigstens eine Warnung, schließlich ist das syntaktisch völlig korrekter Code. Leider behandelt er nun einen Erfolgsfall, nämlich dass der gesuchte Name der erste in der Liste ist, als Fehlerfall.

Die konsequente Verwendung von *nullptr* löst all diese Schwierigkeiten. Zum einen drückt sie wie das NULL-Makro die Intention des Programmierers deutlich aus und zum anderen ist es kein Makro, sondern ein echtes Schlüsselwort des Compilers mit einer definierten Bedeutung auf jeder Plattform. Ganz besonders wichtig ist auch, dass *nullptr* einen eigenen Typ hat, nämlich *nullptr_t*, der mit Integer-Typen nicht zuweisungskompatibel ist.

Das obige Beispiel würde unter Verwendung von *nullptr* ja folgendermaßen aussehen:

```
Foo* FindName(const std::string& name) {
  if (...) {
    ...
  } else return nullptr;
}

if (FindName("Williams") == nullptr) {
  ...
}
```

Damit wird der Compiler den Fehler bei der Umstellung auf den Index erkennen und melden, da *nullptr_t* nicht mit *int* kompatibel ist.

Wie setzt man es ein?

Wer bisher konsequent NULL eingesetzt hat, und das auch wirklich nur für undefinierte Zeiger, der kann seinen Code mittels einer globalen Suchen- und Ersetzen-Operation auf *nullptr* umstellen. Für den internen Gebrauch wäre es auch denkbar, vorerst ein eigenes *nullptr*-Symbol zu definieren, um jetzt produzierten Code auf C++11 vorzubereiten.

Wer dagegen bisher auf die nummerische Null gesetzt hat, tut sich schwerer. Eventuell sollten Sie diese in existierenden Modulen belassen und nur in neuem Code das neue Schlüsselwort einsetzen. Vielleicht bedenken Sie bei dieser Gelegenheit auch, welchem Prinzip – „Intention ausdrücken" oder „Keine Makros einsetzen" – Sie in Zukunft die höhere Priorität einräumen.

Wer unterstützt es?

Standard C++11

MSVC ab 2010

GCC ab 4.6

Wo gibt es mehr Infos?

Kompetente Diskussion der Frage NULL oder 0 auf Stack Overflow:

http://stackoverflow.com/questions/176989/do-you-use-null-or-0-zero-for-pointers-in-c

2.27 „Inline"-Namensräume

Worum geht es?

Definitionen in einem Namensraum, der mit *inline* spezifiziert ist, sind auch im umschließenden Namensraum sichtbar. Das unterstützt Bibliotheksentwickler bei der Versionierung.

```
namespace Outer {
  inline namespace Inner {
    const double Pi = 3.14159;
  }
}

double pi = Outer::Pi;
```

Was steckt dahinter?

Nehmen wir an, Sie bieten eine Bibliothek an, die eine Klasse zur Berechnung von π auf eine beliebige Anzahl von Dezimalstellen enthält.

```
namespace Pi {

  class Calculator {
  public:
    double CalcPi(int precision);
    ...
  };
}
```

In der neuen Version der Bibliothek implementieren Sie einen neuen Algorithmus, der auf mehreren Prozessoren läuft und dadurch erheblich schneller ist. Diese Variante setzt allerdings einen Prozessor mit min-

„Inline"-Namensräume

destens zwei Kernen voraus. Da nicht alle Nutzer Ihrer Bibliothek das garantieren können, müssen Sie parallel auch noch die vorherige Version der Klasse anbieten. Der Anwender soll über den eingezogenen Namensraum entscheiden, welche Variante er benutzen möchte. Gleichzeitig soll die neue Implementierung der Default-Fall sein, das heißt, man erhält sie durch Benutzung des Namensraums *Pi*.

```
namespace Pi {

  inline namespace V02 {

    // New and fast multi-threading implementation
    class Calculator {
    public:
        double CalculatePi(int precision);
        ...
    };
  }
  namespace V01 {

    // Old and compatible implementation
    class Calculator {
    public:
        double CalculatePi(int precision);
        ...
    };
  }
}
```

Nun bekommt der Anwender mit

```
using namespace Pi;
```

oder mit

```
using namespace Pi::V02;
```

die neue Implementierung und mit

```
using namespace Pi::V01;
```

die alte.

Wie setzt man es ein?

Die meisten Entwickler müssen wahrscheinlich keine so aufwändige Versionierung ihrer Klassen betreiben. Deshalb sollten Sie an dieser Stelle eigentlich nur wissen, dass ein *inline namespace* darauf hindeutet, dass es noch andere Versionen der enthaltenen Definition gibt, die Sie durch Angabe eines zusätzlichen Namensraums auswählen können.

Wer unterstützt es?

Standard C++11

MSVC ab 2015

GCC ab 4.4

2.28 Statische Zusicherungen

Worum geht es?

Mit *static_assert* definieren Sie eine Zusicherung, die ausschließlich zur Übersetzungszeit ausgewertet wird:

```
static_assert(sizeof(MyStruct) == 28, "Größe inkompatibel");
```

Was steckt dahinter?

Bedingungen wie im obigen Beispiel sind manchmal nötig, um Kompatibilität zwischen Programmteilen herzustellen. Wenn die Bedingung schon zur Übersetzungszeit ausgewertet wird, ist das natürlich viel besser, weil der Fehler nicht übersehen werden kann und weil außerdem noch Laufzeitoverhead vermieden wird. *static_assert* ist keine ausführbare Anweisung, sondern eine Deklaration, und kann deshalb überall dort stehen, wo zum Beispiel auch eine Funktion deklariert werden kann.

Wenn der Compiler zur Übersetzungszeit feststellt, dass die statische Zusicherung verletzt ist, generiert er dafür einen Compilerfehler mit dem Text der Zusicherung:

Statische Zusicherungen

```
// Beispiel: Compilerfehlermeldung von GCC 4.6
error: static assertion failed: "Größe inkompatibel"
```

Wie setzt man es ein?

Für *static_assert* gilt noch mehr als für *assert*: Lieber zu viel als zu wenig. Zusicherungen sind eine unschätzbare Hilfe bei der Fehlersuche und statische Zusicherungen haben keine der Eigenschaften, die *assert* problematisch machen können:

- Sie erzeugen keinen Laufzeitoverhead.
- Sie benötigten keine Testabdeckung, weil der Compiler sie garantiert auswertet.
- Sie können keine Programmfehler verursachen, weil sie eine Deklaration sind und kein Befehl. Der typische Stolperstein, dass das Argument von *assert* nötig für den Programmablauf ist, in der Release-Version aber nicht ausgeführt wird, entfällt.

Ein Einsatzzweck ist die Überprüfung von Bibliotheksversionen. Wenn Sie zum Beispiel wissen, dass Ihr Programm mit Versionen kleiner als 2 der Bibliothek *FooLibrary* nicht korrekt läuft, können Sie diese Zeile in Ihren Code einfügen:

```
static_assert(FooLibrary::Version >= 2,
  "Programm ist nicht kompatibel mit FooLibrary Version < 2.");
```

Ein anderer Anwendungsfall ist wie im ersten Beispiel die Überprüfung der Größe von Datenstrukturen. So können Sie sichergehen, dass Ihr Code mit fremdem Code zusammenarbeitet oder dass er auf einer Plattform übersetzt wird, die auch tatsächlich unterstützt wird:

```
static_assert(sizeof(long) == 4, "Plattform nicht unterstützt.");
```

Außer für die Kontrolle von Speichergrößen, Konstanten und Versionen ist *static_assert* äußerst nützlich im Zusammenhang mit Templates. Sie können damit Eigenschaften von Templateparametern sicherstellen:

```
template<typename T>
class Foo {
```

```
static_assert(sizeof(T) > sizeof(int), "T zu klein");
...
};
```

Ihre volle Kraft entwickeln *static_assert* aber erst in Zusammenarbeit mit Typmerkmalen (type traits), die in Kapitel 3.12 detailliert beschrieben werden. Kurz gesagt prüfen Typmerkmale Eigenschaften von Typen zur Übersetzungszeit. In Verbindung mit *static_assert* kann man diese Fähigkeit dazu benutzen, nur bestimmte Typen zur Instanziierung eines Templates zuzulassen.

```
template<typename T> void Foo(const T& t) {
  static_assert(is_class<T>::value, "T ist keine Klasse.");
  ...
}
```

Wer unterstützt es?

Standard C++11

MSVC ab 2010

GCC ab 4.3

2.29 Expliziter Typkonvertierungsoperator

Worum geht es?

Ein Typkonvertierungsoperator mit dem Spezifizierer *explicit* wird vom Laufzeitsystem nicht implizit aufgerufen. Der folgende Code erzeugt einen Übersetzungsfehler, was er ohne das *explicit* nicht tun würde.

```
class Foo {
public:
  explicit operator int() const {
    return v_;
  }
private:
```

Expliziter Typkonvertierungsoperator

```
  int v_;
};

void MyFunc(int a) {
  ...
}

Foo f;
MyFunc(f); // Compilerfehler: Typkonvertierung nicht möglich.
MyFunc(static_cast<int>(f)); // So geht's
```

Was steckt dahinter?

Schon bisher konnten Sie *explicit* mit analoger Bedeutung für Konstruktoren angeben. Das Feature erweitert die Notation einfach auf Operatoren.

Wie setzt man es ein?

Deklarieren Sie Typkonvertierungsoperatoren, deren Existenz man nicht erwarten würde oder die eine nicht völlig offensichtliche Semantik haben, als *explicit*. Programmfehler, die dadurch entstehen, dass ein Typ implizit in einen anderen unter Umständen gar nicht beabsichtigten Typ konvertiert wird, sind schwer zu finden.

Allerdings sollten Sie überlegen, ob in einem solchen Fall der Operator überhaupt das Richtige ist und nicht eine gesonderte Funktion ausdrucksstärker und vielleicht sogar eleganter wäre. Zum Beispiel benutzt die Standardbibliothek für die Konvertierung von *string* nach *char** die Funktion *c_str()*. Der Bezeichner macht deutlich, was passiert, und außerdem ist

```
s.c_str()
```

auch flüssiger zu lesen als

```
(char*)s
```

besonders innerhalb weiterer Klammerebenen.

Wer unterstützt es?

Standard C++11

MSVS ab 2013

GCC ab 4.5

2.30 „alignof" und „alignas"

Worum geht es?

Mit *alignof* können Sie die Ausrichtung eines Typs im Speicher abfragen:

```
struct Foo {
  char c;
  long long l;
};
cout << alignof(Foo);
```

Mit *alignas* können Sie die Ausrichtung eines Typs im Speicher definieren:

```
struct alignas(32) Foo {
  char c;
  long long l;
};
std::cout << alignof(Foo); // Ergibt 32.
```

Was steckt dahinter?

Die Speicherausrichtung (Alignement) wird in Bytes angegeben. Die Adresse eines Objekts vom Typ *T* im Speicher ist ein ganzzahliges Vielfaches von *alignof(T)*. Der Operator liefert bei Referenztypen die Speicherausrichtung des referenzierten Typs und bei C-Arrays die Speicherausrichtung des enthaltenen Typs.

Mit *alignas* können Sie auch selbst definieren, wie ein Typ im Speicher ausgerichtet werden soll.

Wie setzt man es ein?

alignof und *alignas* braucht man nur, wenn man so systemnah programmiert, dass die Speicherbelegung und ihre Ausrichtung eine Rolle spielen, also zum Beispiel für die Kommunikation mit Treibern oder Bibliotheken zur Speicherverwaltung.

Wer unterstützt es?

- *alignof*

MSVC teilweise ab 2012, vollständig ab 2015

GCC ab 4.8

- *alignas*

MSVC ab 2015

GCC ab 4.8

2.31 „sizeof" für Elementvariablen

Worum geht es?

Mit *sizeof* können Sie jetzt auch die Größe einer Elementvariablen berechnen:

```
sizeof(MyObject::myMember)
```

Was steckt dahinter?

Obwohl es schon immer möglich war, den Operator *sizeof* auf einen Typ anzuwenden,

```
class Foo {
public:
  int a;
  std::string b;
};

size_t s = sizeof(Foo);
```

können Sie erst seit C++11 auch die Größe der einzelnen Elemente des Typs ermitteln:

```
size_t s = sizeof(Foo::b);
```

Wie setzt man es ein?

sizeof auf Elementvariablen füllt eine Lücke. Bisher musste man in diesen Fällen auf den Typ der Elementvariablen ausweichen, was dann zu Fehlern führen konnte, wenn der Typ sich geändert hat.

Wer unterstützt es?

Standard C++11

MSVC ab 2015

GCC ab 4.4

2.32 Strukturierte Bindung

Worum geht es?

Mit einer neuen Syntax können Sie die Elemente von Strukturen oder Tupeln (siehe 4.11) einzelnen Variablen zuweisen:

```
struct Person {
  std::string Vorname;
  std::string Nachname;
  int Alter;
};

Person p{ "Karl", "Maier", 37 };
// Definiert die Variablen und weist die Elemente zu.
auto [vorname, nachname, alter] = p;
cout << vorname << nachname << alter << endl;
```

Was steckt dahinter?

Um die Elemente einer Struktur in einzelne Variable zu kopieren, musste man bisher die Variablen definieren und dann einzeln zuweisen. Das geht mit der neuen Schreibweise erheblich kürzer. Und sie funktioniert auch für Tupel, wo man ansonsten mit *get* oder *tie* zugreifen musste.

Wenn Sie die Elemente an Referenzen binden, können Sie dadurch deren Werte in der Struktur bzw. im Tupel manipulieren:

```
std::tuple<double, double, double> t{ 1.2, 3.4, 5.6 };
auto [z1, z2, z3] = t;
cout << z1 << z2 << z3 << endl;
auto& [z1r, z2r, z3r] = t;
z1r = 2.1;
z2r = 4.3;
z3r = 6.5;
cout << get<0>(t) << get<1>(t) << get<2>(t) << endl;
```

Und schließlich können Sie auch an *Rvalue*-Referenzen binden. Wenn die Quelle eine temporäre Struktur oder ein temporäres Tupel ist, verwendet der Compiler wo möglich *move*-Semantik und eliminiert dadurch Kopiervorgänge.

Wie setzt man es ein?

Neben den offensichtlichen Fällen, wo Sie bisher zum Beispiel mit *std::tie* gearbeitet haben, vereinfacht die neue Syntax zum Beispiel Schleifen über *std::maps*:

```
map<int, string> zw{{1, "eins"}, {2, "zwei"}, {3, "drei"}};
for (const auto& [z, w]: zw)
  cout << z << ": " << w << endl;
```

Der Nachteil dieser Syntax liegt wie so oft bei *auto* darin, dass beim Lesen des Programmtextes nicht offensichtlich ist, welche Typen die definierten Variablen haben.

Wer unterstützt es?

Standard C++17

MSVC nicht bis 2017

GCC ab 7

2.33 Bedingungen mit Initialisierer

Worum geht es?

Die Bedingungen von *if*- und *switch*-Anweisungen dürfen optional eine Initialisierung beinhalten:

```
map<int, tring> zw{{1, "eins"}, {2, "zwei"}, {3, "drei"}};
if (auto it = zw.find(2); it != zw.end()) {
  cout << it->second << endl;
} else {
  cout << "<NOT FOUND>" << endl;
}
```

Was steckt dahinter?

Das sieht etwas ungewöhnlich aus, funktioniert im Prinzip aber wie die altbekannten *for*-Schleife, die man als *while*-Schleife mit Abbruchbedingung sehen kann plus eine Initialisierung plus eine Inkrementierung. Das Schöne ist, dass sich der Gültigkeitsbereich der im Initialisierer definierten Variablen nur über die *if*-Anweisung inklusive *else* erstreckt.

Bei *switch*-Anweisungen sind die so definierten Variablen dann entsprechend bis zur schließenden Klammer des *switch* gültig.

Wie setzt man es ein?

Das neue Feature ist eine gestraffte und aufgeräumte Schreibweise, die Sie überall dort einsetzen sollten, wo ein Wert mehrmals, aber nur innerhalb einer *if*- oder *switch*-Anweisung benötigt wird. Wenn die Initialisierung zu komplex erscheint, kann sie ja in eine separate (Lambda-)Funktion ausgelagert werden.

Bedingungen mit Initialisierer

Ein typischer Anwendungsfall ist das zeitbegrenzte Setzen einer Sperre:

```
std::mutex mtx;
if (unique_lock<mutex> l(mtx, try_to_lock); l.owns_lock()) {
  cout << "Sperre gesetzt" << endl;
} else {
  cout << "Sperre nicht gesetzt" << endl;
}
```

Gleichbedeutend ohne den Initialisierer beim *if* wäre die Schreibweise mit einem zusätzlichen äußeren Block, der dafür sorgt, dass das *unique_lock* und damit der Mutex nach der *if*-Anweisung freigegeben werden.

```
std::mutex mtx;
{
  unique_lock<mutex> l(mtx, try_to_lock);
  if (l.owns_lock()) {
    cout << "Sperre gesetzt" << endl;
  } else {
    cout << "Sperre nicht gesetzt" << endl;
  }
}
```

Die *switch*-Anweisung mit Initialisierer kommt beispielsweise bei Funktionen mit Fehlercode zum Einsatz. Nehmen wir an, in einer Legacy-Bibliothek nutzen Sie eine Funktion *perform*, welche einen C-Rückgabetyp *errno_t* liefert:

```
switch(error_t result = perform(); result) {
case 0:
  // Erfolg, geplante Aktion ausführen
  break;
case EACCES:
  cout << "Zugriff nicht erlaubt." << endl;
  break;
case ENOMEM:
  cout << "Nicht genug Speicher." << endl;
  break;
default:
  cout << "Unbekannter Fehler " << result << endl;
  break;
}
```

Wer unterstützt es?

Standard C++17

MSVC nicht bis 2017

GCC ab 7

2.34 Geschachtelte Namensraumdefinition

Worum geht es?

Um einen geschachtelten Namensraum zu definieren, können Sie statt

```
namespace outerNamespace {
  namespace innerNamespace {
    ...
  }
}
```

auch schreiben

```
namespace outerNamespace::innerNamespace {
  ...
}
```

Was steckt dahinter?

Das ist eine reine Verschlankung der Schreibweise, die überflüssige Einrückungsebenen erspart.

Wie setzt man es ein?

Ob Ihnen die Schreibweise zusagt, ist Geschmackssache. Weniger zu tippen gefällt aber praktisch allen Entwicklern.

Wer unterstützt es?

Standard ab C++17

MSVC ab 2017

GCC ab 6

2.35 „Inline"-Variable

Worum geht es?

Inline-Variablen werden im Header definiert und gelten doch nur als eine einzige Variable im Programm:

```
// Header.h
inline int globalVar = 0;


// Module1.cpp
#include "Header.h"

void incrementGlobal()
{
  globalVar++;
}


// Module2.cpp
#include "Header.h"

int main() {
  incrementGlobal();
  cout << globalVar << endl; // Gibt 1 aus.
}
```

Was steckt dahinter?

Inline-Variablen sind das logische Gegenstück zu *Inline*-Funktionen, die ja ebenfalls im Header definiert werden und trotzdem nur als eine Funktion gelten, egal wie oft sie eingebunden sind. Dass der Rumpf von *In-*

line-Funktionen außerdem an der Aufrufstelle direkt eingefügt werden kann, spielt in diesem Zusammenhang keine Rolle, auch wenn sich die Bezeichnung *inline* davon ableitet.

Inline-Variablen können entweder globale Variablen oder statische Elementvariablen sein.

Wie setzt man es ein?

Variablen auf Namensraum-Ebene sollen ja vermieden werden, deshalb kommt das neue Merkmal außerhalb von Klassen eigentlich nur für Konstanten in Frage und vereinfacht deren Definition, weil die Zweiteilung in Deklaration und Definition entfällt.

```
inline constexpr Pi = 3.14159;
```

Innerhalb von Klassen gilt, dass statische *constexpr*-Variablen implizit *inline* sind. Statische öffentliche und geschützte Elementvariablen sind aus Entwurfsgründen nicht ratsam. Somit bleibt hier nur die private statische Elementvariable als sinnvolles Einsatzgebiet.

```
class InlineVarClass {
public:
   ...
private:
   static inline string global;
};
```

Wer unterstützt es?

Standard C++17

MSVC nicht bis 2017

GCC ab 7

3 Templates

3.1 Variablen-Templates

Bisher konnte man Templates für Klassen und für Funktionen erstellen. Ab C++14 geht das auch für Variablen:

```
template<class T>
T var;

var<int> = 3;
var<double> = 2.702;
var<std::string> = "Karl";
// Ausgabe: 3, 2.702, Karl
cout << var<int> << ", " << var<double> << ", " << var<std::string>;
```

Was steckt dahinter?

Die Schreibweise ist schlicht eine Übertragung der Templatesyntax auf Variablen. Das Ziel ist es, parametrisierte Konstanten in C++ verfügbar zu machen.

Wie setzt man es ein?

Einsatzmöglichkeiten für dieses Feature sind vergleichsweise rar. Es geht ja darum, gleichnamige Variablen für unterschiedliche Typen zu definieren. Das Standardbeispiel definiert die Kreiszahl π für *double*, *float* etc., so dass man jeweils die passende Genauigkeit für Berechnungen nutzen kann.

```
template<class T>
constexpr T pi = static_cast<T>(3.14159265359);
```

3 – Templates

```
float circumf = 2f * 7.1f * pi<float>;  // Umfang als float
double circumf = 2d * 7.1d * pi<double>; // Umfang als double
```

Etwas praxisnäher wird es, wenn die Werte der Templatevariablen durch explizite Spezialisierung tatsächlich unterschiedlich gesetzt werden. Beispielsweise könnte man so die Maximalwerte der einzelnen Datentypen etwas einfacher zugänglich machen als mit *numeric_limits* aus der Standardbibliothek:

```
template<typename T>
T max_value;

template<>
constexpr long max_value<long> = 2147483647;

template<>
constexpr short max_value<short> = 32767;

string formatNumber(long long n) {
  if (n > max_value<long>) {
    ...
  } else if (n > max_value<short> {
    ...
  } else {
    ...
  }
}
```

Wer unterstützt es?

Standard C++14

MSVC ab 2015

GCC ab 5

3.2 Typberechnung

Worum geht es?

Mit dem neuen Schlüsselwort *decltype* können Sie einen neuen Typ anhand vorhandener Ausdrücke berechnen:

```
double a(123.4);
int b(4);
decltype(a/b) r = a/b;
typedef decltype(a/b) DoubleIntQuotient;
```

decltype(a/b) bezeichnet den Typ, der als Ergebnis der Operation *a/b* bestimmt wird. Der Ausdruck wird zur Übersetzungszeit analysiert, aber nicht ausgewertet.

Was steckt dahinter?

Im ersten der obigen Beispiele hätte man den Typ von *r* genauso gut oder besser mit *auto* statt mit *decltype* bestimmen können, falls man denn überhaupt in einem solchen Fall den Typ automatisch bestimmen möchte. Aber schon das *typedef* zeigt, dass *decltype* weitergehende Einsatzmöglichkeiten hat.

Seine wahren Qualitäten kommen bei Templatedefinitionen zum Tragen. Zum Beispiel war es bisher nicht möglich, den Ergebnistyp einer Addition unterschiedlicher Typen in einem Template sauber anzugeben:

```
template<typename T, typename U>
auto Add(T t, U u) -> decltype(t + u) {
  return t + u;
}

auto d = Add(1.24, 8); // Liefert einen double
auto i = Add(8907, 8); // Liefert einen int
auto s = Add(„Andrei "s, „Alexandrescu"s)); // -> string
```

Der *decltype*-Ausdruck muss mit Hilfe des erst seit C++11 verfügbaren nachgestellten Ergebnistyps (siehe Kapitel 2.2) angegeben werden, weil vor dem Funktionsnamen die Bezeichner der Parameter noch nicht bekannt sind.

Anders als das in gewisser Weise verwandte *auto* kann *decltype* auch den Typ von Objekten berechnen, die keine Variablen sind, also zum Beispiel Ergebnistypen. Eine Zusatzspezifikation mit *const* oder *&* oder * wie bei *auto* ist bei *decltype* nicht möglich.

Wie setzt man es ein?

In erster Linie dient *decltype* dazu, in Templates die korrekten Typen von Operationen auf Typargumenten zu bestimmen, wie das vorherige Beispiel das schon zeigt. Dazu kann das Template auch Funktionsaufrufe auswerten oder auf Elementvariablen zugreifen:

```
struct Foo {
  int Func();
  double x_;
};

template<typename T>
auto Call(T& t) -> decltype(t.Func()) {
  return t.Func();
}

template<typename T>
auto Access(T* t) -> decltype(t->x_) {
  return t->x_;
}

Foo f;
auto c = Call(f);
auto x = Access(&f);
```

Manchmal kann es auch sinnvoll sein, *decltype* mit *auto* zu kombinieren, wenn Sie den Typ einer mit *auto* definierten Variable benötigen:

```
std::string name = "John";
auto t = std::make_tuple(34.5, std::ref(name), 3);
std::vector<decltype(t)> TupleVector;
```

Im nächsten Kapitel ist beschrieben, wie dieses Feature in C++14 zu *decltype(auto)* weiterentwickelt wird.

Wer unterstützt es?

Standard C++11

MSVC ab 2010

GCC ab 4.3

Wo gibt es mehr Infos?

Thomas Becker hat auch hierüber einen schönen und ausführlichen Artikel im Web:

http://thbecker.net/articles/auto_and_decltype/section_01.html

3.3 Typableitung mit „decltype(auto)"

Worum geht es?

Seit C++14 kann man den Typ einer Variablen oder den Ergebnistyp einer Funktion nicht nur mit *auto* (siehe Kapitel 2.1), sondern auch mit *decltype(auto)* bestimmen lassen:

```
decltype(auto) a = 3.14159 * 2/7;

decltype(auto) GetFirstChar(const std::string& s) {
  return s[0];
}
```

Was steckt dahinter?

decltype(auto) wird exakt so benutzt wie *auto*, nur die Regeln zum Erschließen des Typs sind unterschiedlich. *decltype(auto)* beruht auf der Typberechnung mit *decltype* (siehe Kapitel 3.2) und bestimmt den Typ nach diesen Regeln. Das obige Beispiel ist gleichbedeutend mit

```
auto GetFirstChar(const std::string& s) -> decltype(s[0]) {
  return s[0];
}
```

Es erspart aber die Dopplung des Rückgabeausdrucks und ist damit einfacher zu lesen und robuster gegenüber Änderungen der Funktion.

Vergleichen Sie das mit der Variante mit *auto* nach Kapitel 2.1.

```
auto GetFirstChar(const std::string& s) {
  return s[0];
}
```

Auch hier wird der Rückgabetyp vom Compiler abgeleitet, diesmal aber nach den Regeln der Template-Typableitung. Diese entfernen aber in vielen Fällen die Referenz beim Typ, so dass das Ergebnis hier ein *char* ist im Gegensatz zur vorherigen Version, wo ein *const char&* zurückgegeben wird.

Bei Variablen ist es analog. Die folgenden beiden Ausdrücke sind im Ergebnis gleichwertig, aber die Schreibweise mit *auto* ist kürzer und weniger fehleranfällig:

```
decltype(auto) a = 3.14159 * 2/7;
decltype(3.14159 * 2/7) b = 3.14159 * 2/7;
```

Wie setzt man es ein?

Der eigentliche Sinn von *decltype(auto)* liegt darin, dass Ergebnistypen von Funktionstemplates einfacher berechnet werden können. In C++11 musste man hier noch den Ausdruck angeben (siehe Kapitel 3.2), in C++14 dürfen Sie meistens stattdessen einfach *auto* schreiben.

```
// In C++11
template<typename T1, typename T2>
auto Multiply(T1 t1, T2 t2) -> decltype(t1 * t2) {
  return t1 * t2;
}

// Direkte Entsprechung in C++14
template<typename T1, typename T2>
auto Multiply(T1 t1, T2 t2) -> decltype(auto) {
  return t1 * t2;
}
```

```
// Kurze Schreibweise
template<typename T1, typename T2>
decltype(auto) Multiply(T1 t1, T2 t2) {
  return t1 * t2;
}
```

Große Vorsicht ist allerdings geboten, wenn Sie den Ausdruck des Rückgabewertes ändern. Die Regeln von *decltype* sagen aus, dass der Typ eines Ausdrucks, der nicht nur aus einem Namen besteht, immer eine Referenz enthält. Dazu genügt auch schon eine Klammer um den Namen, wie das folgende Beispiel zeigt.

```
int a = 3;
decltype(a) b = a; // b ist vom Typ int
decltype((a)) c = a; // c ist vom Typ int&
c = 5;
cout << a; // Ausgabe: 5
```

Generell reagiert *decltype(auto)* empfindlich auf kleine Modifikationen in der *return*-Anweisung.

Außerhalb von Templatefunktionen ist der Einsatz zumindest fraglich, zum einen wegen der schon erörterten Probleme mit der Lesbarkeit und zum anderen, weil die Typableitung mit *auto* für Variablen und meistens auch Funktionen die brauchbareren Ergebnisse liefert.

Wer unterstützt es?

Standard C++14

MSVC ab 2015

GCC ab 4.9

3.4 Unbenannte und lokale Typen als Templateargumente

Worum geht es?

Ein Typ ohne →Bindung durfte bisher nicht als Templateargument benutzt werden. Die Aufrufe und Definitionen aus dem folgenden Beispiel wurden deshalb vor C++11 nicht übersetzt.

```
template<typename T>
void MyFunc(T p) {
  ...
}

// Unbenannter Typ
enum { Red, Green, Blue } e;

void Foo()
{
  // Lokaler Typ
  struct MyStruct {
    int a;
  } s = { 5 };

  MyFunc(e); // Unbenannter Typ als Templateargument
  MyFunc<MyStruct>(s); // Lokaler Typ explizit als
                       // Templateargument
  MyFunc(s); // Lokaler Typ als Templateargument
  std::vector<decltype(e)> v1;
  std::vector<MyStruct> v2;
}
```

In C++11 ist das möglich.

Was steckt dahinter?

Das ist einfach nur eine Erweiterung der Regeln für Templates.

Wie setzt man es ein?

Vermutlich waren sich die meisten Softwareentwickler dieser Einschränkung bisher nicht bewusst. Das neue Feature wird ihnen nicht weiter auffallen.

Wer unterstützt es?

Standard C++11

MSVC spätestens ab 2012

GCC ab 4.5

3.5 Default-Argumente für Funktionstemplates

Worum geht es?

Auch Funktionstemplates können Default-Parameter definieren. In diesem Beispiel wird die Spezialisierung *Foo<int, float>* aufgerufen:

```
template<typename A1, typename A2 = float>
void Foo(A1 a, A2 b);

Foo<int>(1, 1);
```

Was steckt dahinter?

Default-Argumente für Klassen-Templates gibt es schon lange. Für Funktionstemplates hat diese Möglichkeit bisher gefehlt, weil man beim Aufruf ursprünglich die Templateargumente nicht explizit angeben konnte.

Wie setzt man es ein?

Dieses Feature ist Ihnen wahrscheinlich bisher noch nicht abgegangen. Andererseits würde man es erwarten, wenn man intensiv mit Klassen-Templates gearbeitet hat. Es schließt eine kleine, aber unfeine Lücke.

Wer unterstützt es?

Standard C++11

MSVC ab 2013

GCC ab 4.3

3.6 Abgeleiteter Templateparametertyp

Worum geht es?

Das Schlüsselwort *auto* ist in Templatedefinitionen erlaubt für Parameter, die keine Typen sind:

```
template<auto d>
bool is_divisible_by(int v) {
    return v % d == 0;
}

bool r = is_divisible_by<3>(8);
```

Was steckt dahinter?

Vor dieser Erweiterung hätte man das Funktionstemplate so schreiben müssen:

```
template<typename T, T d>
bool is_divisible_by(int v) {
    return v % d == 0;
}

bool r = is_divisible_by<long, 3>(8);
```

Wie setzt man es ein?

Da *auto* mit der Template-Typableitung arbeitet, ist die neue Form exakt gleichbedeutend mit der alten. Es gibt also keinen Grund, dieses Merkmal nicht einzusetzen, wenn ein Templateparameter benötigt wird, der

- selbst kein Typ ist und
- einen beliebigen/variablen Typ hat.

Wer unterstützt es?

Standard C++17

MSVC nicht bis 2017

GCC ab 7

3.7 Typ-Alias

Worum geht es?

Eine neue Variante von *using* erlaubt die Definition eines neuen Typnamens auf Basis eines vorhandenen Typ-Templates.

```
using String = std::string;
```

Was steckt dahinter?

In seiner einfachen Form funktioniert *using* genau wie ein *typedef*, das heißt, das obige Beispiel ist exakt gleich bedeutend mit:

```
typedef std::string String;
```

Oder

```
using IntVector = std::vector<int>;
```

ist gleichbedeutend mit

```
typedef std::vector<int> IntVector;
```

Bei Funktionstypen führt es zu einer klareren Schreibweise:

```
using MyFunc = bool () (const std::string&);
```

ist dasselbe wie

```
typedef bool (MyFunc)(const std::string&);
```

Wie *typedef* definiert *using* keinen wirklich neuen Typ, sondern nur einen weiteren Bezeichner für einen vorhandenen Typ. Original und Alias gelten als identisch.

Anders als *typedef* kann *using* jedoch auch einen Namen für ein Typ-Template definieren:

```
template<class Value>
using IntKeyMap = std::map<int, Value>;
```

Der neue Typ hat dann logischerweise nur noch einen Templateparameter. Sie verwenden ihn wie üblich:

```
IntKeyMap<std::string> intToStringMap;
```

Man kann die neue Schreibweise übersichtlicher finden als ein *typedef* oder bedauern, dass die kompakte Form aus den Zeiten von C verloren geht. Der eindeutige Vorteil von *using* besteht jedenfalls darin, dass man damit auch teilweise spezialisierte Klassen-Templates definieren kann

Wie setzt man es ein?

Verwenden Sie Alias-Templates analog zu *typedef* bei Nicht-Templateklassen:

- um ansonsten schwer lesbare Deklarationen übersichtlicher zu machen.
- um die Intention einer Deklaration klarer herauszustellen.
- um Code später einfacher von einem Typ auf einen anderen umstellen zu können, indem Sie einfach die Typdefinition ändern.

Ein Beispiel für den letzten Punkt wäre die Möglichkeit, als Vektorklasse entweder *std::vector* oder *boost::container::vector* zu benutzen.

Ein Alias-Template kann jedoch nicht spezialisiert werden. Das bedeutet, die obige *IntKeyMap* ist kein vollwertiges Template mehr.

Sie können die Alias-Typen mit *using* auch für ganz normale Typ-Deklarationen statt *typedef* einsetzen. Das ist dann mehr Geschmackssache.

Wer unterstützt es?

C++11

MSVC ab 2013

GCC ab 4.7

3.8 Externe Templateinstanziierung

Worum geht es?

Mit einer expliziten externen Templateinstanziierung können Sie das Template in Ihrem Code benutzen, ohne dass der Code für das Template in derselben Übersetzungseinheit definiert sein muss:

```
// Verweist auf eine Templateinstanziierung in einer anderen
// Übersetzungseinheit
extern template class vector<int>;
```

Was steckt dahinter?

Bisher musste ein Template in der Übersetzungseinheit, wo es benutzt wurde, immer auch implizit oder explizit instanziiert werden. Dadurch konnte der Templatecode nicht in eine Bibliothek ausgelagert werden.

Eine externe Templatedeklaration funktioniert hingegen wie andere externe Deklarationen. Der Typ kann in der aktuellen Übersetzungseinheit benutzt werden, obwohl er in einer anderen definiert ist. Das heißt, dort, wo der Code erzeugt werden soll, benötigen Sie eine explizite Templateinstanziierung:

```
template class vector<int>;
```

Dort, wo das Template benutzt werden soll, die obige externe Deklaration. Dadurch haben Compiler und Linker weniger zu tun und der erzeugte Code wird kleiner.

Die Deklaration des externen Templates unterdrückt die Instanziierung in der aktuellen Übersetzungseinheit. Wenn keine andere Übersetzungseinheit im Programm eine (implizite oder explizite) Instanziierung des Templates enthält, ist ein Linker-Fehler die Folge.

Wie setzt man es ein?

In vielen Programmen werden die immer gleichen Templateklassen immer wieder benutzt, *std::vector<std::string>* zum Beispiel oder *std::map<int, string>* oder eine eigene Templateklasse *Foo<X>*. Ohne die extern-Deklaration wird der Code für diese Instanziierungen in jeder Übersetzungseinheit aufs Neue erzeugt. Um das zu verhindern, können Sie zum Beispiel ein Dateipaar für Code und Header hinzufügen.

```
// IntVector.h
#include <vector>
extern template class std::vector<int>;


// IntVector.cpp
#include "IntVector.h"
template class std::vector<int>;
```

Dadurch wird der Code für *vector<int>* in *IntVector.cpp* aufgenommen, und in allen anderen Übersetzungseinheiten, die *IntVector.h* einbinden, kann dieser Code benutzt werden, ohne ihn noch einmal zu generieren.

Wenn Sie eine Bibliothek schreiben, die auch Templates veröffentlicht, können Sie für die häufig benutzten Spezialisierungen den Code direkt in der Bibliothek erzeugen lassen. Die Anwender der Bibliothek verweisen dann mit einer externen Templatedeklaration darauf. Nicht vorgenerierte Spezialisierungen werden wie bisher auch bei der Instanziierung erzeugt.

Bei reinen Templatebibliotheken empfiehlt sich diese Vorgehensweise nicht, weil dann auch übersetzter Code mit ausgeliefert werden muss, statt einfach nur die Header-Dateien. Allerdings kann das Anwenderprogramm dann selbst eine Datei enthalten, die wiederum Instanziierung der häufig benutzten Templates enthält.

Wer unterstützt es?

Standard C++11

MSVC ab 2010

GCC spätestens ab 4.8

3.9 Variadische Templates

Worum geht es?

Variadische Templates sind Templates mit einer variablen Anzahl an Parametern. Das können sowohl Typparameter als auch Wertparameter sein.

```
template<typename First>
void Print(First value) {
  std::cout << value;
}

template<typename First, typename... Args>
void Print(First value, Args... args) {
  std::cout << value;
  Print(args...);
}
```

Was steckt dahinter?

Die Syntax

`typename... Args`

oder

`class... Args`

als Templateparameter steht für eine variable Anzahl an Templatetypparametern inklusive der leeren Liste. Der Einsatz dieser Template-Typparameter im Code geschieht mit

`Args... args`

welches die Liste der Typ-Argumente repräsentiert und

`args...`

das für die zugeordnete Argumentliste steht.

Templates mit variabler Parameterliste müssen rekursiv definiert sein, damit jeder einzelne Templateparameter behandelt werden kann. Das geschieht dadurch, dass das Template nicht als

`template<typename... Args>`

definiert wird, sondern als

`template<typename First, typename... Args>`

Dadurch wird der erste Typ der variabel langen Argumentliste an *First* gebunden und die restlichen Typen an *Args*. Wenn nun innerhalb des Templates auf *Args...* verwiesen wird, enthält diese Argumentliste alle Typ-Argumente bis auf das erste und bewirkt dadurch eine Rekursion. Eine Templatespezialisierung für die leere Argumentliste oder ein einzelnes Argument sorgt dafür, dass die Rekursion auch einmal ein Ende hat.

Sehen Sie sich nun an, was im obigen Beispiel beim Aufruf

```
Print(5, "Alexandrescu", 3.28);
```

passiert.

Durch den Aufruf wird eine passende Instanziierung erzeugt, die ihrerseits weitere Instanziierungen generiert:

```
Print<int, ...>
Print<const char*, ...>
Print<double>
```

1. Beim Aufruf ist 5 das *int*-Argument und *"Alexandrescu", 3.28* bilden die variable Argumentliste.
2. *Print<int, ...>* schreibt die Zahl 5 nach *cout* und ruft dann *Print<const char*, ...>* auf mit *"Alexandrescu"* als Argument für *First* und *3.28* als variable Argumentliste.
3. *Print<const char*, ...>* schreibt den String und ruft dann *Print<double>* mit dem Argument *3.28* auf.
4. Der Aufruf führt in die Überladung mit einem Argument und schreibt die Fließkommazahl nach *cout*.

Neben Funktionstemplates mit variabler Anzahl an Parametern können Sie auch entsprechende Klassen definieren. Die Standardbibliothek enthält mehrere Beispiele für solche Klassen:

- Die Klasse *tuple* (siehe auch Kapitel 4.11) stellt eine Zusammenfassung einer festen Anzahl an Werten mit unterschiedlichem Typ dar:

  ```
  template<class... Types> class tuple;
  ```

  Das können Sie zum Beispiel benutzen, um ein Tripel aus einem Integer, einem Zeichen und einem String zu definieren:

  ```
  std::tuple<int, char, std::string> triple;
  ```

- Die Klasse *function* (siehe Kapitel 4.7) speichert den Aufruf eines aufrufbaren Objekts. Die gespeicherten Daten sind zum einen das Aufrufziel *R*, zum Beispiel eine Funktion und die nötigen Parameter *Args*:

3 – Templates

```
template<class R, class... Args> class function<R(Args...)>
```

Die variable Typ-Argumentliste kann zusätzlich an den folgenden Stellen eingesetzt werden:

- Bei der Angabe der Basisklasse und dem Aufruf der Basisklassenkonstruktoren:

```
template <typename... BaseClasses>
class DerivedClass: public BaseClasses... {
public:
    DerivedClass(BaseClasses&&... baseClasses)
    : BaseClasses(baseClasses)... {
    }
};
```

DerivedClass ist von allen Klassen der Argumentliste abgeleitet. Im Konstruktor müssen Sie für jede Basisklasse einen Wert angeben, damit die abgeleitete Klasse initialisiert werden kann:

```
DerivedClass<string, pair<int, int>> dc("Herb", {8, 3});
std::cout << dc.size() << ", " << dc.second << std::endl;
```

- Mit *sizeof...* können Sie die Anzahl der Typparameter ermitteln:

```
template<typename... Types>
struct Foo {
    static int GetOrder() {
        return sizeof...(Types);
    }
};
```

- Es ist zulässig, die Typ-Argumentliste in einem Ausdruck zu verwenden. Die Liste verhält sich dann so, als würde der Ausdruck auf jedes einzelne Argument angewendet. Dies kann man besonders gut für nicht-Typ Templateargumente nutzen. Etwas weiter unten finden Sie ein Beispiel dafür.

- Außerdem kann die Argumentliste auch noch in Ausnahmespezifikationen und beim Aufruf von *forward* (siehe Kapitel 3.13) mit angegeben werden.

Variadische Templates

Die variable Parameterliste ist nicht auf Typparameter beschränkt. Auch eine Templatefunktion oder Templateklasse mit einer variablen Anzahl an Wertparametern ist möglich, zum Beispiel eine Funktion zum Berechnen der Summe aus mehreren Integern:

```
template<int a>
int Sum() {
  return a;
}

template<int a, int b, int... args>
int Sum() {
  return Sum<b, args...>() + a;
}

int s = Sum<8, 9, 1, 3, 7>();
```

Dieses Beispiel kann so erweitert werden, dass es aus der Binärdarstellung einer Zahl die Zahl berechnet. Dazu nutzt man aus, dass beim Auspacken der Argumente ein Ausdruck (in diesem Fall *2 * restDigits…*) angegeben werden kann. Die Binärdarstellung beginnt der Einfachheit halber von links, das heißt, zuerst kommt die Einerstelle, dann die Zweier, die Vierer und so weiter.

```
template<int digit>
int BinToNumber()
{
  return digit;
}

template<int firstDigit, int secondDigit, int... restDigits>
int BinToNumber()
{
  return firstDigit
    + BinToNumber<2*secondDigit, 2*restDigits...>();
}

cout << BinToNumber<1, 0, 1, 1>() << endl; // -> 13
cout << BinToNumber<0>() << endl; // -> 0
cout << BinToNumber<1, 0, 0, 0, 0, 0, 0, 1>() << endl; // -> 129
```

3 – Templates

Das folgende Beispiel beschreibt eine Klasse für mehrdimensionale Arrays. Hier ist auch die Datenstruktur selbst rekursiv. Die Algorithmen müssen das dann ebenfalls sein.

```
template<typename T, int... dims>
class MultiDimensionalArray;

template<typename T, int dim>
struct MultiDimensionalArray<T, dim> {
  T v_[dim];
};

template<typename T, int dim, int... dims>
struct MultiDimensionalArray<T, dim, dims...> {
  typedef MultiDimensionalArray<T, dims...> InnerArray;
  InnerArray a_[dim];
};

MultiDimensionalArray<double, 2, 3>
  mda = {{{1, 3, 4}, {8, 0, 2}}};
```

Wie setzt man es ein?

Das nächstliegende Einsatzgebiet sind Funktionen, die eine variable Anzahl von Parametern haben und die zu Templates verallgemeinert werden können und sollen. Ein Beispiel ist die berühmte *printf*-Funktion von Bjarne Stroustrup, deren Essenz oben schon als Templatefunktion *Print* angeführt wurde. Weitere Beispiele sind Funktionen zum Berechnen von Minima und Maxima beliebig vieler Argumente als Verallgemeinerungen der üblichen Implementierungen.

```
template<typename T>
T min(T a, T b) {
  return a < b? a: b;
}
```

Darüberhinausgehende Anwendungsfälle für Klassen-Templates laufen alle mehr oder weniger auf die Implementierung von Tupeln hinaus. Das können Sie aber im Regelfall der Standardbibliothek oder anderen Libraries überlassen.

In der Metaprogrammierung schließlich ersetzen Klassen-Templates Funktionen und deshalb sind variadische Templates das Gegenstück zu Funktionen mit variabler Parameterzahl. Mit den neuen Möglichkeiten tun sich viele elegante Implementierungsmöglichkeiten auf, die den Rahmen dieses Buches allerdings sprengen würden.

Wer unterstützt es?

Standard C++11

MSVC ab 2013

GCC 4.3

Wo gibt es mehr Infos?

Die originale *printf*-Funktion von Bjarne Stroustrup finden Sie unter anderem hier:

http://www.stroustrup.com/C++11FAQ.html

3.10 Faltungsausdrücke

Worum geht es?

In variadischen Templates bedeutet die Kombination von ... und einem Operator die Verknüpfung aller Templateargumente mit diesem Operator, wahlweise mit einem definierten Ausgangswert:

```
template<typename... SummandTypes>
auto Sum(SummandTypes... summands) {
  return (... + summands);
}
```

Neu ist hier der Ausdruck *(... + summands)*, der dafür sorgt, dass der +-Operator auf alle übergebenen Summanden angewendet wird.

Was steckt dahinter?

Bisher mussten Sie zum Aufdröseln einer Templateargumentliste Argument für Argument in einem rekursiven Templateaufruf bearbeiten:

```
auto Sum() {
  return 0;
}

template<typename T, typename... SummandTypes>
auto Sum(T s1, SummandTypes... summands) {
  return s1 + Sum(summands...);
}
```

Das ist jetzt eben zumindest für die unterstützten Operatoren nicht mehr nötig, bei komplexeren Berechnungen jedoch nach wie vor.

Wenn Sie die beiden Varianten gegenüberstellen, stellt sich allerdings die Frage, was passiert, wenn der Aufruf so aussieht:

```
auto sum = Sum();
```

Nach der obigen alten Variante ist die Antwort klar: Die nicht-Templatefunktion liefert 0. In der neuen Variante gibt es eine zweigeteilte Antwort:

- Bei einer Reihe von Operatoren ist der Initialwert vorgegeben, nämlich bei +, *, &, |, &&, || und , (*Komma*-Operator).
- Wahlweise kann ein Startwert mit angegeben werden:

    ```
    template<typename... SummandTypes>
    auto Sum(SummandTypes... summands) {
        return (18 + ... + summands);
    }
    ```

- Dies ist für die oben genannten Operatoren mit Startwert optional, für die übrigen Pflicht.

Unter diesen übrigen Operatoren sind neben den restlichen Rechenoperationen -, /, %, ^ und ~ auch die Verschiebeoperatoren, die Vergleichsoperatoren, alle Zuweisungsoperatoren wie =, +=, /= etc. und auch die Dereferenzierungsoperatoren für Elementzeiger .* und ->*.

Wie setzt man es ein?

Wann immer Sie einen Operator auf eine gesamte Liste von variadischen Templateargumenten anwenden wollen, ersparen Ihnen die Faltungsoperatoren einiges an Schreib- und Denkarbeit.

Wer unterstützt es?

Standard C++17

MSVC nicht bis 2017

GCC ab 7

3.11 Referenz-Wrapper

Worum geht es?

Ein Referenz-Wrapper für den Typ *T* ist eine Klasse, die eine Referenz von *T* kapselt und dabei aber kopierbar und zuweisbar ist. Deshalb kann eine solche Instanz auch in Containern abgespeichert werden.

```
std::vector<std::reference_wrapper<std::string>> refVector;
std::string name1("Meyers");
std::string name2("Sutter");
std::string name3("Alexandrescu");
refVector.push_back(std::ref(name1));
refVector.push_back(std::ref(name2));
refVector.push_back(std::ref(name3));
```

Die Funktionen *ref* und *cref* erzeugen nicht-konstante und konstante Referenz-Wrapper für gegebene Werte.

Was steckt dahinter?

Der naive Ansatz, *string*-Referenzen in einem Vektor zu speichern, scheitert schon am Compiler:

```
std::vector<std::string&> refVector; // Nicht übersetzbar
```

3 – Templates

Die Implementierung von *vector* setzt voraus, dass die Elemente zugewiesen werden können, also einen =-Operator haben. Bei Referenzen ist dies aber nicht der Fall.

Referenz-Wrapper dagegen ist ein kopierbares und zuweisbares Klassentemplate. Es implementiert die Konstruktoren

```
reference_wrapper(T& x)

reference_wrapper(const reference_wrapper<T>& other)
```

aber keinen Verschiebekonstruktor.

Außerdem unterstützt es den Zuweisungsoperator, eine implizite Typkonvertierung nach *T&* sowie den Aufrufoperator:

```
// Weist Referenz-Wrapper einander zu
reference_wrapper& operator=(const reference_wrapper<T>& o)

// Implizte Konvertierung nach T&
operator T& () const
// Liefert explizit die enthalten Referenz
T& get() const

// Ruft das referenzierte Objekt mit einer beliebigen Anzahl
// Argumente auf.
template<class... ArgTypes>
typename std::result_of<T&(ArgTypes&&...)>::type operator()
                                    (ArgTypes&&... args) const
```

Der Aufrufoperator benutzt variadische Templates, die in Kapitel 3.9 erläutert werden. Er ist nur verfügbar, wenn *T* ein →aufrufbares Objekt ist.

Somit können Sie nach dem Füllen des *refVector* zum Beispiel Folgendes tun:

```
void Prepend(std::string& s, const std::string& p) {
  s.insert(0, p);
}

for (auto sr: refVector)
  Prepend(sr, "Mister ");
```

```
// Liefert "Mister Meyers, Mister Sutter, Mister Alexandrescu"
cout << name1 << ", " << name2 << ", " << name3 << endl;
```

und erhalten dieses:

```
Mister Meyers, Mister Sutter, Mister Alexandrescu
```

Beim Aufruf von *Prepend* springt die implizite Typkonvertierung von *reference_wrapper<T>* nach *T&* in die Bresche und macht aus dem Referenz-Wrapper eine *string*-Referenz, die dann modifiziert werden kann.

Die Funktion *ref* und *cref* erzeugen einfach nur einen Referenz-Wrapper auf *T* beziehungsweise auf *const T*:

```
template<class T> reference_wrapper<T> ref(T& t);
```

```
template<class T> reference_wrapper<const T> cref(const T& t);
```

Wie setzt man es ein?

Durch *reference_wrapper* können auch solche Funktionstemplates und Klassen-Templates für Referenzen instanziiert werden, die nicht speziell dafür vorgesehen sind. Das sind unter anderem die herkömmlichen Container der Standardbibliothek wie *vector*, *map*, *set* und so weiter.

Ein anderes interessantes Anwendungsbeispiel sind Tupel (siehe Kapitel 4.11):

```
std::string name = "Herb";
std::make_tuple(3, "a", std::ref(name));
```

erzeugt ein Tupel, über dessen drittes Element die Variable *name* modifiziert werden kann. Hier müssen Sie natürlich darauf achten, dass das Tupel mindestens so lange lebt wie die Variable *name*. Ansonsten zeigt die Referenz ins Leere.

Ein weiteres Beispiel ist die *bind*-Funktion (siehe Kapitel 4.6):

```
void Print(const string& s) {
  cout << s;
}
```

```
std::string name = "Meyers";
auto fun(std::bind(Print, std::cref(name)));
fun();
```

Hier wird der Parameter von *Print* an eine konstante Referenz auf *name* gebunden. Ohne den Referenz-Wrapper würde *bind* eine Kopie des Strings speichern. Das können Sie nachprüfen, indem Sie den Parameter nachträglich ändern:

```
std::string name1 = "Meyers";
std::string name2 = "Sutter";
auto fun1(std::bind(Print, name1));
auto fun2(std::bind(Print, std::cref(name2)));
name1 = "Alexandrescu";
name2 = "Grimm";
fun1(); // Ausgabe: Meyers
fun2(); // Ausgabe: Grimm
```

Sie können *cref* also auch einsetzen, um die Übergabe eines großen Parameters als Wert zu verhindern und somit schnelleren Code zu produzieren. Der Referenz-Wrapper ist ein Leichtgewicht im Vergleich zu einem langen String oder einem großen Vektor.

Wer unterstützt es?

Standard C++11

MSVC ab 2008

GCC spätestens ab 4.8

Wo gibt es mehr Infos?

Header <functional>

3.12 Typmerkmale

Worum geht es?

Beim Implementieren von Templates benötigt man oft Eigenschaften der Templateargumente, um den Code korrekt oder effizient machen zu können. Die *type_traits* sind eine Sammlung von Metafunktionen, also Klassen-Templates, die Informationen über Typen ermitteln. Oft werden Sie in Kombination mit statischen Zusicherungen eingesetzt.

Es gibt drei Sorten von Typmerkmalen:

- Typeigenschaften wie Kategorie, abstrakt/konkret, konstruierbar, zuweisbar etc. Typischer Vertreter ist die Typeigenschaft *is_class*, welche feststellt, ob ein Typ eine Klasse ist:

```
template<typename T>
class Kind1 {
  static_assert(std::is_class<T>::value, "Not a class");
};
```

(Zu *static_assert* siehe Kapitel 2.28)

- Typvergleiche wie gleicher Typ, Basistyp etc. Hier wird beispielhaft getestet, ob der zweite Typparameter vom ersten abgeleitet ist.

```
template<typename Base, typename Derived>
class Kind2 {
  static_assert(std::is_base_of(Base, Derived)::value, "Error");
};
```

- Typtransformationen wie Referenz oder *const* entfernen, nach vorzeichenbehaftet konvertieren etc.

```
template<typename T>
class Kind3 {
  typename std::remove_reference<T>::type DoSomething(T t);
};
```

Was steckt dahinter?

Da *type_traits* Templates sind, werden sie zur Übersetzungszeit ausgewertet und liefern durch Instanziierung einen Ergebnistyp. Bei den Abfragen mit *is_xxx* und den Typvergleichen ist das entweder der Typ *true_type* oder der Typ *false_type*.

Ersterer besitzt eine statische Elementvariable namens *value*, die immer den Wert *true* hat, bei letzterem ist sie immer *false*:

```
true_type::value == true
false_type::value == false
```

Diesen Ergebnistyp können Sie benutzen, um entweder spezialisierte Templates dafür zu erstellen oder über *value* den Wert – *true* oder *false* – abzufragen und dementsprechend zu verzweigen.

Die folgenden *type_traits* gehören zur Sorte der Typeigenschaften und prüfen die Kategorie eines Datentyps:

Name	Bedeutung
is_void	prüft, ob der Typ *void* ist
is_integral	prüft, ob der Typ ein Zeichentyp (*char* etc.) oder ein Integer-Typ (*int* etc.) ist
is_floating_point	prüft, ob der Typ eine Fließkommazahl (*float* etc.) ist
is_array	prüft, ob der Typ ein C-Array ist
is_enum	prüft, ob der Type ein *enum* ist, einschließlich der neuen *enum*-Klassen
is_union	prüft, ob der Typ eine Union ist
is_class	prüft, ob der Typ eine Klasse ist, d.h., ob er Elementfunktionen haben kann. Unions sind ausgeschlossen, so dass nur für *class* und *struct true_type* berechnet wird.
is_function	prüft, ob der Typ eine echte Funktion ist (also auch kein aufrufbares Objekt)
is_pointer	prüft, ob der Typ ein Zeiger ist
is_lvalue_reference	prüft, ob der Typ eine *Lvalue*-Referenz ist
is_rvalue_reference	prüft, ob der Typ eine *Rvalue*-Referenz ist
is_member_object_pointer	prüft, ob der Typ ein Zeiger auf eine Elementvariable ist

Typmerkmale

Name	Bedeutung
is_member_function_pointer	prüft, ob der Typ ein Zeiger auf eine (nicht-statische) Elementfunktion ist
is_arithmetic	prüft, ob der Typ ein arithmetischer Typ ist, also entweder *is_integral* oder *is_floating_point* erfüllt ist
is_fundamental	prüft, ob der Typ fundamental ist, also *void*, *nullptr_t* oder ein arithmetischer Typ
is_scalar	prüft, ob der Typ skalar ist, also entweder *nullptr_t* oder arithmetisch, eine Aufzählung oder ein Zeiger
is_object	prüft, ob der Typ entweder skalar ist oder ein C-Array, eine Klasse/Struktur oder eine Union
is_compound	prüft, ob der Typ zusammengesetzt ist. Dazu gehören C-Arrays, Funktionen, Zeiger, Referenzen, Klassen, Unions und Aufzählungen. *is_compound* ist das Gegenteil von *is_fundamental*.
is_reference	prüft, ob der Typ eine Referenz ist (entweder *Lvalue* oder *Rvalue*)
is_member_pointer	prüft, ob der Typ ein Zeiger auf eine Elementfunktion oder Elementvariable ist

Mit diesen *type_traits* testen Sie einen Typ auf spezielle Eigenschaften:

Name	Bedeutung
is_const	prüft, ob der Typ konstant ist
is_volatile	prüft, ob der Typ volatil ist
is_trivial	prüft, ob der Typ trivial ist (→Trivialer Typ)
is_trivially_copyable	prüft, ob der Typ trivial kopierbar ist (->Trivialer Typ)
is_standard_layout	prüft, ob der Typ ein C-kompatibles Speicherlayout hat (→Standardlayout)
is_pod	prüft, ob der Typ ein trivialer Typ mit Standardlayout ist, also ein →POD („plain old data")
is_literal_type	prüft, ob der Typ ein →literaler Typ ist
is_empty	prüft, ob der Typ leer ist, d.h., ob seine Instanzen Platz im Speicher benötigen
is_polymorphic	prüft, ob der Typ virtuelle Funktionen enthält
is_abstract	prüft, ob der Typ abstrakte Funktionen enthält
is_signed	prüft, ob der Typ ein vorzeichenbehafteter arithmetischer Typ ist (*short* etc.)
is_unsigned	prüft, ob der Typ ein vorzeichenloser arithmetischer Typ ist (*unsigned long* etc.)

3 – Templates

Die speziellen Funktionen – Konstruktoren, Destruktoren und Zuweisungsoperatoren – werden mit diesen *type_traits* überprüft:

Name	Bedeutung
is_constructible *is_trivially_constructible* *is_nothrow_constructible*	prüft, ob entsprechende Konstruktoren vorhanden sind
is_default_constructible *is_trivially_default_constructible* *is_nothrow_default_constructible*	prüft, ob entsprechende Standardkonstruktoren vorhanden sind
is_copy_constructible *is_trivially_copy_constructible* *is_nothrow_copy_constructible*	prüft, ob entsprechende Kopierkonstruktoren vorhanden sind
is_move_constructible *is_trivially_move_constructible* *is_nothrow_move_constructible*	prüft, ob entsprechende Verschiebekonstruktoren vorhanden sind
is_assignable *is_trivially_assignable* *is_nothrow_assignable*	prüft, ob entsprechende Zuweisungsoperatoren vorhanden sind
is_copy_assignable *is_trivially_copy_assignable* *is_nothrow_copy_assignable*	prüft, ob entsprechende kopierende Zuweisungsoperatoren vorhanden sind
is_move_assignable *is_trivially_move_assignable* *is_nothrow_move_assignable*	prüft, ob entsprechende verschiebende Zuweisungsoperatoren vorhanden sind
is_destructible *is_trivially_destructible* *is_nothrow_destructible*	prüft, ob entsprechende Destruktoren vorhanden sind, das heißt, der Destruktor ist nicht gelöscht
has_virtual_destructor	prüft, ob der Typ einen virtuellen Destruktor besitzt

Drei Typeigenschaften liefern ein ganzzahliges Ergebnis zurück:

Name	Bedeutung
alignment_of	liefert den *alignof*-Wert des Typs, also die Ausrichtung seiner Objekte im Speicher angegeben in Bytes
rank	liefert den Rang eines C-Arrays, das ist die Anzahl seiner Dimensionen. Ein zweidimensionales C-Array hat demnach den Rang zwei.
extent	liefert die Anzahl Elemente eines C-Arrays in der angegebenen Dimension

Typmerkmale

Als Typvergleiche stehen die folgenden zur Verfügung:

Name	Bedeutung
is_same	prüft, ob zwei Typen identisch sind
is_base_of	prüft, ob das erste Argument ein Basistyp vom zweiten Argument ist
is_convertible	prüft, ob das erste Argument implizit in das zweite Argument konvertiert werden kann

Die folgenden Type Traits konvertieren Typen. Genauer gesagt definieren sie für ein gegebenes Templateargument eine Struktur, dessen Element *type* der gewünschte Typ ist.

Name	Bedeutung
remove_cv remove_const remove_volatile	entfernt die Spezifizierer *const* und/oder *volatile* vom Typ
add_cv add_const add_volatile	fügt die Spezifizierer *const* und/oder *volatile* dem Typ hinzu
remove_reference	entfernt die Referenzeigenschaft vom Typ, das heißt, aus *T&* und *T&&* wird *T*. Wenn das Argument kein Referenztyp ist, verändert *remove_reference* ihn nicht.
add_lvalue_reference add_rvalue_reference	fügt die Referenzeigenschaft zum Typ hinzu, das heißt, aus *T* wird *T&* beziehungsweise *T&&*
remove_pointer	entfernt die Zeigereigenschaft vom Typ, das heißt, aus *T** wird *T*
add_pointer	fügt die Zeigereigenschaft zum Typ hinzu, das heißt, aus *T* wird *T**
make_signed	konvertiert einen vorzeichenlosen arithmetischen Typ in den entsprechenden vorzeichenbehafteten. Aus *unsigned short* wird auf diese Weise *signed short* etc.
make_unsigned	konvertiert einen vorzeichenbehafteten arithmetischen Typ in den entsprechenden vorzeichenlosen. Aus *signed long long* wird auf diese Weise *unsigned long long* etc.
remove_extent	entfernt eine Dimension aus einer C-Array. Aus *int[]* wird so *int*, aus *int[,]* wird *int[]* etc.
remove_all_extents	entfernt alle Dimensionen aus einem C-Array. Der Ergebnistyp ist der Typ des innersten Arrayelements.
aligned_storage	definiert einen POD-Typ mit einer bestimmten (minimalen) Größe für eine definierte Speicherausrichtung

3 – Templates

Name	Bedeutung
aligned_union	definiert einen POD-Typ mit einer bestimmten (minimalen) Größe, der zum Speichern von Objekten aller angegebenen Typen geeignet ist
decay	konvertiert einen Typ in ein Wertargument
enable_if	Das erste Argument ist ein Bool'scher Wert. Wenn dieser *true* ist liefert *enable_if* als Ergebnis den Typ des zweiten Arguments. Ansonsten ist kein Ergebnistyp definiert.
conditional	Das Ergebnis ist eines der beiden Typargumente abhängig vom Wert des ersten Arguments vom Typ *bool*.
common_type	liefert den Typ, zu dem alle angegebenen Typargumente implizit konvertiert werden können. Das Ergebnis kann auch undefiniert sein.
underlying_type	liefert den Integer-Typ, der einem gegebenen Aufzählungstyp zugrunde liegt
result_of	liefert den Typ des Ergebnisses der angegebenen Funktion mit den angegebenen Parametertypen

Wie setzt man es ein?

Ein Beispiel soll zeigen, wie Sie Typmerkmale praktisch einsetzen können. Wenn zwei Zahlen auf Gleichheit geprüft werden sollen, können Sie das bei integralen Typen mit einem einfachen == tun:

```
a == b
```

Bei Fließkommazahlen ergibt das wenig Sinn, weil allein die Rechengenauigkeit schon dafür sorgt, dass an sich gleiche Zahlen in der letzten Nachkommastelle unterschiedlich sein können sind. Hier müssen Sie also etwas schreiben wie:

```
std::abs(a - b) < 0.00001
```

Um dieses Prinzip in einer Templatefunktion umzusetzen, gibt es mehrere Möglichkeiten. Variante 1 sind mehrere Funktionstemplates für unterschiedliche Typen:

```
template <typename T>
bool IsEqual(T a, T b);
```

```
template <typename T>
bool IsEqual<int>(int a, int b) {
  return a == b;
}

template <typename T>
bool IsEqual<double>(double a, double b) {
   return std::abs(a - b) < 0.00001;
}
```

Das funktioniert, hat aber den Nachteil, dass Sie ja auch an die anderen Typen denken müssen, *long long*, *float*, *long double* etc. Da kommen schon einige Implementierungen zusammen. Noch schlimmer wird es, wenn die Vergleichsfunktion flexibler werden soll und auch unterschiedliche Typen (beispielsweise *short* und *long long*) unterstützen soll:

```
template <typename T1, typename T2>
bool IsEqual(T1 a, T2 b);
```

Das würden dann viel zu viele verschiedene Variationen werden. Somit kommen wir zu Variante 2:

```
template <typename T>
bool IsEqual(T a, T b) {
  if (std::is_integral<T>::value) return a == b;
  else return std::abs(a - b) < 0.00001;
}
```

Hier benötigen Sie nur eine einzige Implementierung, die alle Fälle abdeckt. Eine Erweiterung auf zwei Templateparameter ist einfach möglich:

```
template <typename T1, typename T2>
bool IsEqual2(T1 a, T2 b) {
  if (is_integral<T1>::value && is_integral<T2>::value)
    return a == b;
  else return std::abs(a - b) < 0.00001;
}
```

Der Nachteil besteht hier darin, dass ohne Optimierung des Compilers die *if*-Anweisung noch zur Laufzeit ausgeführt wird, das heißt, für jede Kombination aus T1 und T2 Code für beide Zeilen erzeugt wird. Das ist nicht effizient, geht abgesehen davon im obigen Fall aber gut, weil alle vorkommenden Operationen, nämlich ==, -, *std::abs* und <, für alle in Frage kommenden Datentypen definiert sind. Oft ist es aber nicht so, wie das folgende Beispiel zeigt:

```
template <typename T>
void PrintValue(T v) {
  if (std::is_pointer<T>::value) std::cout << *v;
  else std::cout << v;
}
```

Es kompiliert nicht für Typen, die keine Zeiger sind, weil dann der Dereferenzierungsoperator nicht existiert.

Damit kommen wir zu Variante 3 des ursprünglichen Beispiels. Es löst die Aufgabe durch zwei unterschiedliche Templatespezialisierungen für ganzzahlige und nicht-ganzzahlige Typen sowie ein Auswahltemplate. Leider unterstützt C++ keine teilweisen Spezialisierungen für Funktionstemplates, so dass man auf Klassen ausweichen muss:

```
template<typename T, typename IsIntegral>
struct Equality {
};

template<typename T>
struct Equality<T, std::true_type> {
  Equality(T a, T b) { value = (a == b); }
  bool value;
};

template<typename T>
struct Equality<T, std::false_type> {
  Equality(T a, T b) { value = (std::abs(a - b) < 0.00001); }
  bool value;
};

template<typename T>
bool IsEqual3(T a, T b) {
  return Equality<T,
    typename std::is_integral<T>::type>(a, b).value;
}
```

Typmerkmale

Um zu verstehen, was hier passiert, betrachten Sie folgenden Codeausschnitt:

```
int a = 8;
int b = 7;
bool ri = IsEqual(a, b);
double x = 17.371204;
double y = 17.371208;
bool rd = IsEqual(x, y);
```

Bei der ersten Instanziierung des Funktionstemplates, also mit *int* für *T*, wird gleichzeitig *is_integral* für *int* instanziiert. Dieser Typ liefert in *type* den Typ *true_type*, was im nächsten Schritt dazu führt, dass der Typ

```
struct Equality<int, std::true_type>
```

instanziiert wird. Somit sieht die Implementierung praktisch so aus:

```
struct EqualityIntTrue {
  EqualityIntTrue(int a, int b) {
    value = (a == b);
  }
  bool value;
};

bool IsEqual3(int a, int b) {
  return EqualityIntTrue(a, b).value;
}
```

Dies liefert mit dem Aufruf

```
IsEqual3(8, 7)
```

offenbar *false* zurück.

Bei der zweiten Instanziierung erhält man von *is_integral<double>::type* den Typ *false_type* und dadurch sieht der Laufzeit ausgeführte Code im Prinzip so aus:

```
struct EqualityDoubleFalse {
  EqualityDoubleFalse(double a, double b) {
    value = (abs(a-b) < 0.00001);
  }
```

```
  bool value;
};

bool IsEqual3(double a, double b) {
  return EqualityDoubleFalse(a, b).value;
}
```

Und deshalb ist das Ergebnis des zweiten Aufrufs *true*.

Wenn Sie dasselbe Prinzip auf die *PrintValue*-Funktion anwenden und auch hier zwei spezialisierte Templateklassen und ein Auswahltemplate implementieren, dann können Sie das Gewünschte auch tatsächlich umsetzen.

Sie sehen an diesem Beispiel auch, dass Funktionsaufrufe und Verzweigungen mit Hilfe von Templates realisiert werden können. Da kann man tatsächlich von Metaprogrammierung sprechen.

Wie funktioniert es?

Die Type Traits sind zum großen Teil gar nicht so kompliziert zu implementieren. Meistens geht es darum, die schon vorhandenen Möglichkeiten des Compilers in eine Templateklasse zu kleiden.

Das Typmerkmal *common_type* zum Beispiel soll herausfinden, ob es einen gemeinsamen Typ der Eingabetypen gibt und diesen zurückliefern. Der hauptsächliche Anwendungsfall dafür sind Berechnungen mit unterschiedlichen arithmetischen Typen wie

```
auto r = 3 * 1.456 - std::complex(12.1, 0.17);
```

Wenn wie hier die Literale bekannt sind, berechnet ja der Compiler schon den Ergebnistyp. *common_type* soll das mit den entsprechenden Typen als Argumente tun. Die Grundidee ist dabei, auszunutzen, dass der Compiler als Ergebnis des ternären Operators den gemeinsamen Typ der Argumente bestimmen muss:

```
auto r = true? 3: 1.456;
```

Das kann man verwenden, um das *common_type*-Template zu schreiben.

```
// Deklaration des Templates für beliebig viele Typen
```

Typmerkmale

```
template <class ...T>
struct common_type;

// Spezialisierung für einen Typ
template <class T>
struct common_type<T> {
  typedef T type;
};

// Spezialisierung für zwei Typen
template <class T, class U>
struct common_type<T, U> {
  typedef decltype(true ? declval<T>() : declval<U>()) type;
};

// Rekursion von N auf N - 1 Typen
template <class T, class U, class... V>
struct common_type<T, U, V...> {
  typedef typename common_type<
    typename common_type<T, U>::type, V...>::type type;
};
```

Die erste Spezialisierung implementiert die Tatsache, dass der gemeinsame Typ von einem einzigen Typ genau der Typ selbst ist. Die eigentliche Semantik liegt in der zweiten Spezialisierung. Der gemeinsame Typ von T und U ist derjenige, den der Compiler für den ternären Operator ermittelt. Die Schlüsselwörter *declval* und *decltype* sind in Kapitel 3.14 und 3.2 beschrieben. Kurz gesagt, erzeugt der Code hier einen Default-Wert für den Typ T und einen für den Typ U und bestimmt dann mit *decltype* den Ergebnistyp.

Für die dritte Spezialisierung werden die ersten beiden Type als T und U abgespalten, ihr gemeinsamer Typ, nennen wir ihn G, berechnet und dann rekursiv der gemeinsame Typ von G und dem Rest der Typ-Argumente bestimmt.

Wer unterstützt es?

Standard C++11

MSVC ab 2010, teilweise mit veralteten Bezeichnern

GCC spätestens ab 4.8 teilweise

3.13 „forward"-Funktion

Worum geht es?

forward macht aus einer *Rvalue*-Referenz einen *Rvalue*. Im folgenden Code ist *src* kein *Rvalue*, weil es einen Namen hat. Damit Sie trotzdem *Move*-Semantik benutzen können, konvertiert die Funktion *forward* die *Rvalue*-Referenz in einen echten *Rvalue*.

```
template <class T>
T* Clone(T&& src) {
  return new T(std::forward<T>(src));
}
```

Was steckt dahinter?

Das Stichwort heißt hier „perfect forwarding" und bedeutet, dass es immer möglich sein muss, Code in eine Funktion auszulagern, ohne dass dabei Funktionalität verloren geht. Normalerweise ist das kein Problem, aber betrachten Sie einmal folgenden Schnipsel:

```
class Foo {
public:
  Foo();
  Foo(const Foo&) {
    std::cout << "Kopierkonstruktor" << std::endl;
  }
  Foo(Foo&&) {
    std::cout << "Verschiebekonstruktor" << std::endl;
  }
  ...
};

Foo foo1;
Foo* foo2 = new(foo1);
```

An einer anderen Stelle soll eine Kopie von *foo2* erzeugt werden. Da *foo2* anschließend nicht mehr benötigt wird, soll *Move*-Semantik (siehe Kapitel 2.6 und 4.5) zum Einsatz kommen:

„forward"-Funktion

```
Foo* foo3 = new(std::move(*foo2));
```

Nun wird die Funktionalität zum Kopieren von Instanzen einer beliebigen Klasse mit Kopierkonstruktor in eine separate Templatefunktion ausgelagert:

```
template <class T>
T* Clone(const T& src) {
    return new T(src);
}
```

Somit kann man das Kopieren durch einen Aufruf von *Clone* erledigen. Das Ziel ist, die vorhandene Funktionalität ohne Verlust an eine Funktion weiterzuleiten (forwarding).

```
Foo foo1;
Foo* foo2 = Clone(foo1);
Foo* foo3 = Clone(std::move(*foo2));
```

Das funktioniert im Großen und Ganzen wunderbar. Allerdings kann man an der Ausgabe sehen, dass nun in beiden Aufrufen von *Clone* der Kopierkonstruktor aufgerufen wird, obwohl beim zweiten doch explizit mit *move* ein *Rvalue* angegeben wird. Die Weiterleitung ist also noch nicht perfekt.

Der Grund dafür ist eigentlich auch klar: In der Funktion *Clone* ist *src* eine benannte *Lvalue*-Referenz und damit kein *Rvalue* und deshalb wird der normale Kopierkonstruktor aufgerufen.

Um das Problem zu lösen, ist eine Definition von *Clone* gesucht, die bei einem Aufruf mit einem *Lvalue* den Parameter wie einen *Lvalue* behandelt und den Kopierkonstruktor aufruft, aber beim Aufruf mit einem *Rvalue* den Parameter wie einen *Rvalue* behandelt und damit den Verschiebekonstruktor aufruft. Das versteht man dann unter perfect forwarding.

Der erste Schritt zu Lösung sieht folgendermaßen aus. Der Parameter wird eine *Rvalue*-Referenz:

```
template<class T>
T* Clone(T&& src) {
   return new T(src);
}
```

Auf den ersten Blick könnte man meinen, dass *src* jetzt immer eine *Rvalue*-Referenz ist. Aber das ist nicht richtig. Es gibt nämlich spezielle Regeln zum Auflösen von Templateparametertypen, wenn *Rvalue*-Referenzen im Spiel sind:

- Wenn *Clone* für einen *Lvalue* vom Typ X aufgerufen wird, dann wird der Templateparameter T an X& gebunden. Damit ist *src* vom Typ X& &&.
- Wenn *Clone* für einen *Rvalue* vom Typ X aufgerufen wird, dann wird der Templateparameter T an X gebunden. Damit ist *src* vom Typ X&&.

Jetzt stellt sich noch die Frage, was X& && eigentlich bedeuten soll. Das ist ja keine Typdefinition, die man wirklich auf diese Weise hinschreiben könnte:

```
int& && a; // Ungültig, Compilerfehler
```

Beim Binden von Templateparametern können solche Kombinationen aber implizit auftreten, wie das obige Beispiel zeigt. Es gelten dann die folgenden Zusammenfassungsregeln:

Formaler Typ	Beschreibung	Resultierender Typ	Beschreibung
T& &	*Lvalue*-Referenz auf eine *Lvalue*-Referenz	T&	*Lvalue*-Referenz
T&& &	*Lvalue*-Referenz auf eine *Rvalue*-Referenz	T&	*Lvalue*-Referenz
T& &&	*Rvalue*-Referenz auf eine *Lvalue*-Referenz	T&	*Lvalue*-Referenz
T&& &&	*Rvalue*-Referenz auf eine *Rvalue*-Referenz	T&&	*Rvalue*-Referenz

Wenn man diese Regeln auf das Beispiel anwendet, geschieht folgendes:

Die Instanziierung für

```
Clone(foo1)
```

führt zur Funktion

```
Foo* Clone(Foo& src)
```

„forward"-Funktion

Die Instanziierung für

```
Clone(std::move(*foo2))
```

führt zu

```
Foo* Clone(Foo&& src)
```

Damit ist man fast am Ziel, aber noch nicht ganz. Denn auch in

```
Foo* Clone(Foo&& src) {
  return new Foo(src);
}
```

wird immer der normale Kopierkonstruktor von *Foo* aufgerufen.

Diesmal liegt es daran, dass *src* zwar den Typ *Rvalue*-Referenz von *Foo* hat, selbst aber gar kein *Rvalue* ist. Denn *src* hat einen Namen und einen Speicherplatz und damit ist es ein *Lvalue*. Helfen würde natürlich die Funktion *move*:

```
Foo* Clone(Foo&& src) {
  return new Foo(std::move(src));
}
```

Aber leider nur in diesem Fall. Wenn *Clone* mit einem *Lvalue* aufgerufen wird, würde *move* daraus auch einen *Rvalue* machen, damit den Verschiebekonstruktor aufrufen und das Aufrufargument zerstören. Das darf natürlich nicht sein. Wenn *src* eine *Lvalue*-Referenz ist, soll der Konstruktor mit einem *Lvalue* aufgerufen werden, und wenn *src* eine *Rvalue*-Referenz ist, soll er mit einem *Rvalue* aufgerufen werden.

Hier kommt nun die Funktion *forward* ins Spiel. Sie konvertiert nur eine *Rvalue*-Referenz in einen *Rvalue* und lässt *Lvalue*-Referenzen als *Lvalue* bestehen:

```
template<class F>
F&& forward(typename std::remove_reference<F>::type& t);

template<class F>
F&& forward(typename std::remove_reference<F>::type&& t);
```

Der Rückgabewert ist in beiden Fällen:

```
static_cast<F&&>(t)
```

Durch die beiden Überladungen und das *remove_reference* kann der Compiler Aufrufe von *forward* nicht selbst auflösen. Deshalb müssen Sie immer den Typ explizit mit angeben.

Und somit sieht die endgültige Funktion der *Clone*-Funktion mit perfect forwarding so aus wie eingangs beschrieben:

```
template <class T>
T* Clone(T&& src) {
    return new T(std::forward<T>(src));
}
```

Wird *Clone* für eine *Foo*-Instanz aufgerufen, bindet *T* an *Foo&* und damit auch *F* an *Foo&*. Deshalb wird die erste Überladung von *forward* ausgewählt, deren Parameter wegen der Reduktionsregel *Foo& &* → *Foo&* eine *Lvalue*-Referenz ist und die wegen *Foo& &&* → *Foo&* auch eine *Lvalue*-Referenz zurückliefert.

Wird *Clone* jedoch für eine *Rvalue*-Referenz von *Foo* aufgerufen, die von *move* zurückgeliefert wird, dann bindet *T* an *Foo*. Dann bindet auch *F* an *Foo* und die zweite Überladung kommt ins Spiel. Dadurch ist der Parameter von *forward* eine *Rvalue*-Referenz, genauso wie der Rückgabewert dann eine (unbenannte!) *Rvalue*-Referenz ist.

Damit leitet *Clone* ein *Lvalue*-Argument als *Lvalue* weiter und ein *Rvalue*-Argument als *Rvalue*. Die Weiterleitung ist perfekt.

forward ist also eng verwandt mit *move* (siehe Kapitel 4.5). Beide Male geht es darum, das Argument in einen echten *Rvalue* zu konvertieren. *move* konvertiert aber auch Werte und *Lvalue*-Referenzen in *Rvalue*-Referenzen, das heißt, hier findet eine echte Typkonvertierung statt. Dagegen verwandelt *forward* nur benannte *Rvalue*-Referenzen in unbenannte und macht sie damit zu *Rvalues*.

Wie setzt man es ein?

forward brauchen Sie genau dann, wenn Sie eine Templatefunktion schreiben wollen, die mit *Lvalues* oder *Rvalues* aufgerufen werden kann und für die es wichtig ist, dass die *Rvalue*-Eigenschaft erhalten bleibt.

forward unterstützt auch eine beliebige Anzahl an Parametern für variadische Templates in der Syntax:

```
std::forward<Args>(args)...
```

Wer unterstützt es?

Standard C++11

MSVC ab 2010

GCC spätestens ab 4.8

Wo gibt es mehr Infos?

Scott Meyers erklärt das seltsame Verhalten von formalen *Rvalue*-Referenzen als Parameter in Funktionstemplates mit dem Konzept der universellen Referenz:

http://isocpp.org/blog/2012/11/universal-references-in-c11-scott-meyers

3.14 „declval"-Funktion

Worum geht es?

Mit *declval* können Sie eine *Rvalue*-Referenz eines gegebenen Typs definieren, ohne einen echten Wert zur Verfügung zu haben:

```
int s = sizeof(declval<int>());
```

Was steckt dahinter?

Die Funktion *declval* erzeugt nicht wirklich eine Instanz, sie hat nicht einmal eine Implementierung und darf deshalb auch nicht aufgerufen werden. In unausgewerteten Kontexten wie *sizeof* oder *decltype* sorgt sie aber dafür, dass formal ein Wert vorhanden ist und deshalb Berechnungen angestellt werden können.

Wie setzt man es ein?

Gerade in Templates wird manchmal eine Instanz eines Typs benötigt, bei der der konkrete Wert keine Rolle spielt. Ein Beispiel dafür kommt in der Implementierung von *common_type* vor, siehe Kapitel 3.12.

```
template<class T>
typename std::add_rvalue_reference<T>::type declval();
```

Wer unterstützt es?

Standard C++11

MSVC spätestens ab 2012

GCC spätestens ab 4.8

Wo gibt es mehr Infos?

Header <utility>

3.15 Bedingte Kompilierung im Template

Worum geht es?

Eine neue Variante von *if* in Templates übersetzt nur die benötigten Zweige.

Bedingte Kompilierung im Template

```
template<typename T, int f>
T Multiply(T v) {
  if constexpr (std::is_arithmetic<T>::value)
    return v * f;
  else { // ein +=-Operator muss definiert sein.
    T result {};
    for (int i = 0; i < f; i++)
      result += v;
    return result;
  }
}

cout << Multiply<long, 3>(8) << endl; // Ausgabe: 24
cout << Multiply<string, 2>("Prag") << endl; // PragPrag
```

Die Funktion *Multiply* kann alle Datentypen multiplizieren, für die entweder der Operator * oder der Operator += definiert ist. Deshalb funktioniert sie unter anderem für *long* und für *string*.

Was steckt dahinter?

In C++11 wurde mit *constexpr*-Ausdrücken das Konzept der zur Kompilierzeit berechneten Ausdrücke eingeführt. Das passt hervorragend zu Templates, welche ja auch zur Kompilierzeit expandiert werden und die deshalb mit anderen als *constexpr*-Ausdrücken nichts anfangen können. *if constexpr* ist so gesehen die echte Bedingung für Templates, auf die Entwickler schon lange gewartet haben.

Wenn Sie ein normales *if* verwenden, werden nämlich beide Zweige übersetzt.

```
template<typename T, int f>
T Multiply(T v)
{
  if (std::is_arithmetic<T>::value)
    return v * f; // FEHLER bei T == string
  else { // ein +=-Operator muss definiert sein.
    T result {};
    for (int i = 0; i < f; i++)
      result += v;
    return result;
  }
}
```

So kompiliert das nicht, weil bei der Instanziierung für *string* der Ausdruck *v * f* ungültig ist. Deshalb musste man solche Fallunterscheidungen mit partieller Spezialisierung und Hilfstemplates realisieren. Nun geht das erheblich einfacher, kürzer und lesbarer.

Wie setzt man es ein?

Wann immer Sie in Templates Fallunterscheidungen realisieren wollen, die nur von Templateargumenten und *constexpr*-Ausdrücken abhängen, ersparen Sie sich mit *if constexpr* viel Arbeit und Code.

Wer unterstützt es?

Standard C++17

MSVC nicht bis 2017

GCC ab 7

4 Bibliothek

4.1 Integrale Typen mit definierter Länge

Worum geht es?

Mit

```
int64_t myInteger;
```

definieren Sie einen integralen Typ mit 64 Bit Länge standardkonform. Analoge Definitionen gibt es auch für 8, 16, 32 und 64 Bit, sowie für integrale Typen, die aus und in einen Zeiger konvertiert werden können:

```
int8_t myByte;
uint8_t myUByte;
int16_t myShort;
uint16_t myUShort;
int32_t myLong;
uint32_t myULong;
int64_t myInteger;
uint64_t myUInteger;
intptr_t myPointer;
uintptr_t myUPointer;
```

Was steckt dahinter?

Herkömmliche Datentypen wie *int*, *long* oder *long long* sind in ihrer exakten Größe im Standard nicht festgelegt. *int* entspricht laut Definition einer natürlichen Größe der Rechnerarchitektur, für *long* gilt einfach nur, dass es mindestens so lang sein muss wie *int*, aber auch länger sein kann. *long long int* muss mindestens 64 Bit haben, darf aber auch länger sein.

Zeigervariablen sind in einem 32-Bit-Betriebssystem 32 Bit lang und in einem 64-Bit-Betriebssystem 64 Bit lang.

Die neuen Typen erlauben eine Definition mit exakter Größe und damit auch genau definiertem Werteumfang auf allen Plattformen. Mit *intptr_t* und *uintptr_t* können Sie Integer-Variablen definieren, die garantiert exakt dieselbe Größe haben wie ein Zeiger:

```
sizeof(intptr_t) == sizeof(void*) // Ist immer erfüllt.
```

Der Header *cstdint* definiert darüber hinaus auch Makros für die minimalen und maximalen Werte dieser Typen und einige weitere nützliche Dinge.

Wie setzt man es ein?

Serialisierung ist ein typischer Anwendungsfall. Nehmen Sie folgenden Code:

```
std::ofstream out("o.bin", std::ios::binary | std::ios::out);
long i;
out << i;
```

Dieser Code würde mit MSVC übersetzt 32 Bit in den Stream schreiben, unabhängig davon, ob er für 32 Bit oder für 64 Bit übersetzt wird, mit GCC auf 32 Bit übersetzt ebenfalls. Wenn Sie allerdings mit GCC für 64 Bit kompilieren, ist ein *long* 64 Bit lang und damit werden auch acht Byte in den Stream geschrieben. Dadurch ist die Datei mit den anderen drei Kompilaten nicht mehr auf die übliche Art und Weise lesbar.

```
std::ifstream in("o.bin", std::ios::binary | std::ios::in);
long i;
in >> i; // Liest auf dem 32-Bit-System nur einen Teil der Zahl.
```

In diesem und ähnlichen Fällen empfiehlt sich eine Variable mit exakt definierter Größe. Die neue Fassung schreibt völlig unabhängig von Compiler, Betriebssystem und Plattform immer vier Bytes:

```
std::ofstream out("o.bin", std::ios::binary | std::ios::out);
int32_t i;
out << i;
```

Integrale Typen mit definierter Länge

Ein anderes Beispiel ist eine Variable, die Flags, also veroderbare Werte, aufnehmen soll. Damit alle Konstanten und Variablen auf allen Plattformen dieselbe Größe haben, ergibt es Sinn, den neuen Typ zu benutzen.

```
const uint16_t option1 = 0x00000001;
const uint16_t option2 = 0x00000002;
const uint16_t option3 = 0x00000004;
// und so weiter
uint16_t options = option1 | option3;
```

intptr_t und *uintptr_t* wiederum werden eingesetzt, wenn man mit Zeigern Rechenoperationen durchführen möchte, die mit echten Zeigervariablen nicht möglich sind, zum Beispiel Multiplikation oder Modulo-Operationen. Manchmal sucht man zum Beispiel die nächste 16-Byte-Speicheradresse:

```
void* ip = ...;
ip -= ip % 16; // Compilerfehler: kein % für void*.
```

So dagegen funktioniert es dank des richtigen Typen auch unabhängig von der Länge des Zeigers:

```
ip = static_cast<void*>(
  ip - reinterpret_cast<intptr_t>(ip) % 16);
```

Außerdem kann man die Zeiger-kompatiblen Typen auch dazu verwenden, einen Zeiger aus einer Bibliothek als „Handle" an den Aufrufer zu geben und die Tatsache, dass es eine Adresse ist, etwas zu verschleiern.

Um mit älteren Compilerversionen kompatibel zu sein, können Sie die benötigten Definitionen am besten inhaltsgleich in einem eigenen Header definieren. Vor C++11 haben die Compilerhersteller ihre eigenen Typen für diese Zwecke definiert, zum Beispiel __int64. Diese Definitionen sind nicht portabel und sollen deshalb nicht mehr benutzt werden.

Wer unterstützt es?

Standard C++11

MSVC ab 2013

GCC sicher ab 4.8

Wo gibt es mehr Infos?

Header <cstdint>

4.2 „unique_ptr"-Klasse

Worum geht es?

Der bisher in der Standardbibliothek vorhandene *auto_ptr* wird nicht mehr empfohlen. Stattdessen gibt es einen neuen Smartpointer, der seine Aufgaben übernimmt:

```
std::unique_ptr<MyClass> myPtr(new MyClass());
```

unique_ptr ersetzt *auto_ptr* und gibt die enthaltene Instanz frei, wenn er seinen Gültigkeitsbereich verlässt. Sein Vorteil besteht darin, dass er weniger fehleranfällig ist als *auto_ptr*.

Was steckt dahinter?

auto_ptr war ein ganz einfacher Smartpointer, der sicherstellte, dass ein allokiertes Objekt auch wieder freigegeben wird:

```
{
  std::auto_ptr<MyObject> myPtr(new MyObject());
  ...
}
```

Der Desktruktor von *auto_ptr* führt ein *delete* auf die *MyObject*-Instanz aus. Dadurch ist es absolut sicher, dass beim Verlassen des Blocks diese Instanz gelöscht wird, auch im Falle einer Ausnahme.

Leider hat das Design von *auto_ptr* einen Fehler. Die Zuweisung

```
std::auto_ptr<MyObject> myPtr(new MyObject());
std::auto_ptr<MyObject> yourPtr = myPtr;
```

verschiebt nämlich die interne *MyObject*-Adresse von *myPtr* nach *yourPtr*. Anschließend enthält *myPtr* keine Adresse mehr und ist deshalb

„unique_ptr"-Klasse

unbenutzbar. Das Gleiche gilt für den Kopierkonstruktor; ein Beispiel also für *Move*-Semantik, nur, dass sie unkontrolliert angewendet wird, auch dann, wenn das Ergebnis fatal ist. *auto_ptr* ist also äußerst fehleranfällig. Schon beim Aufruf der folgenden Methode wird *myPtr* ungültig.

```
void Foo(std::auto_ptr<MyObject> ptr) {
  ...
}

std::auto_ptr<MyObject> myPtr(new MyObject());
Foo(myPtr);
```

Deshalb ist *auto_ptr* jetzt missbilligt und wurde durch *unique_ptr* ersetzt. Dieser funktioniert im Grunde genauso, nur dass es weder Kopierkonstruktor noch kopierenden Zuweisungsoperator gibt. Die genannten Fehlerfälle beim *auto_ptr* werden im Fall des *unique_ptr* also vom Compiler erkannt. Verschiebekonstruktor und verschiebender Zuweisungsoperator werden unterstützt, aber dank der neuen Möglichkeiten in C++11 (siehe *Rvalue*-Referenzen in Kapitel 2.6) werden sie automatisch nur für echte *Rvalues* aufgerufen und können damit keinen Schaden mehr anrichten.

Wie setzt man es ein?

Verwenden Sie *unique_ptr* überall da, wo Sie bisher *auto_ptr* eingesetzt haben oder hätten. Der klassische Anwendungsfall ist das lokale dynamische Objekt, das am Ende des Blocks auch im Falle einer Ausnahme gelöscht werden soll. Wenn das Objekt nach erfolgreicher Initialisierung weiter benutzt werden soll, können Sie es mit *release* vom Smartpointer lösen.

```
MyObject* Foo(void)
{
  std::unique_ptr<MyObject> result(new MyObject());
  // Initialisieren Sie die MyObject-Instanz hier..
  // Im Falle einer Ausnahme, wird es gelöscht.
  return result.release();
}
```

C++17

Ganz analog sollten Sie *unique_ptr* als Element einer Klasse benutzen, wenn die *MyObject*-Instanz dieser Klasse gehört und seine Lebenszeit mit ihr verknüpft ist (Komposition).

```
class Foo {
public:
  // Foo wird Besitzer von myObject
  Foo(MyObject* myObject): myObject_(myObject) {
  }
private:
  std::unique_ptr<MyObject> myObject_;
};
```

Dies stellt sicher, dass im Destruktor von *Foo* auch die Instanz von *MyObject* gelöscht wird, sofern eine existiert.

Wenn, auf welche Weise auch immer, eine Referenz auf *MyObject* an eigene oder fremde Methoden weitergegeben werden soll, muss das in Form eines normalen Zeigers passieren, weil nicht mehrere *unique_ptr* auf dasselbe Objekt zeigen dürfen. Vermeiden Sie deshalb auch unbedingt Konstellationen wie diese:

```
std::unique_ptr<MyObject> myPtr(new MyObject());
std::unique_ptr<MyObject> yourPtr(myPtr.get());
```

Sie führt dazu, dass beide *unique_ptr* früher oder später die *MyObject*-Instanz löschen wollen, was natürlich schief geht.

Die nächste Frage ist dann, ob man *unique_ptr* auch einsetzen kann, wenn *Foo* mehrere *MyObject*-Instanzen besitzt und diese in einem Container abgelegt werden sollen. Betrachten Sie den Fall, dass *Foo* einen Vektor von dynamisch allokierten *MyObject*-Instanzen als Elemente enthält, und nehmen Sie an, dass *Foo* diese Elemente besitzen soll. Definiert man den Vektor als *vector<MyObject*>*, muss der Code das Löschen der Objekte selbst in die Hand nehmen:

- Der Destruktor von Foo muss die Objekte im Container löschen:

```
virtual ~Foo() {
  std::for_each(myObjects_.begin(), myObjects_.end(),
    [](MyObject* mo){delete mo;});
}
```

„unique_ptr"-Klasse

- Kopierkonstruktor und kopierender Zuweisungsoperator müssen sehr sorgfältig implementiert werden, damit im Ausnahmefall keine inkonsistenten Instanzen, undefinierte Zeiger oder Speicherlecks auftreten.

Als Alternative käme in Frage, auch hier *unique_ptr<MyObject>* zu benutzen. Ist das legitim und sinnvoll? *auto_ptr* in Containern sind ja verboten, aber wie sieht es hiermit aus:

```
class Foo {
public:
  ...
  void Add(MyObject* myObject) {
    myObjects_->push_back(unique_ptr<MyObject> (myObject));
  }
private:
  std::vector<std::unique_ptr<MyObject>> myObjects_;
};
```

Die Antwort lautet: Ja, durchaus, solange Sie die Bedeutung von *unqiue_ptr* ernst nehmen und diese dem Anwendungsszenario entspricht. Erst einmal sorgt er dafür, dass alle Elemente sauber gelöscht werden, wenn die Lebenszeit des Besitzers endet. Andererseits ist ein *unique_ptr* der alleinige Besitzer seines Inhalts und kann deshalb nicht kopiert werden. Das bedeutet:

a. Er wird über *Move*-Semantik in den Container eingetragen, so dass die Quelle anschließend leer ist.

b. Alle Containeroperationen, die mit *Move*-Semantik zurechtkommen, wie Einfügen, Suchen und Sortieren, sind möglich.

c. Containeroperationen, die *Copy*-Semantik benötigen, wie *std::copy*, sind nicht möglich.

```
std::copy(myObjects_.begin(), myObjects_.end(),
                              yourObjects_.begin());
```

Punkt c) mag wie eine erhebliche Einschränkung aussehen, ist bei genauerem Hinsehen aber nur die logische und völlig korrekte Konsequenz einer Entwurfsentscheidung. Am Beginn der Überlegungen stand ja, dass *Foo* der (alleinige) Besitzer der *MyObject*-Instanzen sein soll. Unter dieser

Voraussetzung darf man die Zeiger natürlich nicht in einen anderen Besitzer kopieren.

Entweder *Foo* ist tatsächlich der einzige Besitzer, dann müssen alle anderen Verweise normale Zeiger sein. Oder *Foo* teilt sich den Besitz mit anderen Objekten, dann ist *unique_ptr* nicht die korrekte Lösung und Sie sollten einen *shared_ptr* in Betracht ziehen, der im Kapitel 4.3 behandelt wird.

Eine Schleife über *myObjects_* muss die Referenzen benutzen statt der Werte, aber das ist sowieso die effizientere Variante:

```
for (auto& p: myObjects_)
  p->DoSomething();
```

Ab C++14 können Sie einen *unique_ptr* mit der Funktion *make_unique* erzeugen. Nach der Anweisung

```
auto v = std::make_unique<std::vector<int>>();
```

ist *v* ein *std::unique_ptr*, der auf einen leeren Vektor zeigt.

Grundsätzlich wird die obige Schreibweise empfohlen statt der umständlichen Variante mit doppelter Angabe des erzeugten Typs:

```
std::unique_ptr<std::vector<int>> v(new std::vector<int>());
```

Allerdings unterstützt sie leider keine Initialisierung der Elemente eines Vektors.

Was sind die Details?

Die Art und Weise, wie das im *unqiue_ptr* enthaltene Objekt gelöscht wird, lässt sich optional genauer bestimmen. Das ist immer dann wichtig, wenn der Inhalt des Smartpointers nicht einfach mit *delete* gelöscht werden kann oder soll. Der Inhalt **kann** nicht einfach mit *delete* gelöscht werden, wenn

- es ein C-Array ist
- der Speicher mit *malloc* allokiert wurde

„unique_ptr"-Klasse

Der Inhalt **soll** unter Umständen nicht einfach nur mit *delete* gelöscht werden, wenn das Löschen zusätzlich noch in einem Log erfasst werden soll oder andere zusätzlichen Operationen ausgeführt werden müssen.

Für diese Zwecke können Sie dem *unique_ptr* im Konstruktor noch ein aufrufbares Objekt als Löscher (deleter) mitgeben, der im Destruktor und bei anderen Gelegenheiten ausgeführt wird, um den Inhalt zu löschen.

Es stehen Ihnen alle Möglichkeiten offen, dieses aufrufbare Objekt zu definieren. Einzige Voraussetzung ist, dass es einen Aufrufoperator besitzt, der mit dem gespeicherten Zeiger als Parameter aufgerufen werden kann.

Die einfachste ist wie meistens eine Lambda-Funktion:

```
auto del = [](void* p){ std::cout << "Freed"; free(p);};
std::unique_ptr1<void, decltype(del)> ptr(malloc(200), del);
```

Am wenigsten Overhead hat diese Variante mit einer einfachen Funktion:

```
void Free(void* data) {
  std::cout << "Freed";
  free(data);
}
```

```
std::unique_ptr<void, decltype(Free)> ptr2(malloc(200), &Free);
```

Und wenn Sie auf den Trace verzichten können, brauchen Sie überhaupt keine eigene Implementierung:

```
std::unique_ptr<void, decltype(&free)> ptr3(malloc(200), &free);
```

Beachten Sie dabei, dass diese drei *unique_ptr* zwar alle Smartpointer auf *void*-Daten sind, aber durch den unterschiedlichen Löscher haben *ptr1* und *ptr2* bzw. *ptr3* nicht denselben Typ. Der Aufruf

```
ptr1 = std::move(ptr2);
```

kompiliert deshalb nicht.

Falls der Inhalt des *unqiue_ptr* ein C-Array ist, könnte man es mit einem Löscher freigeben, der *delete[]* statt *delete* aufruft. Wenn Sie aber den Typ des Zeigers als C-Array definieren, erledigt der *unique_ptr* das durch eine spezielle Überladung selbst. Verwenden Sie in diesem Fall also

```
std::unique_ptr<int[]> ptr(new int[200]);
```

statt

```
std::unique_ptr<int*> ptr(new int[200]);
```

Wer unterstützt es?

Standard C++11, *make_unique* ab C++14

MSVC ab 2010, *make_unique* ab 2015

GCC spätestens ab 4.8, *make_unique* ab 4.9

Wo gibt es mehr Infos?
Header <memory>

4.3 „shared_ptr"-Klasse

Worum geht es?

shared_ptr ist ein Smartpointer mit Referenzzählung. Sie können *shared_ptr* kopieren und zuweisen. Wenn mehrere *shared_ptr* auf dasselbe Objekt zeigen, wird es erst dann zerstört, wenn der letzte *shared_ptr* den Verweis verliert:

```
class MyObject {
public:
  void MyMethod();
  int value_;
};
```

„shared_ptr"-Klasse

```
void Foo(shared_ptr<MyObject> p) {
   p->MyMethod();
}

void main() {
  std::shared_ptr<Foo> ptr1(new Foo());
  ...
  {
    std::shared_ptr<Foo> ptr2(ptr1);
    // Hier gibt es zwei shared_ptr auf dieselbe Foo-Instanz.
    ...
    // Während des Aufrufs der Funktion sind es schon drei.
    Foo(yourPtr);
    // Hier zeigen noch zwei shared_ptr auf die Foo-Instanz.
    yourPtr->MyMethod();
  }
  // Hier noch eine.
  myptr->MyMethod();
} // Hier wird die Foo-Instanz gelöscht.
```

Was steckt dahinter?

Zum Zeitpunkt des Aufrufs *p->Foo()* existieren drei Smartpointer, die alle auf dasselbe Objekt verweisen. Würde *shared_ptr* in seinem Destruktor sein Objekt zerstören (wie *unique_ptr* das tut), wäre die *MyObject*-Instanz schon am Ende der Funktion *Foo* zerstört und der Aufruf *yourPtr->MyMethod()* würde ins Leere gehen.

Deshalb verwaltet *shared_ptr* einen Referenzzähler, der zum Zeitpunkt des Aufrufs *p->MyMethod()* auf 3 steht, nach dem Verlassen der Methode auf 2 und zum Zeitpunkt des Aufrufs *myPtr->MyMethod()* noch auf 1. Solange der Zähler größer als 0 ist, existiert das Objekt noch. Es wird erst gelöscht, wenn der letzte *shared_ptr* seinen Zeiger verliert und dadurch der Zähler auf 0 geht.

Wie beim *unique_ptr* können Sie auch beim *shared_ptr* einen Deleter mit übergeben. Anders als bei *unique_ptr* ist dieser jedoch nicht Bestandteil des Typs. Damit sind alle *shared_ptr* für den Typ *T* kompatibel und Zuweisungen können nicht schiefgehen. Bezahlt wird das mit einem gewissen Overhead.

Wie setzt man es ein?

Manche Entwickler betrachten *shared_ptr* als die endgültige Lösung aller Smartpointer-Fragen. *shared_ptr* kann man an beliebigen Stellen einsetzen, kopieren, zuweisen und sie garantieren immer, dass auf das Objekt zugegriffen werden kann, solange das technisch möglich ist, und dass es zerstört wird, sobald kein Zugriff mehr möglich ist. Es sieht so aus, als könnte man *shared_ptr* ohne Be- und Nachdenken einsetzen.

Der Nachteil besteht aber zum einen im erhöhten Overhead durch die Verwaltung des Smartpointers und zum anderen darin, dass Sie die Eigentumsverhältnisse und damit die Lebenszeit der referenzierten Objekte sehr leicht aus den Augen verlieren. Was eigentlich als Komposition entworfen war, wird durch Herausgabe eines *shared_ptr* schnell zur Aggregation, und Objekte, die eigentlich zusammen mit ihrem Besitzer zerstört werden sollten, überleben ihn dann um Generationen.

Als Beispiel dient eine *Tracer*-Klasse, die einen Stream verwaltet und diesen zu Informationszwecken als schreibgeschützten Zeiger nach außen gibt.

```
class Tracer {
public:
  Tracer(std::ostream* outStream): outStream_(outStream) {
  }
  std::shared_ptr<const std::ostream> GetStream() const {
    return outStream_;
  }
private:
  std::shared_ptr<std::ostream> outStream_;
};
```

Dadurch weiß die Klasse *Tracer* nicht mehr, wann das *Stream*-Objekt zerstört und damit der Stream geschlossen wird. Es kann ja den Destruktor von Tracer durchaus überleben, wenn noch ein externer *shared_ptr* existiert. Wenn jetzt der Wunsch auftaucht, dass beim Schließen des Streams noch eine abschließende Zeile in das Trace geschrieben wird

```
Trace geschlossen am 12.8.2013 15:14:38.205
```

ist das von der *Tracer*-Klasse schlichtweg nicht mehr sicherzustellen.

An dieser Stelle sei deshalb empfohlen, *shared_ptr* nicht in den Situationen einzusetzen, die bereits als typische Anwendungsfälle für *unique_ptr* beschrieben wurden: Für lokale Zeiger und Besitz (Ownership) im Sinne von Komposition. Dass C++ im Vergleich zu Programmiersprachen mit verwaltetem Speicher wie Java und C# Wert legt auf klare Zuständigkeiten und Besitzverhältnisse, sollten Sie durchaus als Tugend sehen und nicht als Manko.

Aus einer strengen Sichtweise sind *shared_ptr* nur dort gut eingesetzt, wo der Entwurf tatsächlich einen gemeinsamen Besitz von Objekten vorsieht, sowie temporär während bestimmter Operationen. Das dient nicht nur der Klarheit im Code, sondern wegen des deutlich größeren Fußabdrucks (foot print) auch der Performanz.

Ein Beispiel für gemeinsames Ownership könnte die obige *Trace*-Klasse selbst sein. (Mit einem internen *unique_ptr* für den Stream.) Sie soll genauso lange leben, wie sie benutzt wird, und beim Zerstören die Abschlussmeldung in den Stream schreiben und ihn schließen. Dies kann man recht elegant erreichen, indem der Tracer als *shared_ptr* an alle Instanzen übergeben wird, die tracen möchten. Sobald keine solche Instanz mehr existiert, wird der Tracer nicht mehr benötigt und zerstört.

Ein anderer Anwendungsfall ist die Verarbeitung einer Kollektion von Elementen in mehreren Threads. Wenn die Kollektion gelöscht werden soll, sobald alle Threads ihre Arbeit getan haben, gibt es keinen ausgezeichneten Besitzer. Zudem kommen native Zeiger hier nicht in Frage, weil sie nicht feststellen können, ob ihr Inhalt noch lebt oder schon längst von einem anderen Thread zerstört wurde.

Natürlich können Sie auch *shared_ptr* in die Container der Klassenbibliothek aufnehmen. Es werden dann im Gegensatz zu *unique_ptr* auch Kopieraktionen unterstützt. Sie bezahlen dafür aber dann wie beschrieben den Preis einer gewissen Unsicherheit bezüglich der Lebenszeit und eines Verwaltungsoverheads.

Wenn Sie *shared_ptr* einsetzen, sollten Sie zum Erzeugen grundsätzlich die Funktion

```
std::make_shared<class T, class...Args>
```

einsetzen. Das ist die sicherere und schnellere Variante, weil sie mit einer einzigen Allokation auskommt, statt mit zwei beim normalen Konstruktor. Die variablen Templateparameter stehen für die Parameter des Konstruktors:

```
auto myTracer = std::make_shared<Tracer>(
  new std::ofstream ("Trace.trc"));
```

Was sind die Details?

shared_ptr hat noch einen Konstruktor, der seltsam aussieht:

```
template<class T>
shared_ptr(const shared_ptr<>& r, T *ptr);
```

Dieser Konstruktor speichert sowohl eine Referenz auf den Inhalt des übergebenen *shared_ptr* als auch auf den *T*-Zeiger. Er erhöht den Referenzzähler von *r*, wirkt aber selbst als Smartpointer auf *T*, das heißt, mit *pa* wird im folgenden Beispiel auf den String zugegriffen.

```
class Foo {
public:
  const std::string* GetName() const {
    return &name_;
  }
  std::string name_;
};

std::shared_ptr<Foo> pf(new Foo());
std::shared_ptr<std::string> pa(pf, &pf->name_);
pf.reset();
*pa = "Herb";
```

Man nennt dies Aliasing, und der Sinn dahinter ist, zu verhindern, dass die *Foo*-Instanz gelöscht wird, solange noch ein Zeiger auf den inneren String *name_* in Gebrauch ist. Im Prinzip eine nützliche Sache, generell ist aber die Herausgabe eine Zeigers auf interne Datenstrukturen nicht zu empfehlen. Und nur dann brauchen Sie das Aliasing.

Der Aliasing-Konstruktor ist auch gefährlich, weil leicht Fehler entstehen, wenn das Element nicht Teil der ersten Instanz ist. Der Smartpointer betreibt die Referenzzählung nur für die Hauptinstanz und geht davon aus, dass Hauptinstanz und Element eine Komposition bilden, das heißt, das Element mit der Hauptinstanz zerstört wird. Im folgenden Fall wird die *Foo*-Instanz zwar korrekt gelöscht, das C-Array aber nicht:

```
std::shared_ptr<Foo> pf(new Foo);
std::shared_ptr<int[]> pa(pf, new int[10]);
```

Wer unterstützt es?

Standard C++11

MSVC ab 2008

GCC spätestens ab 4.8

Wo gibt es mehr Infos?

Header <memory>

4.4 „weak_ptr"-Klasse

Worum geht es?

Wenn zwei Objekte je einen *shared_ptr* auf das jeweils andere enthalten, wird dieses Paar nie zerstört, weil die Referenzzähler durch das Gegenüber auf 1 gehalten werden. Mit einem *weak_ptr* wird diese gegenseitige oder zyklische Referenzierung aufgebrochen, so dass es wieder möglich ist, die Objekte zu zerstören.

```
std::shared_ptr<MyObject> myPtr(new MyObject());
std::weak_ptr<MyObject> yourPtr(myPtr);
```

yourPtr ist hier ein Smartpointer auf dasselbe Objekt wie das von *myPtr*, der allerdings nicht zur Referenzzählung beiträgt. Sobald der Destruktor von *myPtr* ausgeführt wird, löscht er die Instanz von *MyObject*.

Was steckt dahinter?

Ein *weak_ptr* zeigt auf ein Objekt, das von einer oder mehreren *shared_ptr*-Instanzen verwaltet wird. Er trägt jedoch nicht zur Referenzzählung bei und löscht das Objekt niemals. Insofern verhält sich ein *weak_ptr* also wie ein ganz normaler Zeiger. Die Smartness liegt darin, dass ein *weak_ptr* erkennt, wenn sein referenziertes Objekt vom letzten der *shared_ptr* gelöscht wurde. In diesem Fall liefert er nicht wie ein normaler Zeiger eine Adresse auf einen undefinierten Speicherbereich, sondern ganz definiert einen leeren Zeigern.

Allerdings können Sie über einen *weak_ptr* nicht direkt auf das Objekt zugreifen. Er hat keinen Pfeiloperator oder ähnliches. Warum ist das so? Würde eine Methode des Objekts direkt über einen *weak_ptr* aufgerufen, der ja den Referenzzähler nicht erhöht, wäre es möglich, dass gleichzeitig in einem anderen Thread der letzte *shared_ptr* zerstört wird. Der gerade laufenden Methode wäre dann die ausführende Instanz entzogen, mit undefiniertem Ergebnis.

Deshalb müssen Sie für die Zeitdauer der Methodenausführung den Referenzzähler erhöhen. Das geschieht am einfachsten, indem Sie aus dem *weak_ptr* vorübergehend einen *shared_ptr* generieren:

```
std::shared_ptr<MyObject> myPtr(new MyObject());
std::weak_ptr<MyObject> yourPtr(myPtr);
yourPtr.lock()->MyMethod();
```

Die Methode

```
std::shared_ptr<T> lock() const
```

erzeugt eine *shared_ptr*-Instanz für den Inhalt des *weak_ptr* und erhöht dadurch den Referenzzähler. Alternativ können Sie den *shared_ptr* auch explizit erzeugen:

```
std::shared_ptr<MyObject> myPtr(new MyObject());
std::weak_ptr<MyObject> yourPtr(myPtr);
std::shared_ptr<MyObject> hisPtr(yourPtr);
hisPtr->MyMethod();
```

Der Unterschied ist natürlich der, dass Sie an Ende der zweiten Lösung immer noch zwei *shared_ptr* für die *MyObject*-Instanz existieren, während in der ersten Lösung die temporäre *shared_ptr*-Instanz gleich wieder gelöscht wird. Außerdem würde der Konstruktor von *shared_ptr* eine Ausnahme werfen, wenn sein *weak_ptr*-Argument leer ist. Die Methode *lock* dagegen liefert einen leeren *shared_ptr* und erst beim Aufruf der Methode kommt die Ausnahme.

Sie können diese Bedingung auch vorab prüfen, bedenken Sie aber, dass bei mehreren Threads der Zeiger zwischen der Prüfung und dem Methodenaufruf gelöscht werden kann:

```
if (yourPtr.expired())
  throw std::logic_error("Zeiger nicht mehr gültig");
yourPtr.lock()->MyMethod();
```

Wie setzt man es ein?

Wenn Sie, wie empfohlen, mit dem Einsatz von *shared_ptr* sparsam sind, werden Sie *weak_ptr* nicht allzu oft benötigen.

Wenn Ihr Design allerdings den gemeinsamen Besitz von Objekten vorsieht, müssen Sie das statische Klassenmodell untersuchen und prüfen, ob es Zyklen in der Referenzierung enthält. Diese Zyklen können manchmal auch recht lang sein, das heißt viele Objekte umfassen. Wenn Sie einen finden, müssen Sie entscheiden, welche der verweisenden Objekte Besitzer des jeweils anderen sind und welche nicht. Die Zeiger in letzteren konvertieren Sie dann zu *weak_ptr*. Damit ist der Zyklus durchbrochen. Wie man sieht, können Sie in C++ der Frage, wer Besitzer ist und wer nur Benutzer, nicht ausweichen.

Wer unterstützt es?

Standard C++11

MSVC ab 2008

GCC spätestens ab 4.8

Wo gibt es mehr Infos?

Header <memory>

4.5 „move"-Funktion

Worum geht es?

Mit *move* konvertieren Sie ein Objekt in eine *Rvalue*-Referenz:

```
std::string name = "Scott";
std::vector<std::string> vector;
vector.push_back(std::move(name));
```

Damit legen Sie fest, dass für dieses Argument die Überladung mit *Move*-Semantik benutzt wird, wenn eine existiert. Im Falle von *vector<>::push_back* führt das dazu, dass der String in den Vektor verschoben wird und nach der dritten Zeile keinen Wert mehr hat.

Was steckt dahinter?

Wenn ein Argument ein *Rvalue* ist, also zum Beispiel ein temporäres Objekt, ein Literal oder das Ergebnis einer Funktion, dann benutzt der Compiler automatisch die Überladung mit der *Rvalue*-Referenz, um den performantesten Code zu generieren (siehe Kapitel 2.6).

Im obigen Beispiel wird *push_back* aufgerufen, das sowohl in der Überladung mit Referenz und mit *Rvalue*-Referenz existiert:

```
void push_back(const value_type& val);
void push_back(value_type&& val);
```

Der normale Aufruf

```
vector.push_back(name);
```

würde die erste Überladung benutzen, denn *name* ist ein *Lvalue* (er hat einen Namen und somit einen Speicherplatz). Wenn der Entwickler des

„move"-Funktion

Codes allerdings sicher ist, dass nach dem *push_back* kein weiterer Zugriff auf *name* mehr erfolgen wird, kann er mit *std::move* dafür sorgen, dass der Compiler die effizientere Überladung verwendet.

Etwas vereinfacht gesprochen konvertiert *move* also sein Argument in einen *Rvalue*. Das könnte es dadurch tun, dass es einfach eine temporäre Kopie als Funktionswert zurückgibt, aber das würde dem eigentlichen Zweck widersprechen, Kopien zu vermeiden. Deshalb liefert *move* eine unbenannte *Rvalue*-Referenz, die selbst wieder ein *Rvalue* ist. Die Signatur sieht so aus:

```
template<class T>
typename std::remove_reference<T>::type&& move(T&& t);
```

Und der Rückgabewert ist

```
static_cast<typename std::remove_reference<T>::type&&>(t)
```

Im obigen Beispiel bedeutet das:

- *T* wird an *string* gebunden.
- *remove_reference<string>::type* ist wieder ein *string* (siehe Kapitel 3.12)
- *t* ist eine benannte *Rvalue*-Referenz auf *name*.
- Der Rückgabewert ist eine unbenannte *Rvalue*-Referenz auf *name*.

Ganz korrekt konvertiert *move* sein Argument in einen *Xvalue*, der noch etwas weiter gefasst ist als ein *Rvalue*. Im Gegensatz zu diesem kann er polymorph sein, das heißt, *move* funktioniert auch mit Variablen, deren tatsächlicher Typ eine Ableitung vom deklarierten Typ ist.

Wie setzt man es ein?

Der Zweck von *move* ist die effizientere Programmausführung. Sie wird dadurch erreicht, dass durch die Konvertierung in einen *Rvalue* Move-Semantik ermöglicht bzw. erzwungen wird. Funktional ist diese Konvertierung meistens nicht nötig, trotzdem sollten Sie *move* einsetzen, wo immer eine Variable übergeben wird, auf die später keiner mehr zugreift. Das typische Beispiel ist beim Eintragen in einen Container, der den Besitz (Ownership) übernimmt.

Fragen Sie sich, ob der konkrete Aufruf so gemeint ist, dass ein Verschieben der Daten erfolgen soll. Falls das so ist, können Sie das getrost mit einem *move*-Aufruf dokumentieren. Wenn es keine Überladung der Funktion mit *Rvalue*-Referenz gibt, wird der Aufruf trotzdem korrekt ausgeführt.

```
void DoSomething(const std::string& s);

std::string name("Alexandrescu");
DoSomething(std::move(name));
```

Hier wird die *Rvalue*-Referenz an die konstante *Lvalue*-Referenz gebunden und der Aufruf funktioniert exakt so wie ohne das *move*. Wäre *DoSomething* dagegen folgendermaßen deklariert:

```
void DoSomething(std::string& s);
```

wäre ein Aufruf mit einer *Rvalue*-Referenz natürlich verboten:

```
std::string name("Alexandrescu");
// error: invalid initialization of non-const reference of type
// 'std::string&' from an rvalue of type
// 'std::remove_reference<std::string&>::type'
DoSomething(std::move(name));
```

Das ist aber nur logisch. *DoSomething* will ja offensichtlich den String für den Aufrufer modifizieren, das würde bei einem *Rvalue* keinen Sinn machen. Eine Überladung von diesem *DoSomething* mit *Rvalue*-Referenz sollte es also nicht geben, weil es eine andere Semantik hätte. Eine Erklärung zu *remove_reference* finden Sie übrigens in Kapitel 3.12.

Ein weiteres Szenario, bei dem man denken könnte, dass der Einsatz von *move* angebracht wäre, ist folgendes:

```
vector Foo()
{
  vector result;
  ... // Vektor füllen
  return std::move(result); // Unnötig, verhindert Optimierung
}
```

„move"-Funktion

Hier wird eine lokale Variable mit nicht-trivialem Kopierverhalten in den Rückgabewert der Funktion kopiert und anschließend nicht mehr benötigt. Also ein klarer Fall für *move*?

Der Gedanke ist zwar richtig, unter diesen speziellen Umständen aber trotzdem irreführend. Der Compiler kann den Code ohne *move*-Aufruf besser optimieren als mit. Deshalb sollten Sie in diesem Fall darauf verzichten.

Die Gefahr bei der Verwendung von *move* liegt daran, dass auf das verschobene Objekt anschließend noch zugegriffen wird. Dies führt grundsätzlich zu undefiniertem Verhalten, kann aber je nach Implementierung und äußeren Umständen manchmal auch gut gehen.

```
std::string name = "Herb";
vector.push_back(std::move(name));
…
size_t p = name.find('x'); // Unbedingt vermeiden!
```

Normalerweise ist *name* an dieser Stelle ein Leerstring, aber da dies im Standard nicht vorgeschrieben ist, dürfen Sie sich darauf nicht verlassen. Treffen Sie also keine Annahmen über den Zustand einer Variablen, nachdem sie verschoben wurde.

Auch wenn bei der Erstimplementierung kein solcher Fehler auftritt, kann es bei einer folgenden Überarbeitung leicht passieren, dass man das *move* übersieht und dahinter nochmal einen Zugriff auf die Variable einbaut. Um das zu verhindern können Sie

- den Gültigkeitsbereich der Variablen hinter dem Aufruf mit *move* enden lassen, indem Sie einen zusätzlichen Block einfügen.
- die Variable in einen definierten „nicht mehr benutzen"-Zustand versetzen. Wie das geht, hängt dann natürlich vom Typ ab.
- zumindest einen Kommentar einfügen:

    ```
    // auf name ab hier nicht mehr zugreifen, Inhalt wegen move
    // undefiniert!
    ```

Anwendungsbeispiel „swap"

Ein interessantes Beispiel für den Einsatz von *Rvalue*-Referenzen, *move*-Semantik und der *move*-Funktion ist die Funktion *swap* aus der Standardbibliothek. Diese äußerst nützliche Funktion tut nichts anderes, als den Wert ihrer beiden Argumente auszutauschen. Die bisherige Implementierung vor C++11 sah so aus:

```
template<class T>
void swap(T& a, T& b) {
  T tmp(a);
  a = b;
  b = tmp;
}
```

Und das ist ein typischer Aufruf:

```
Foo a, b;
swap(a, b);
```

Ein Aufruf von *swap* bedeutet in dieser Variante:

4. Erzeuge ein temporäres Objekt und kopiere den Inhalt von a.
5. Kopiere den Inhalt von b nach a.
6. Kopiere den Inhalt von tmp nach b.

Hier sind also drei Kopieraktionen im Spiel, die je nach der internen Struktur von *Foo* recht teuer sein können. Wirklich benötigt werden all diese Kopien eigentlich nicht, es würde völlig genügen, es so zu machen:

1. Erzeuge ein temporäres Objekt und verschiebe den Inhalt von a.
2. Verschiebe den Inhalt von b nach a.
3. Verschiebe den Inhalt von tmp nach b.

Deswegen benutzt die neue Implementierung *move*-Semantik:

```
template<class T>
void swap(T& a, T& b) {
  T tmp(std::move(a));
  a = std::move(b);
  b = std::move(tmp);
}
```

Wer unterstützt es?

Standard C++11

MSVC ab 2010

GCC spätestens ab 4.8

4.6 „bind"-Funktion

Worum geht es?

Mit der Funktion *bind* können Sie ausgewählte Parameter einer Funktion an vorgegebene Werte binden und dadurch aus der Funktion eine mit weniger Parametern machen.

```
int Add(int a, int b) {
  return a + b;
}
auto AddOne = std::bind(&Add, 1, std::placeholders::_1);
auto AddTwo = std::bind(&Add, 2, std::placeholders::_1);
// AddOne und AddTo sind Funktionen mit jeweils einem Parameter.
// Die folgende Zeile gibt "4, 7" aus.
std::cout << AddOne(3) << ", " << AddTwo(5) << std::endl;
```

Was steckt dahinter?

bind ist eine elegante Möglichkeit, ausgewählte Parameter eines aufrufbaren Objekts zu binden. Der Rückgabewert im obigen Beispiel ist ein aufrufbares Objekt, das identisch ist mit *Add*, aber der erste Parameter ist auf den Wert 1 beziehungsweise 2 festgelegt. Der zweite Parameter bleibt ausgedrückt durch den Platzhalter *_1* erhalten. Damit entspricht das Ergebnis einem aufrufbaren Objekt mit der Signatur

```
int(int)
```

Dasselbe könnten Sie natürlich auch erreichen, indem Sie ein weiteres aufrufbares Objekt implementieren, zum Beispiel die Funktion

```
int AddTwo(int a) {
  return Add(2, a);
}
```

Aber das erfordert erheblich mehr Schreibaufwand und verbessert die Lesbarkeit des Programms auch nicht gerade.

Das resultierende aufrufbare Objekt hat so viele Parameter, wie der *bind*-Aufruf Platzhalter enthält. Diese haben die Bezeichner:

```
std::placeholders::_1
std::placeholders::_2
...
std::placeholders::_N
```

Der Maximalwert hängt von der Implementierung ab und ist 29 bei GCC 4.8 und 10 bei MSVC 2012.

Die grundlegende Funktionalität von *bind* stand auch schon vor C++11 zur Verfügung. Die Templatefunktionen *bind1st* und *bind2nd* waren jedoch auf zwei Parameter beschränkt. Variadic Templates ermöglichen jetzt eine allgemeine *bind*-Funktion.

Wie setzt man es ein?

Generell können Sie mit *bind* eine vorhandene allgemeine Implementierung in spezialisierter Form an eine Schnittstelle übergeben, die ein bestimmte Signatur erwartet. Beispiel sind alle Arten von Callback-Funktionen oder andere Arten von Parametern für aufrufbare Objekte, wie sie in den Algorithmen der Standardbibliothek eingesetzt werden.

```
std::vector<int> numbers;
std::for_each(numbers.begin(), numbers.end(), AddTwo);
```

Ein weiteres Einsatzgebiet sind parallele Aufgaben, die im Kapitel 5 besprochen werden.

Außer einige Parameter festzulegen, können Sie mittels der Platzhalter auch Parameter vertauschen:

```
bool IsLess(int x, int y) {
  return x < y;
}
```

„bind"-Funktion

```
auto IsGreater = std::bind(&IsLess,
  placeholders::_2, placeholders::_1);
std::cout << IsGreater(5, 8);
```

Oder Sie setzen Parameter gleich:

```
int Multiply(int x, int y) {
  return x * y;
}

auto Square = std::bind(&Multiply,
  placeholders::_1, placeholders::_1);
std::cout << Square(4);
```

Ein besonders nützlicher Anwendungsfall ist das Konvertieren von Elementfunktionen in reguläre Funktionen:

```
class Foo {
public:
  Foo(int factor): factor_(factor) {
  }
  double Bar(double d) {
    return d * factor_;
  }
private:
  int factor_;
};

Foo foo1(2);
Foo foo2(3);
auto foo1Bar = bind(&Foo::Bar, &foo1, placeholders::_1);
auto foo2Bar = bind(&Foo::Bar, &foo2, placeholders::_1);
cout << foo1Bar(3.1) << ", " << foo2Bar(3.1) << endl;
```

Bei Elementfunktionen erwartet *bind* als ersten Parameter den Zeiger auf die ausführende Instanz. Das Ergebnis ist dann eine Funktion mit den Parametern der Methode. Auf diese Weise kann man das ausführende Objekt in einem Funktionsobjekt verstecken. Im Übrigen dürfen Sie bei regulären Funktionen wahlweise auch auf den Adressoperator verzichten, bei Elementfunktionen ist dies jedoch nicht möglich.

Für manche Anwendungsfälle von *bind* kommen auch andere Arten von aufrufbaren Objekten in Betracht. Dazu gehören Lambda-Funktionen und Funktoren. Einen Vergleich der Alternativen finden Sie im Kapitel 2.17.

Wer unterstützt es?

Standard C++11

MSVC ab 2010

GCC spätestens ab 4.8

Wo gibt es mehr Infos?

Header <functional>

4.7 „function"-Klasse

Worum geht es?

function ist ein generischer Wrapper für alle Arten von aufrufbaren Objekten. Damit können Sie Funktionen, Elementfunktionen, Funktoren und Lambdas mit der gleichen Signatur in Instanzen desselben Typs verpacken und dann einheitlich aufrufen.

```
// Klasse mit statischer und nicht-statischer Funktion
// (double, const string&) -> int
class Foo {
public:
  static int Bar1(double, const std::string&);

  int Bar2(double, const std::string&);
};

// Funktor für (double, const string&) -> int
class Func {
public:
  int operator()(double, const std::string&);
};
```

```
Foo foo;
Func func;
// Vektor mit function-Instanzen für
// (double, const string&) -> int
vector<function<int(double, const string&)>> functions;
// function für statische Funktion hinzufügen
functions.push_back(Foo::Bar1);
// function für nicht-statische Funktion hinzufügen
functions.push_back(std::bind(&Foo::Bar2, &foo,
  std:: placeholders::_1, std::placeholders::_2));
// function für Lambda hinzufügen
functions.push_back([](double, const string&){ return 3;});
// function für Funktor hinzufügen
functions.push_back(func);
// Alle ausführbaren Objekte aufrufen
for (auto f: functions)
  std::cout << f(3, "Sutter") << ", ";
```

Was steckt dahinter?

Ähnlich wie *bind* ist die Klasse *function* mit beliebig vielen Argumenten erst seit der Einführung von Variadic Templates möglich. Vorher gab es schon Klassen für Funktionen mit einem (*unary_function*) und mit zwei (*binary_function*) Parametern. Das hätte man auch fortführen können, aber Funktionsobjekte mit wirklich beliebig vielen Parametern sind erst seit C++11 realisierbar.

Da Funktionen, Lambdas und Funktoren syntaktisch gleich aufgerufen werden, kann man ohne weiteres Templates schreiben, die auf allen drei Arten von aufrufbaren Objekten operieren:

```
template<class Function>
int Call(Function f)
{
  return f(3, "Rainer");
}

Call(Foo::Bar1);
Call(std::bind(&Foo::Bar2, &foo, std::placeholders::_1,
  std::placeholders::_2));
Call([](double, const std::string&){ return 3;});
Call(func);
```

4 – Bibliothek

Der Aufruf von *Bar2* ist ein Sonderfall, weil er eigentlich eine andere Syntax hat. Mit *bind* (siehe Kapitel 4.6) wird aus der Elementfunktion ein gebundener Ausdruck (bind expression), der dann wie ein aufrufbares Objekt benutzt werden kann.

Außerhalb von Templates kann man aufrufbare Objekte aber nicht gleich behandeln, die entsprechenden Vektoren würden ja so aussehen:

```
// Vektor für normale Funktionen
std::vector<int(*)(double, const std::string&)> functionVector;
functionVector.push_back(&Foo::Bar1);

// Vektor für Elementfunktionen
vector<int(Foo::*)(double, const string&)> elemFuncVector;
elemFuncVector.push_back(&Foo::Bar2);

// Vektor für Lambda-Funktionen
auto lambda = [](double, const std::string&){ return 13;};
typedef decltype(lambda) LambdaType;
std::vector<LambdaType> lambdaVector;
lambdaVector.push_back(lambda);

// Vektor für Funktoren
std::vector<Func> functorVector;
functorVector.push_back(func);
```

Alle Elementtypen wären verschieden, wodurch ein gemischter Container unmöglich ist. Im Übrigen ist es bei Lambda-Funktion noch schlimmer, weil hier nicht einmal dieselbe Signatur zum selben Typ führt:

```
auto lambda2 = [](double, const std:.string&) { return 23; }
vector<LambdaType> lambdaVector; // wird nicht übersetzt!
```

lambda2 hat zwar dieselben Parametertypen und denselben Rückgabetyp wie *lambda*, ist aber dennoch ein unterschiedlicher Typ (siehe Kapitel 2.17).

Dank der *function*-Klasse können alle diese Formen auch dann gleich behandelt werden, wenn sie keine Templateargumente sind. Aufrufbare Objekte werden durch *function* speicherbar, kopierbar und zuweisbar.

Wie setzt man es ein?

function ist der optimale Typ für *Callback*-Funktionen aller Art, weil es eben jede Sorte von aufrufbaren Objekten akzeptiert, solange sie dieselbe Signatur haben.

```
class MyObject {
public:
  typedef std::function<int(double, const string&) Callback;
  MyObject(Callback callback) : callback_(callback) {
  }
  void DoSomething() {
    double d;
    std::string s;
    ...
    callback_(d, s);
  }
private:
  Callback callback_;
};

// Alle aufrufbaren Objekte aus dem obigen Beispiel
// funktionieren hier.
MyObject myObject(func);
myObject.DoSomething();
```

Wer unterstützt es?

Standard C++11

MSVC ab 2008

GCC spätestens ab 4.8 teilweise

Wo gibt es mehr Infos?

Header <functional>

4.8 Einfach verkettete Liste

Worum geht es?

Die Klasse *forward_list* implementiert eine einfach verkettete Liste mit diesen Charakteristika:

- Minimaler Speicherplatzbedarf
- Iterator nur in eine Richtung (unidirektional)
- Suchen, Einfügen und Löschen von Elementen relativ umständlich

Was steckt dahinter?

Die einfach verkettete Liste ist die primitivste Datenstruktur zum Speichern einer variablen Anzahl von Elementen. Jeder Eintrag in eine solche Liste enthält neben den Nutzdaten einen Zeiger auf das jeweils folgende Element der Liste. Dadurch ist der Aufbau sehr einfach und speicherplatzsparend. Die Suche nach einem gegebenen Element erfordert jedoch eine sequentielle Abarbeitung vom Anfang der Liste an. Die Anzahl der Elemente in der Liste ist nicht verfügbar, ohne dass man die Liste durchgeht und sie zählt.

Um ein Element in eine *forward_list* einzufügen oder aus einer *forward_list* zu löschen, muss der Zeiger des Vorgängers geändert werden. Deswegen hat diese Klasse spezielle Methoden zum Einfügen und Löschen: *insert_after* und *erase_after*. Dies sind die wesentlichen Funktionen von *forward_list*:

Funktion	Beschreibung
before_begin, cbefore_begin	Liefert einen (konstanten) unidirektionalen Iterator vor dem ersten Element.
begin, cbegin	Liefert einen (konstanten) unidirektionalen Iterator auf das erste Element.
end, cend	Liefert einen (konstanten) unidirektionalen Iterator auf das Ende der Liste.
empty	Liefert *true*, wenn die Liste leer ist.
front	Liefert eine Referenz auf das erste Element.

Funktion	Beschreibung
assign	Füllt die Liste mit neuen Werten.
emplace_front	Erzeugt ein neues Element am Anfang der Liste.
push_front	Fügt ein neues Element am Anfang der Liste ein.
pop_front	Entfernt das erste Element aus der Liste.
emplace_after	Erzeugt ein neues Element hinter dem angegebenen.
insert_after	Fügt ein neues Element hinter dem angegebenen ein.
erase_after	Entfernt ein oder mehrere Elemente hinter dem angegebenen.
resize	Entfernt oder erzeugt so viele Elemente, bis genau die angegebene Anzahl vorhanden ist.
clear	Entfernt alle Elemente.
splice_after	Spaltet die Liste hinter dem angegebenen Element auf und fügt die restlichen Element einer anderen *forward_list* hinzu.
remove	Entfernt alle Elemente mit einem bestimmten Wert.
remove_if	Entfernt alle Elemente, für die ein Prädikat gilt.
unique	Entfernt alle doppelten Einträge, die hintereinander in der Liste stehen.
merge	Fügt alle Element sortiert in eine andere *forward_list* ein.
sort	Sortiert die Elemente der Liste.
reverse	Kehrt die Reihenfolge der Elemente in der Liste um.

Die bekannte *list*-Klasse unterscheidet sich von der neuen *forward_list*-Klasse dadurch, dass ein Eintrag nicht nur den Zeiger auf den folgenden, sondern auch einen Zeiger den vorhergehenden Eintrag enthält. Damit werden Operation wie Suchen mit anschließendem Einfügen deutlich einfacher. Der Hauptnachteil besteht in dem zusätzlichen Speicherplatzbedarf für den zweiten Zeiger.

Wie setzt man es ein?

Bei der *forward_list* verlieren Sie gegenüber der doppelt verketteten Liste viel Komfort und gewinnen den Speicherplatz eines Zeigers pro Eintrag. Sie sollten die *forward_list* einer herkömmlichen Liste vorziehen, wenn die Nutzdaten sich in der Größenordnung eines Zeigers befinden, also in der Gegend von 64 Bit liegen. In diesem Fall würde *list* ca. 50 % mehr

Speicherplatz benötigen. Gegen den Einsatz einer *forward_list* spricht es, wenn ein bidirektionaler oder umgekehrter Iterator gebraucht wird.

Gegenüber anderen Containerklassen gelten dieselben Kriterien wie auch für die *list*. Die Suche ist langsam, aber das Einfügen und Löschen an einer gegebenen Stelle sehr schnell.

Beim Arbeiten mit der einfach verketteten Liste müssen Sie häufig die Liste nach einem bestimmten Wert absuchen. Dazu ist diese Funktion hilfreich:

```
template<typename T>
typename std::forward_list<T>::iterator find_before(
  std::forward_list<T>& list, const T& value) {
  for (auto before = list.before_begin();
    next(before) != list.end();
    ++before)
    if (*next(before) == value)
      return before;
}

std::forward_list<std::string> myList {
  "Sutter", "Alexandrescu", "Grimm", "Meyers" };
auto it = find_before(myList, std::string("Grimm"));
myList.emplace_after(it, "Vlissides");
```

Wer unterstützt es?

Standard C++11

MSVC ab 2010

GCC spätestens ab 4.8

Wo gibt es mehr Infos?

Header <forward_list>

4.9 Array mit fester Länge

Worum geht es?

Die Templateklasse *array* ist eine Container-Klasse mit einer fixen Anzahl an Elementen, auf die über einen Index zugegriffen werden kann:

```
std::array<std::string, 5> strings;
strings[0] = "Scott";
strings[4] = "Andrei";
```

Was steckt dahinter?

Der Arraycontainer sieht auf den ersten Blick ziemlich einfach aus, doch manche seiner Eigenschaften haben es in sich. Zum einen die Initialisierung. Alle anderen Container der Standardbibliothek haben einen Default-Konstruktor, der einen leeren Container erzeugt. Arrays haben eine fixe Anzahl an Elementen, deshalb dürfen sie auch direkt nach der Konstruktion nicht leer sein, und damit stellt sich die Frage, wie fundamentale Datentypen initialisiert werden.

Genau wie in einem C-Array bleiben sie undefiniert, aber ebenfalls wie in einem C-Array können sie über eine Initialisiererliste mit Anfangswerten versorgt werden:

```
std::array<int, 3> myArray = { 3, 2, 1 };
```

Dies ist nicht etwa deshalb möglich, weil *array* einen Konstruktor für Initialisierungslisten definiert, sondern weil *array* ein →Aggregat ist, das man laut Sprachstandard mit einer Initialisierungsliste vorbelegen kann. Der Sprachstandard sagt in diesem Zusammenhang auch, dass überzählige Elemente, für die es keinen Wert in der Initialisierungsliste gibt, mit 0 vorbelegt werden. Deshalb sind die Elemente nach dieser Definition mit 0 initialisiert:

```
std::array<int, 3> myArray = {};
```

während sie nach dieser Defintion undefiniert sind:

```
std::array<int, 3> myArray;
```

Interessant ist auch, dass *array* eine öffentliche Elementvariable enthält, welche ein C-Array ist. Da aber der Name dieser Elementvariablen im Standard nicht definiert wurde, können Sie zwar technisch gesehen darauf zugreifen, sollten das aber tunlichst vermeiden, weil Ihr Code dann nicht mehr portabel ist zwischen unterschiedlichen Implementierungen der Standardbibliothek.

Das sind die wichtigsten Elemente der *array*-Klasse:

Name	Beschreibung
begin, cbegin	Liefert (konstanten) Iterator auf das erste Element.
end, cend	Liefert (konstanten) Iterator auf das Ende des Arrays.
rbegin, crbegin	Liefert (konstanten) Rückwärts-Iterator auf das letzte Element.
rend, crend	Liefert (konstanten) Rückwärts-Iterator auf den Beginn des Arrays.
size	Liefert die (fixe) Anzahl Elemente im Array.
empty	Liefert *true*, wenn *size()* == *0* gilt.
operator[]	Liefert die Referenz auf das *i-te*-Element.
at	Liefert die Referenz auf das *i-te*-Element mit Bereichsprüfung.
front	Liefert die Referenz auf das erste Element.
back	Liefert die Referenz auf das letzte Element.
data	Liefert die Daten als C-Array.
fill	Füllt das Array mit einem bestimmten Wert.

Wie setzt man es ein?

array<> ist genauso einfach zu benutzen wie ein C-Array, es ist auch genauso schnell wie jenes. Aber es bringt zusätzlichen Nutzen wie zum Beispiel:

- Es kennt seine Länge und teilt sie auch mit.
- Es verfügt über einen kontrollierten Elementzugriff mit *at* zusätzlich zum unkontrollierten mit *operator[]*.
- Es bietet Iteratoren an.

- Es ist vollständig kompatibel mit der Standardbibliothek, insbesondere mit den Algorithmen.

Deshalb ist es oft sinnvoll, ein *array* einzusetzen, wo Sie bisher ein C-Array benutzt hätten. Andererseits kommt das wahrscheinlich nicht besonders häufig vor, da Arrays mit fester Länge schon ein Sonderfall sind.

Gegenüber einem *vector* hat *array* eine etwas bessere Performanz, weil es nicht die variable Länge verwalten muss. Die Kompatibilität zu Funktionen, die C-Arrays erwarten, ist durch das Element *data* gewährleistet. Man muss sich also schon fragen, wann man überhaupt noch ein klassisches C-Array verwenden soll oder muss. Es bleiben noch diese Anwendungsfälle:

- Für mehrdimensionale Arrays

    ```
    double stressEnergy[4][4];
    ```

- Wenn die Aufrufschnittstelle definiert ist und ein C-Array enthält

    ```
    class IPredefinedInterface {
    public:
      void DoSomething(double a[]);
    };
    ```

- Für die einfache Definition statisch initialisierter Arrays

    ```
    int primes[] = { 2, 3, 5, 7, 11, 13, 17, 19 };
    ```

- Für C-Strings, die ja nicht viel mehr sind als C-Arrays aus Zeichen

    ```
    char* name = "Stroustrup";
    ```

Wer unterstützt es?

Standard C++11

MSVC ab 2008

GCC spätestens ab 4.8

Wo gibt es mehr Infos?

Header <array>

4.10 Hash-basierte Container

Worum geht es?

Die Container-Klassen *unordered_set*, *unordered_multiset*, *unordered_map* und *unordered multi_map* stellen dieselbe Funktionalität zur Verfügung wie die bisher schon existierenden Kollegen ohne das Präfix *unordered*. Sie sind jedoch auf Basis einer Streuwerttabelle (Hash-Tabelle) implementiert, statt auf Basis einer sortierten Liste und haben deshalb eine konstante Zugriffszeit.

```
typedef std::unordered_set<int> IntegerSet;
typedef std::unordered_map<int, std::string> IntToStringMap;
```

Was steckt dahinter?

Die altbekannten Container-Klassen *set*, *multiset*, *map* und *multiset* sind assoziative Container. Das bedeutet, sie speichern zu einem Schlüssel einen Wert. Bei den *sets* ist der Wert identisch mit dem Schlüssel. Bei den *maps* ist der Wert beliebig. Alle assoziativen Container sind so implementiert, dass sie die Schlüssel sortiert verwalten, zum Beispiel in einem Binärbaum. Der Aufwand für eine Suche in einer sortierten Liste hängt bekanntlich logarithmisch von der Länge der Liste ab.

Bei der Hash-Tabelle ist dieser Aufwand bei optimaler Auslegung in der Regel konstant. Das bedeutet, die Suche in einer Hash-Tabelle geht bei einer großen Liste meistens schneller als in einer sortierten Liste. Dasselbe gilt auch für Einfügen und Löschen von Elementen. Bezahlen muss man diesen Vorteil mit einem erhöhten Speicherbedarf und einem sehr schlechten Verhalten im schlimmsten Fall (Worst case).

Während es bei den sortierten Containern genügt, wenn die Schlüssel verglichen werden können, benötigen Streuwertlisten einen Hash-Wert für jeden Schlüssel. Den Hash-Wert können Sie sich als Index in einem

Array vorstellen, der festlegt, wo der Schlüssel und sein Wert abgespeichert werden. Es ist ein ganzzahliger Wert vom Typ *size_t*, also meistens zwischen 0 und $2^{32}-1$ oder $2^{64}-1$.

Weil das interne Array für die Elemente aber nicht $2^{64}-1$ Elemente lang sein kann, berechnet sich der tatsächliche Index aus dem Hash-Wert meist aus dem Modulo zur tatsächlichen Arraylänge:

```
const size_t seed = 79; // Oder eine andere Primzahl
size_t index = (hashValue * seed) % arraySize;
```

Das würde auch ohne den *seed* funktionieren, aber mit *seed* erreicht man eine bessere Gleichverteilung der Werte im Array, und die ist für Streuwerttabellen extrem wichtig. Sollten nämlich mehrere Elemente denselben Index haben, wie es unvermeidlich passiert, wenn das Array kürzer ist als die Anzahl der eingetragenen Elemente, werden diese Einträge in Form einer verketteten Liste abgelegt. Der Zugriff innerhalb dieser Liste erfolgt nun nicht mehr mit konstanter Zeit, sondern linear, weil ein Element nach dem anderen geprüft werden muss, ob es das gesuchte ist.

Der oben erwähnte Worst case besteht also darin, dass alle eingetragenen Elemente denselben Arrayindex haben. In diesem Fall hat die Suche einen linearen Aufwand und ist damit schlechter als die Suche in einem sortierten Container, dessen Aufwand mit dem Logarithmus ansteigt. Aber auch, wenn dieser Extremfall nicht eintritt gilt: Der Zugriff auf eine Streuwerttabelle ist umso langsamer, je mehr Mehrfacheinträge vorkommen. Oder umgekehrt: Das Ziel bei einer Hash-Tabelle ist immer eine möglichst gute Gleichverteilung der Einträge im Array.

Wie berechnet sich nun so ein Hash-Wert? Für die trivialen Typen existieren vordefinierte Hash-Funktionen, aber für eigene Typen müssen Sie selbst eine solche Funktion bereitstellen. Sie kann entweder als Templateargument oder als Konstruktor-Argument beim Container angegeben werden, zum Beispiel als Lambda-Funktion:

```
std::unordered_multi_map<std::string, MyObject,
  [](const MyObject& o){ return o->GetHash(); }> myObjects_;
```

Die Bezeichnungen für die neuen Container kommt daher, dass die Elemente nicht sortiert gespeichert werden, sondern nach ihrem Hash-Wert geordnet und damit unsortiert bezüglich ihres eigentlichen Wertes. Sie sind ziemlich gewöhnungsbedürftig, weil *unordered* fast etwas abwertend klingt. Die eigentlich viel passenderen Bezeichnungen *hash_map*, *hash_set* und so weiter waren aber schon so oft in anderen Bibliotheken vergeben, dass man sich zugunsten der Eindeutigkeit für den weniger aussagekräftigen Bezeichner entschieden hat.

Wie setzt man es ein?

Insbesondere bei großen Datenmengen bieten die unsortierten Container Laufzeitvorteile gegenüber den sortierten. Da die Laufzeit bei kleinen Datenmengen keine große Rolle spielt, empfiehlt es sich im Prinzip, immer dort die unsortierten Varianten einzusetzen, wo Sie die Sortierung der Schlüssel nicht benötigen.

Allerdings ergibt das nur dann Sinn, wenn es eine vernünftige Hash-Funktion für den Schlüssel gibt. Die vordefinierten Hash-Funktionen für die einfachen Typen funktionieren gut, wenn die Werte einigermaßen gleichverteilt sind. Aber wenn als Schlüssel für eine Hash-Tabelle mit einer Million Werten nur Zahlen von 0 bis 999 berechnet werden, dann nützt das wenig, weil dann im Durchschnitt 1 000 Einträge pro Hash-Tabellenindex eingetragen sind. Und das bedeutet, dass im Durchschnitt 500 Einträge linear durchsucht werden müssen, um ein Element zu finden.

Die vordefinierten Hash-Funktionen sind Spezialisierungen des Templates

```
template<class Key> struct hash;
```

die im Wesentlichen nur den Operator

```
size_t operator()(Key key)
```

implementieren, der zu einem gegebenen Schlüssel den Hash-Wert vom Typ *size_t* zurückliefert. Vordefinierte Spezialisierungen existieren für alle fundamentalen Typen und Zeiger, außerdem für viele Klassen der Standardbibliothek: Die *string*-Klassen, Smartpointer-Klassen, Vektoren, Threads und einige andere.

Selbstdefinierte Hash-Funktionen

Wenn der Schlüssel einen selbstdefinierten Typ hat, steht gar keine vordefinierte Hash-Funktion zur Verfügung. In solchen Fällen fahren Sie besser mit einem sortierten Container oder Sie müssen eine eigene Hash-Funktion entwerfen und implementieren.

Sollten Sie sich dazu entscheiden, wird das normalerweise für eine eigene Klasse sein, die mehrere Elementvariablen enthält. Stellen Sie sich zuerst die Frage, ob es sich bei dieser Klasse um eine Datenklasse oder eine Modellklasse handelt. Sind die Instanzen nur Träger einer Information oder haben Sie eine darüber hinaus gehende Identität?

Beispiele für reine Datenklassen:

- *complex*
- *struct Point { double x; double y; };*
- *struct Color { unsigned char red, unsigned char green; unsigned char blue; };*
- *class Image { unsigned char* data; size_t size; size_t width; size_t height; }*

Beispiel für Modellklassen:

- *class Customer*; // Beschreibt einen Kunden mit Name, Kundennummer, Adresse etc.
- *class Widget*; // Beschreibt ein Oberflächenelement mit Typ, Position, Größe, Farbe etc.
- *class Thread*; // Beschreibt einen Ausführungsfaden mit ID, Zustand etc.

Bei reinen Datenklassen tragen alle oder fast alle Elementvariablen zur Identität der Instanz bei. Ein Punkt, bei dem sich die y-Koordinate von einem anderen Punkt unterscheidet, ist ein anderer Punkt, auch wenn die x-Koordinate identisch ist. Deshalb muss eine Hash-Funktion für einen Punkt sowohl die x- als auch die y-Koordinate berücksichtigen, für *complex* den Realteil und den Imaginärteil, bei Farben den Rot-, Grün- und Blauanteil und so fort.

Bei Modellklassen ist das anders. Ein Kunde ist auch nach einem Umzug noch derselbe, ein Widget verliert seine Identität nicht, wenn die Farbe wechselt, und ein Thread wird kein anderer, wenn er angehalten

4 – Bibliothek

ist. Deshalb darf sich bei diesen Änderungen auch der Hash-Wert nicht ändern, sonst würde der Kunde mit der neuen Adresse nicht mehr in der Kundenliste gefunden. Instanzen der Modellklassen besitzen einen Primärschlüssel, der ihre Identität bestimmt: eine Kundennummer, eine Thread-ID oder einen Bezeichner. Daraus muss sich dann auch der Hash-Wert berechnen.

Bei Modellklassen ist die Frage nach einer Hash-Funktion also recht einfach. Meistens besitzen sie genau eine Elementvariable von einem Standardtyp und deren Hash-Wert ist dann der Hash-Wert der Instanz.

Wenn es, wie bei den Datenklassen, mehrere Elementvariable gibt, die in der Hash-Funktion berücksichtigt werden müssen, brauchen Sie eigentlich nur die einzelnen Hash-Werte zu kombinieren:

```
size_t GetHash() const {
  std::hash<unsigned char> hasher;
  return hasher(red) ^ hasher(green) ^ hasher(blue);
}
```

Das sieht vernünftig aus, aber die bitweise Kombination von Byte-Werten ergibt natürlich immer nur Byte-Werte. Im besten Fall liefert die obige Hash-Funktion also 256 verschiedene Werte, obwohl es 2^{24} verschiedene RGB-Farben gibt und der Hash-Wertbereich mindestens 2^{32} umfasst. Im Sinne einer besseren Gleichverteilung kann man daran noch feilen und die Werte stärker durcheinander wirbeln. → *boost* bietet eine Funktion zum Kombinieren von Hash-Werten an, die es leider nicht in den Standard geschafft hat:

```
template <class T>
inline void hash_combine(std::size_t& seed, const T& v) {
  std::hash<T> hasher;
  seed ^= hasher(v) + 0x9e3779b9 + (seed<<6) + (seed>>2);
}
```

Durch die zusätzlichen Kombinationen wird erreicht, dass die Hash-Werte halbwegs gleichmäßig über den gesamten Bereich von *size_t* (hier 0 bis 2^{32}-1) verteilt werden. Damit wird die Hash-Funktion von *Color* zu:

```
size_t GetHash() const {
  size_t result = 0;
```

```
  hash_combine(result, red);
  hash_combine(result, green);
  hash_combine(result, blue);
  return result;
}
```

Neben der Hash-Funktion, die den Index in der Hash-Tabelle bestimmt, benötigt ein Streuwertspeicher auch eine Vergleichsfunktion, mit deren Hilfe Einträge gesucht werden können, wenn für einen Arrayindex mehrere existieren. Standardmäßig benutzt die Standardbibliothek hierfür das Prädikat *equal_to*, welches wiederum auf dem Operator == basiert. Sollte der gewünschte Datentyp für den Schlüssel keinen ==-Operator anbieten, müssen Sie entweder einen implementieren oder eine zu benutzende Vergleichsfunktion beim Konstruktor angeben.

Wie sind die Details?

Die Einträge in einer Hash-Tabelle werden Buckets genannt, zu Deutsch Eimer. Ein Bucket kann leer sein, genau ein Element oder eben auch mehrere Elemente enthalten. Alle Werte mit demselben Schlüssel befinden sich innerhalb desselben Buckets. Allerdings können auch Werte mit unterschiedlichen Schlüsseln im selben Bucket zu finden sein. Das passiert, wenn entweder diese unterschiedlichen Schlüssel denselben Hash-Wert haben oder wenn die Hash-Werte zwar verschieden sind, die Berechnung des Tabellenindex aus dem Hash-Wert aber denselben Wert liefert. Die Werte innerhalb eines Buckets sind oft als lineare Listen implementiert, entsprechen also einer *forward_list*.

Die Funktion *bucket* der unsortierten Container liefert dessen Index, der sich über den Hash-Wert aus dem Schlüssel errechnet.

```
size_type bucket(const key_type& k) const;
```

Wie schon gesagt, ist dieser Wert nicht identisch mit dem Hash-Wert, berechnet sich aber direkt daraus. Sie können damit einen Iterator abholen, der über diejenigen Elemente iteriert, die bei diesem Hash-Tabellenindex eingetragen sind:

```
auto b = intStringMap.bucket(1500);
for (auto bi = intStringMap.begin(b);
  bi != intStringMap.end(b); ++bi)
  ...
```

Bei dieser Iteration können Sie sicher sein, dass alle Elemente mit dem ursprünglichen Schlüssel besucht werden, aber eben nicht ausschließlich. Mit

```
unordered_xxx::bucket_count
```

ermitteln Sie, wie viele Einträge die Hash-Tabelle besitzt. Aus dem Verhältnis von vorhandenen Elementen zur Anzahl der Buckets berechnet sich die Auslastung. Das ist die durchschnittliche Anzahl von Elementen pro Bucket:

```
(float)uo_map::size() / (float)uo_map::bucket_count()
```

Wie beschrieben, fällt die Leistungsfähigkeit einer Hash-Tabelle stark mit der Länge der Elementlisten in einem Bucket und damit mit steigender Auslastung oder *load_factor*. Deshalb definiert die Eigenschaft *max_load_factor* eine maximale Auslastung, die oft den Wert 1.0 besitzt. Wenn dieser Wert überschritten wird, reorganisiert sich der Streuwertspeicher selbst mittels der Methode

```
unordered_xxx::rehash(size_type n)
```

Sie vergrößert die Länge der Hash-Tabelle so, dass mindestens n Buckets vorhanden sind und die Auslastung somit reduziert wird. Nach Aufruf dieser Funktion gilt also:

```
myUnorderedContainer.bucket_count() >= n;
```

Ein Beispiel: Nehmen Sie an, in einer *unordered_map* sind 100 Elemente eingetragen. Intern besitzt sie 500 Tabelleneinträge oder Buckets. Damit ergibt sich eine Auslastung von 100/500 = 0.2. Das ist weit unter der maximalen Auslastung von 1.0 und somit in Ordnung. Werden nun weitere 500 Elemente eingefügt, ist *size() == 600* und der *load_factor* somit

600/500 == 1.2. Weil das über der maximalen Auslastung liegt, bestimmt der Container eine neue Tabellenlänge, zum Beispiel 1 000 und ruft dann *rehash* mit dem Argument 1 000 auf. Anschließend ist *bucket_count* == 1000 und der *load_factor* 600/1000 == 0.6.

Wer unterstützt es?

Standard C++11

MSVC ab 2008

GCC spätestens ab 4.8

Wo gibt es mehr Infos?

Header <unordered_map>

Header <unordered_set>

Header <functional> (Klasse hash)

4.11 Tupel

Worum geht es?

Die Templateklasse *std::tuple* ist die Erweiterung von *std::pair* auf eine beliebige Anzahl von Elementen:

```
// einfach drei ganze Zahlen zusammengepackt
std::tuple<int, int, int> integerTriple;

// Generischer Kunde mit Vorname, Nachname, Kundennummer
// und Geburtsdatum
typedef std::tuple<string, string, int, time_point> Customer;
```

Was steckt dahinter?

Was relativ trivial aussieht – ein Tupel ist ja nur so eine Art größeres Pair – braucht in Wahrheit ziemlich viel Compilerpower zur Realisierung. Dadurch, dass die Anzahl an Elementen zwar für eine Instanziierung fest, aber für das Tupel generell beliebig ist, ist diese Klasse ohne Compilerunterstützung für variadische Templates (siehe Kapitel 3.9) nicht implementierbar.

Da ein Tupel Elemente unterschiedlichen Typs beinhaltet, gibt es für diese Klasse keine Iteratoren und somit sind auch alle Algorithmen nicht anwendbar, die auf Iteratoren basieren. Stattdessen bietet *tuple* einige spezielle Funktionalitäten:

Elementname	Beschreibung
make_tuple	Erzeugt ein Tupel aus mehreren Werten
tie	Erzeugt ein Tupel aus mehreren (*Lvalue*-)Referenzen
forward_as_tuple	Erzeugt ein *forwarding*-Tupel, das auch *Rvalue*-Referenzen enthalten kann
tuple_cat	Erzeugt ein Tupel durch Zusammenhängen einer beliebigen Anzahl von Tupeln
tuple_size	Ermittelt die Anzahl Elemente in einem Tupel
get	Liest einen Wert aus einem Tupel
==, !=, <, <=, >, >=	Vergleicht zwei Tupel

Die Vergleichsoperatoren von *tuple* vergleichen elementweise mit den üblichen Vergleichsoperatoren. Wenn das erste Element gleich ist, wird das zweite geprüft und so weiter, bis entweder auf einer Stelle ein Unterschied auftritt oder die beiden Tupel gleich sind. Das gilt unabhängig von den Typen der Elemente, solange ein Vergleichsoperator existiert, aber die Länge der Tupel muss gleich sein.

Wie setzt man es ein?

Man kann zwischen zwei grundsätzlichen Anwendungsfällen unterscheiden. Zum einen sind Tupel der allgemeine Fall von Paaren, das heißt, wenn Sie echte Tripel, Quadrupel etc. in Ihrem Programm benötigen, ist *tuple* das Mittel der Wahl.

Tupel

```
typedef std::tuple<double, double, double> Point3D;
typedef std::tuple<unsigned char, unsigned char,
  unsigned char, unsigned char> Color;
```

Mit echten Tripeln etc. ist hier gemeint, dass es sich um drei Elemente ohne inneren Bezug handelt. Sobald das Tupel als Ganzes eine eigenständige Bedeutung hat, sollte diese Gesamtheit auch einen Konstruktor, Elementfunktionen etc. erhalten und somit zur Klasse werden. Tupel kommen also in diesem Sinn nur für technische Anwendungszwecke in Frage, vielleicht in einem assoziativen Container mit zwei Schlüsseln oder für eine Funktion, die drei Rückgabewerte hat.

Mit der Funktion *tie* kann man ein Tupel entpacken, indem Sie ein existierendes Tupel an ein Liste von Referenzen zuweisen. Denn dann landen die Werte aus dem ursprünglichen Tupel in den Variablen, auf welche die Referenzen verweisen:

```
auto myTupel = std::make_tuple(3.81, 1500, "Herb");
double d;
int i;
std::string s;
std::tie(d, i, s) = myTupel;
std::cout << d << ", " << i << ", " << s << std::endl;
```

Ab C++17 gibt es eine Alternative zu *tie*, nämlich die strukturierte Bindung, welche in Kapitel 2.32 beschrieben wird.

Ein ganz anderer Einsatzbereich ist die Metaprogrammierung mit Templates. Tupel können benutzt werden, um zur Übersetzungszeit Datenklassen zu erzeugen, zum Beispiel aus einem Datenbankschema.

Wer unterstützt es?

Standard C++11

MSVS ab 2010

GCC spätestens ab 4.8

4.12 Varianten

Worum geht es?

Varianten sind Variablen, die Werte mit unterschiedlichen Typen speichern können:

```
std::variant<int, double, std::chrono::hours> var = 8;
cout << var.index() << ": " << std::get<0>(var); // -> 0: 8
var = 3.75;
cout << var.index() << ": " << std::get<1>(var); // -> 1: 3.75
var = 18h;
cout << var.index() << ": " << std::get<2>(var).count();
                                                  // -> 2: 18
```

Das Suffix *h* definiert Stunden und ist in Kapitel 4.18 beschrieben.

Was steckt dahinter?

Die Variante speichert immer genau einen Wert von einem der zulässigen Typen und ist somit eine moderne und typsichere Form der guten alten Union aus C-Zeiten. Welcher Typ gerade enthalten ist, kann man mit der Funktion *index* abfragen. Sie liefert den Index in der Typliste der Templateparameter.

Das bedeutet, dass ein *variant*-Objekt im Gegensatz zu einer Union weiß, welcher Typ enthalten ist. Somit können beliebige Typen in einer Variante gespeichert werden und deren eventuell vorhandenen speziellen Funktionen müssen nicht entfernt werden (siehe Kapitel 2.12). Das Setzen des Wertes mit *emplace* ist deshalb möglich, so wie auch Destruktoren korrekt aufgerufen werden. Ein *variant* kann in Ausnahmefällen auch leer sein. Das ist aber ein spezieller Fehlerfall und soll möglichst vermieden werden.

Wie setzt man es ein?

Grundsätzlich ersetzt *variant* die Union. Wo immer bisher *union* eingesetzt war, sollte man es auf *variant* ändern können und das auch tun. Die Ausnahme sind natürlich *unions*, die zum Konvertieren von Werten dienen à la:

Varianten

```
union Color {
  struct { unsigned char b, g, r, a; } argb;
  unsigned int32_t value; // int32_t siehe Kapitel 4.1
}
```

Außerdem dürfen *variants* keine C-Arrays enthalten und auch keine Referenzen.

Ein Anwendungsfall könnte die Implementierung einer Skriptsprache sein, wo man die Werte von unterschiedlichen Typen abbilden muss:

```
using ScriptValue = std::variant<int, double, string>;
```

Ein anderer Anwendungsfall besteht darin, dass man einen Container benötigt, dessen Elemente keine gemeinsame Schnittstelle unterstützt. Normalerweise wird so etwas kaum vorkommen, da ein solcher Container keine Aktionen auf seinen Elementen ausführen kann, beziehungsweise beim Zugriff auf ein Element immer eine Fallunterscheidung über *index()* nötig ist. Theoretisch denkbar wäre es aber, dass aus unterschiedlichen Subsystemen Klassen wie *Engine* (Motor), *Tire* (Reifen) und *Pane* (Scheibe) in einem gemeinsamen Hochregal abgelegt werden sollen, wo sie mit einem *string* identifiziert werden:

```
class HighRack {
public:
  ...
private:
  using ElementType = std::variant<Engine, Tire, Pane>;
  std::map<std::string, ElementType> storedObjects;
};
```

Der nächste Schritt wäre dann, die Klasse *HighRack* zu einem variadischen Klassentemplate zu machen, so dass man die möglichen Elementtypen flexibel definieren kann.

Grundsätzlich gilt aber das schon in Kapitel 2.12 Gesagte: Unionen sollten als Ausdrucksmittel auf wenige Spezialfälle beschränkt bleiben und Varianten dementsprechend ebenfalls.

Wer unterstützt es?

Standard C++17

MSVC ab 2017

GCC ab 7

Wo gibt es mehr Infos?

Header <variant>

4.13 Beliebige Werte

Worum geht es?

Die Steigerung der Variante ist *std::any*. Variablen dieser Klasse können Werte jedes beliebigen Typs aufnehmen:

```
std::any var;
var = 2;
// Ausgabe: i: 2
cout << var.type().name() << ": "
  << std::any_cast<int>(var) << endl;
var = "Otto";
// Ausgabe: PKc: Otto
cout << var.type().name() << ": "
  << std::any_cast<const char*>(var);
var = std::vector<int>{ 2, 3, 5, 7, 11, 13 };
// Ausgabe: St6vectorIiSaIiEE: 3
cout << var.type().name() << ": "
  << std::any_cast< vector<int>>(var)[1];
```

Die Namen der Typ-IDs können von Compiler zu Compiler unterschiedlich sein. Die obigen Beispiele gelten für GCC.

Was steckt dahinter?

Werte werden mit = zugewiesen oder mit *emplace* gesetzt. Mit *has_value* können Sie prüfen, ob ein Wert vorhanden ist und mit *type*, welche Typ-ID er hat. Die Funktion *any_cast* liefert den Wert vom angegebenen Typ zurück oder wirft eine Ausnahme, wenn der aktuelle Wert nicht von diesem Typ ist.

Mit *make_any* können Sie ein *any*-Objekt erzeugen.

Wie setzt man es ein?

Man könnte *any* als die moderne Form des *void*-Zeigers betrachten, der bisher oft genutzt wurde, um Daten beliebigen Typs zu referenzieren. Im Gegensatz zu *void** ist *any* jedoch typsicher und kann die Frage nach dem Typ des aktuellen Inhalts beantworten.

In der Modellierung eines Subsystems wird man einen solchen Typ kaum benötigen. Unter Umständen ergibt sein Einsatz bei der Kommunikation zwischen zwei unabhängigen Subsystemen Sinn.

Wer unterstützt es?

Standard C++17

MSVC ab 2017

GCC ab 7

Wo gibt es mehr Infos?

Header <any>

4.14 Optionale Werte

Worum geht es?

Auch C++ kann jetzt nullbare Variablen, welche entweder einen Wert von einem bekannten Typ enthalten oder leer sind.

```
std::optional<string> var;
// Ausgabe: 0; -
cout << var.has_value() << "; " << var.value_or("-") << endl;
var = "Memphis/Tennessee";
// Ausgabe: 1; Memphis/Tennessee
cout << var.has_value() << "; " << var.value_or("-") << endl;
var.reset();
// Ausgabe: 0; -
cout << var.has_value() << "; " << var.value_or("-") << endl;
```

Was steckt dahinter?

Eine optionale Variable speichert einen belieben Wert, den Sie mit = oder *emplace* zuweisen können. Mit der Funktion *has_value* prüfen Sie, ob ein Wert vorhanden ist und falls ja, holen Sie ihn mit *value* oder *value_or* ab. Letzteres gibt einen Default-Wert zurück, wenn das *optional* leer ist, ersteres wirft eine Ausnahme *std::bad_optional_access*.

Als Alternative können Sie das *optional* behandeln wie einen Zeiger, nämlich mit * auf den Inhalt zugreifen und mit -> auf etwaige Elemente:

```
cout << *var << endl; // Ausgabe: Memphis/Tennessee
cout << var->size() << endl; // Ausgabe: 16
```

Allerdings prüfen diese Operatoren nicht, ob überhaupt ein Wert existiert. Falls das nicht so ist, haben Sie ein undefiniertes Verhalten.

Mit *std::make_optional* kann man einen optionalen Wert mit Inhalt konstruieren, mit der Elementfunktion *reset* löscht man seinen Inhalt.

Wie setzt man es ein?

Die Situation, dass es einen Wert gibt oder eben keinen, hat man ja öfter, beispielsweise bei Suchfunktionen, die entweder das Gesuchte finden oder nicht. In diesem Fall ist ein optionaler Rückgabewert eine elegante Lösung.

```cpp
std::optional<string>
Find(const std::vector<string>& v, const string& f)
{
  std::optional<string> result;
  auto it = std::find_if(v.cbegin(), v.cend(),
    [f](const string& s){ return s.find(f) != string::npos; });
  if (it != v.cend()) result = *it;
  return result;
}

vector<string> myStrings{"München", "Amsterdam", "Moskau"};
std::optional<string> r = Find(myStrings, "ter");
cout << r.value_or("Nicht gefunden") << endl;
```

Wer unterstützt es?

Standard C++17

MSVC ab 2017

GCC ab 7

Wo gibt es mehr Infos?

Header <optional>

4.15 Elementzugriff über den Typ

Worum geht es?

Außer mit dem Index können Sie die Funktion *get* für Tupel auch mit dem Datentyp des gewünschten Elements parametrisieren:

```
using namespace std;
tuple<int, string, int> a(5, "Otto", 3);
cout << get<string>(a) << endl; // Ausgabe: "Otto".
```

Was steckt dahinter?

get kann das gewünschte Element anhand seines Typs aus dem Tupel auswählen. Falls das Tupel den gewünschten Typ nicht oder mehr als einmal enthält, quittiert dies der Compiler mit einer Fehlermeldung.

```
using namespace std;
tuple<int, string, int> a(5, "Otto", 3);
cout << get<string>(a) << endl; // Ausgabe: "Otto".
cout << get<int>(a) << endl;    // FEHLER: int ist nicht eindeutig
cout << get<double>(a) << endl; // FEHLER: Typ existiert nicht.
```

Außer für Tupel funktioniert das auch für Varianten.

Wie setzt man es ein?

Die neue Schreibweise hat den Vorteil, dass man beim Lesen des Quellcodes die Reihenfolge der Elemente im Tupel nicht im Kopf haben muss. Außerdem ist sie robust gegenüber dem Einfügen weiterer Elemente in das Tupel, solange diese einen bisher noch nicht vorkommenden Typ haben.

Umgekehrt brechen diese Funktionen allerdings existierenden Code, wenn am Ende des Tupels ein Element mit einem Datentyp angefügt wird, der in den vorhandenen Elementen schon vorhanden ist. Plötzlich ist ein Zugriff über diesen Typ nicht mehr eindeutig.

Wenn Sie Tupel auf eine der beiden in Kapitel 4.11 erläuterten Weisen einsetzen, werden Sie die neue Möglichkeit kaum nutzen können und wollen. Sollten Sie Tupel jedoch tatsächlich einsetzen, um Datensätze (Records) zu bilden, wäre zu überlegen, ob nicht Strukturen oder Klassen besser dafür geeignet sind. Insgesamt werden Sie diese Funktionen also wohl eher selten benötigen.

Wer unterstützt es?

Standard C++14

MSVC ab 2015

GCC ab 4.9

Wo gibt es mehr Infos?

Header <variant>, <tuple>

4.16 Brüche

Worum geht es?

Die Klasse *ratio* erlaubt das Definieren von und Rechnen mit konstanten Brüchen. Dabei werden die Brüche durch Klassen repräsentiert, nicht, wie man intuitiv erwarten würde, durch Instanzen.

```
typedef std::ratio<3, 4> ThreeFourths;
typedef std::ratio<7, 8> SevenEights;
typedef std::ratio_add<ThreeFourths, SevenEights> Result;
std::cout << "3/4 plus 7/8 ist "
  << Result::num << "/" << Result::den;
```

Was steckt dahinter?

Ein Typ

```
std::ratio<Zähler, Nenner>
```

repräsentiert einen Bruch Zähler/Nenner. Die Information über Zähler und Nenner steckt also im Typ, deshalb erlaubt diese Klasse keine Bruchvariablen. Der Vorteil liegt darin, dass alle Berechnungen und Prüfungen zur Übersetzungszeit durchgeführt werden und es keinen Laufzeitoverhead gibt.

4 – Bibliothek

ratio prüft auf Division durch Null und kürzt die Brüche. *ratio<6, 8>* wird so zum Beispiel auf 3/4 reduziert, so dass die Typen *ratio<6, 8>::type* und *ratio<3, 4>::type* identisch sind.

Es werden als Rechenoperationen Summe, Differenz, Produkt und Quotient angeboten, außerdem die Vergleichsoperatoren. Über die statischen Elementvariablen *num* (Zähler, englisch numerator) und *den* (Nenner, englisch denominator) können Sie auf den Zähler und Nenner des Bruchs zugreifen.

Wie setzt man es ein?

In der herkömmlichen Programmierung ist der Einsatz von *ratio* beschränkt auf die Definition von Typen für konstante Verhältnisse wie

```
typedef std::ratio<1, 24> HoursAsDays;
```

oder

```
typedef std::ratio<1,1000000000> Nano;
```

Die Standardbibliothek enthält eine ganze Reihe von Dezimalbrüchen für die Einheiten von *yocto* (10^{-24}) bis *yotta* (10^{24}). Damit können Sie beispielsweise einen Typ definieren, der mit Spannungen in unterschiedlichen Dimensionen rechnet und für die Dimension keine Variable benötigt, weil sie im Typ enthalten ist:

```
template<typename Ratio>
struct Voltage {
  typedef Ratio VoltRatio;
  double value;
  double ToVolt() const {
    return value * VoltRatio::num / VoltRatio::den;
  }
};

// 5600 Millivolt sind 5.6 Volt
Voltage<std::milli> milliVolt{5600};
std::cout << milliVolt.ToVolt() << endl; // Ausgabe: 5.6
```

Ein großer Vorteil dieser Methode ist, dass man nicht versehentlich Millivolt (mV) und Megavolt (MV) addieren kann, was natürlich zu einem falschen Ergebnis führen würde.

```
Voltage<std::mega> megaVolt{3.45};
std::cout << (milliVolt + megaVolt).ToVolt();
                                    // Übersetzungsfehler!
```

milliVolt und *megaVolt* haben unterschiedliche Typen, für die kein *Plus*-Operator existiert. Natürlich könnte man hier die Rechenoperation definieren, welche auch die Einheiten umrechnen und dabei auf die Rechenoperationen der *ratio*-Klasse zurückgreifen.

In der Metaprogrammierung, wo Typen den Variablen der herkömmlichen Programmierung entsprechen, kann man Brüche auch berechnen und damit zum Beispiel Reihenentwicklungen zur Übersetzungszeit ausführen.

Insgesamt gesehen ist *ratio* schon eine recht spezielle Klasse, die ihre wahre Mächtigkeit nur in mathematisch oder technisch orientierten Anwendungen zeigen kann.

Wer unterstützt es?

Standard C++11

MSVC ab 2012

GCC spätestens ab 4.8

Wo gibt es mehr Infos?

Header <ratio>

Für mathematisch Interessierte: Die Überlegungen hinter der Bibliothek SIUnits des Fermi National Accelerator Laboratory illustrieren recht gut, warum *ratio* ein auf den ersten Blick so seltsames Design hat:

http://lss.fnal.gov/archive/1998/conf/Conf-98-328.pdf

4.17 Zeitpunkte und Zeitdauern

Worum geht es?

duration ist ein Datentyp für Zeitdauern. *time_point* ist ein Datentyp für Zeitpunkte. Zeitpunkte beziehen sich immer auf eine Uhr (clock), die definiert, welche Zeitpunkte erlaubt sind und welche Genauigkeit diese haben.

Was steckt dahinter?

Je nach Plattform gibt es ganz unterschiedliche Methoden, Zeitpunkte zu definieren. Im klassischen C war zum Beispiel die Zeit definiert als Anzahl der Sekunden seit dem 1.1.1970 und beschränkt auf den Zeitraum bis Anfang 2038. In aktuelleren Versionen geht der Zeitraum erheblich weiter, der Zeittyp ist dann 64 Bit lang. Außerdem gibt es auch Typen mit höherer Auflösung wie zum Beispiel *struct timeb*. Oder es existieren Funktionen, die andere Arten von Zeiten abfragen, wie die Prozesszeit *clock_t* oder die Funktionen *timeGetTime* und *GetTickCount* unter Windows.

Die neuen *clock*-Klassen abstrahieren von all diesen Varianten und definieren eine Uhr als einen Zeitmesser mit bestimmten Eigenschaften:

Echtzeit: Eine Uhr hat diese Eigenschaft, wenn man ihre Zeitpunkte in die echte Zeit umrechnen kann. Die C-Funktion *clock* erfüllt dies zum Beispiel nicht.

Vorzeichenbehaftet: Eine Uhr hat diese Eigenschaft, wenn es negative Zeitpunkte gibt, das heißt Zeitpunkte vor dem Referenzzeitpunkt der Uhr. Der C-Typ *time_t* ist dafür ein Gegenbeispiel.

Systemweit: Diese Eigenschaft bedeutet, dass alle Anwendungen auf dem Rechner zur gleichen Zeit denselben Zeitpunkt ermitteln. Die Windows-Funktion *GetTickCount* erfüllt diese Eigenschaft nicht.

Stetig: Eine Uhr hat diese Eigenschaft, wenn die Zeit dieser Uhr immer gleichmäßig ansteigt. In anderen Worten, die Zeitpunkte sind monoton und der Abstand zwischen zwei Ticks in der realen Zeit ist immer gleich groß. Zyklische Uhren (wie *timeGetTime* unter Windows) oder Echtzeituhren, die hin und wieder gestellt bzw. synchronisiert werden, erfüllen diese Bedingung nicht.

Basierend auf diesen Kategorien definiert C++11 drei Uhren, die alle dieselbe Basisschnittstelle unterstützen:

Element	Beschreibung
period	Liefert einen *ratio*-Typ, der angibt, wie lange ein Tick in Sekunden ist, also zum Beispiel *chrono::milli* für Millisekunden.
duration	Liefert den *duration*-Typ für Zeitdauern auf dieser Uhr.
time_point	Liefert den Typ für Zeitpunkte von dieser Uhr.
now	Liefert den aktuellen Zeitpunkt zurück.
is_steady	Liefert *true*, wenn die Uhr stetig ist.

Die drei Uhrenklassen sind nicht von einem gemeinsamen Interface abgeleitet. Das würde zum einen wegen der Typdefinitionen gar nicht gehen und würde zum anderen der Philosophie der Standardbibliothek widersprechen. Sie können die verschiedenen Uhrentypen also nicht zur Laufzeit gemeinsam behandeln im Sinne von Polymorphie, aber Sie können sie zur Übersetzungszeit gemeinsam behandeln, indem Sie Templates für Uhrenklassen schreiben. Die drei Klassen sind:

- *steady_clock*: Die einzige Uhr, die *is_steady == true* haben muss und damit in der Lage ist, unter allen Umständen korrekte Zeitintervalle auszurechnen. Unter Windows kommt *GetTickCount64* dieser Uhr recht nahe. Dass nach ein paar Billionen Sekunden deren Werte wieder von vorne beginnen, kann man in den meisten Fälle vernachlässigen.

- *system_clock*: Die einzige Uhr, deren Zeitpunkte garantiert in reale Zeit umgerechnet werden können. Sie bietet zusätzlich die Funktionen *to_time_t* und *from_time_t* an, mit der zwischen *time_point* und klassischem *time_t* konvertiert werden kann. *system_clock* kann gestellt werden, zum Beispiel, wenn der Anwender die Systemzeit korrigiert oder wenn eine Sommer-/Winterzeitumschaltung ansteht. Deshalb sind berechnete Zeitdauern nicht immer korrekt.

- *high_resolution_clock*: Die genaueste in der Umgebung verfügbare Uhr, das heißt die mit der kleinsten Periode. Oft ist diese Uhr identisch mit *system_clock* oder *steady_clock*.

Eine Uhr hat im Grunde nur eine Aufgabe: Mit *now* den aktuellen Zeitpunkt zu liefern. Der Typ des Zeitpunkts hängt vom genauen Typ der Uhr ab, weil intern nur eine Zeitspanne zum Referenzzeitpunkt abgespeichert wird:

```
using namespace std::chrono;
time_point<system_clock> timePoint(system_clock::now());
auto duration = timePoint.time_since_epoch();
```

Dadurch wird sichergestellt, dass man nicht versehentlich Zeitpunkte von verschiedenen Uhren miteinander verrechnet, zum Beispiel die Zeitspanne dazwischen ausrechnet. Je nach Uhrentypen wäre das Ergebnis einer solchen Rechnung komplett sinnlos.

Zeitspannen können in beliebigen Zeiteinheiten definiert werden. Deshalb ist nicht eindeutig, welcher „echten" Zeit *duration* entspricht. Das hängt davon ab, welche Periode sie besitzt. Die üblichen Einheiten für Zeitspannen von *nanoseconds* bis *hours* sind aber schon vordefiniert und mit *duration_cast* kann man zwischen den Zeitdauern konvertieren. Die folgenden Zeilen konvertieren die oben bestimmte aktuelle Uhrzeit in Millisekunden seit Anbeginn der Uhr und geben sie aus:

```
milliseconds ms = duration_cast<milliseconds>(duration);
std::cout << ms.count() << " ms" << std::endl;
```

Zwischen Zeitpunkten und Zeitspannen sind Additions- und Subtraktionsoperatoren definiert, sowie Vergleiche und Zuweisungen, wo es sinnvoll ist. So können Sie Zeitdauern zu Zeitpunkten addieren, um einen neuen Zeitpunkt zu erhalten und vieles mehr.

Wie setzt man es ein?

Das Konzept der *chrono*-Bibliothek mit den unterschiedlichen Uhrentypen und ihren Eigenschaft ist zwar sehr durchdacht, es wird aber nicht viel anwendungsorientierte Funktionalität angeboten. Schon das Umrechnen zwischen den unterschiedlichen Zeitspannen und Zeitpunkten ist nicht offensichtlich, und auch einfache Funktionen wie das Extrahieren von Stunden oder Tagen aus einer Zeitangabe fehlen. Von weitergehenden Wünschen wie Umrechnung in Uhrzeitdarstellungen, Unterstützung von Zeitzonen oder gar Sommer- und Winterzeit brauchen wir gar nicht zu reden. Die *chrono*-Bibliothek ist also keine Uhrzeit- und Datumsbibliothek, sondern nur ein Rahmenwerk für Zeitpunkte und Zeitdauern, auf dem man eine solche Bib-

Zeitpunkte und Zeitdauern

liothek aufbauen könnte. Wozu also kann man die *chrono*-Bibliothek direkt einsetzen?

Verwenden Sie *system_clock*, um mit realen Zeitpunkten zu arbeiten. Sie können die aktuelle Zeit bestimmen und mit Zeitpunkten und Intervallen rechnen. Sie müssen dabei in Kauf nehmen, dass die Uhrzeit umgestellt wird, aber das ist eine übliche Einschränkung. Schlimmer ist, dass Sie für alle weitergehenden Datums- und Zeitoperationen wieder auf *time_t* umrechnen müssen, wodurch Sie nicht nur auf die alten C-Funktionen angewiesen sind, sondern auch die Auflösung wieder auf Sekundengenauigkeit reduziert ist.

Verwenden Sie *steady_clock*, wenn es um die zuverlässige Messung von Zeitdauern geht, zum Beispiel die Ablaufzeiten von Programmteilen. Der Vorteil von *steady_clock* gegenüber herkömmlichen Methoden der Zeitmessung ist, dass ihr Code portabel funktioniert.

Verwenden Sie *high_resolution_clock*, wenn Sie Zeitmessungen mit größtmöglicher Genauigkeit benötigen und entweder wissen, dass *high_resolution_clock* auf allen Zielsystemen auch stetig ist, oder es keine Rolle spielt, wenn ab und zu eine Zeitdauer falsch bestimmt wird.

Für manche Funktionen der Standardbibliothek, insbesondere im Zusammenhang mit Nebenläufigkeit (siehe Kapitel 5.1) und sicherlich bald auch in anderen Bibliotheken, können Sie Zeitdauern angeben. Hierbei sind die folgenden vordefinierten Typen sehr nützlich. Sie bezeichnen jeweils eine Zeitdauer der definierten Einheit:

```
chrono::nanoseconds
chrono::microseconds
chrono::milliseconds
chrono::seconds
chrono::minutes
chrono::hours
```

So können Sie eine Zeitdauer von 48 Sekunden erzeugen:

```
auto fortyEightSeconds = std::chrono::seconds(48);
```

Mit den benutzerdefinierten Zeitliteralen aus dem nächsten Kapitel geht das ab C++14 noch einfacher.

Wer unterstützt es?

Standard C++11

MSVC ab 2012 (Probleme mit *steady_clock* sind ab 2013 gelöst)

GCC spätestens ab 4.8

Wo gibt es mehr Infos?

Header <chrono>

Das Kapitel über Uhren aus dem Standardwerk von Josuttis (Josuttis 2012) steht online zur Verfügung:

http://www.informit.com/articles/article.aspx?p=1881386&seqNum=2

4.18 Zeitliterale

Worum geht es?

Auf Basis der in Kapitel 2.25 beschriebenen benutzerdefinierten Literale führt die Standardbibliothek Suffixe für häufig benutzte Zeitdauern ein:

```
auto day = 24h;
auto halfMinute = 0.5min;
```

Die Verwendung von *auto* ist hier sinnvoll, weil der volle Typ umständlich und die Bedeutung durch die Suffixe eindeutig ist.

Was steckt dahinter?

Das ist eine praktische, kurze und gut lesbare Schreibweise, welche durch die Erweiterungen von C++11 möglich wird. *h* erzeugt einen Wert vom Typ *chrono:: hours*, *min* vom Typ *chrono:: minutes* etc.

Wie setzt man es ein?

Wann immer Sie ein Literal für eine Zeitdauer schreiben wollen, für die es ein entsprechendes Suffix gibt.

Wer unterstützt es?

Standard C++14

MSVC ab 2015

GCC ab 5

Wo gibt es mehr Infos?

Header <chrono>

4.19 Zufallszahlen

Worum geht es?

Mit den *engine*- und *distribution*-Klassen können Sie Zufallszahlen in unterschiedlichen Verteilungen erzeugen:

```
std::default_random_engine engine;
std::uniform_real_distribution<double> distribution(0.0, 1.0);
double randomNumber = distribution(engine);
```

Was steckt dahinter?

Zufallszahlen spielen für viele Anwendungen eine große Rolle. Da ist zum einen der riesige Bereich technischer und mathematischer Anwendungen, wie zum Beispiel Verschlüsselung oder die Monte-Carlo-Methode zur Simulation von Prozessen. Dann sind Zufallszahlen beim Erzeugen von Testdaten sehr wichtig. Andere Anwendungsfälle sind eindeutige Bezeichner wie Session-Keys im Web oder zufällige Wartezeiten bei Zugriffskonflikten, wie sie Ethernet verwendet.

Beim Erzeugen dieser Zufallszahlen gibt es zwei Knackpunkte. Erstens: Wo bekommt man überhaupt zufällige Zahlen her auf einem Computersystem, das eigentlich nichts dem Zufall überlässt? Und zweitens: Wie bekommt man aus den zufälligen oder eher pseudo-zufälligen Grundzahlen die tatsächlich benötigten Zufallszahlen? Denn diese müssen ja in einem definierten Bereich liegen und der gewünschten Verteilung genügen.

Generatoren

Den ersten Teil erledigen die *engine*-Klassen. Es gibt mehrere davon, weil es ganz unterschiedliche Ansätze gibt, Zufallszahlen zu erzeugen. Ein Ansatz besteht darin, mittels einer Rechenvorschrift aus den letzten Zufallszahlen die darauf folgenden auszurechnen. Diese Zahlen sind dann in Wahrheit ganz und gar nicht zufällig, aber wenn man die von einem solchen Algorithmus errechneten Zahlen ansieht, kann man keine Regelmäßigkeit erkennen und den Unterschied zu wirklich zufälligen Zahlen praktisch nicht feststellen. Solche Zufallszahlen heißen Pseudo-Zufallszahlen und sind für viele Zwecke völlig ausreichend, zumal sie außerdem sehr schnell generiert werden können.

Häufig ist es sogar ein Vorteil, dass Pseudo-Zufallszahlen sich bei Bedarf wiederholen lassen. Wenn Sie zum Beispiel Testdaten damit erzeugen, werden Sie sich freuen, dass Sie Testfälle wiederholen können. Sie ersparen sich damit das Abspeichern und Laden der Testdaten. Fast alle *engine*-Klassen der Standardbibliothek beruhen auf dieser Methode und verwenden unterschiedliche Formeln zur Bildung der Pseudo-Zufallszahlen.

Ein anderer Weg zur Erzeugung von Zufallszahlen besteht darin, echte zufällige Prozesse auszuwerten, wie zum Beispiel den radioaktiven Zerfall. Dafür hat der Standard die Engine *random_device* vorgesehen. Auf einem normalen Rechner steht sie jedoch bestenfalls in einer Pseudo-Implementierung zur Verfügung.

Die Standardbibliothek definiert vier Basis-Engines. Die ersten drei entsprechen drei verschiedenen mathematischen Verfahren zur Erzeugung von Pseudo-Zufallszahlen und die vierte ist der schon erwähnte echte Zufallsgenerator.

- *linear_congruential_engine*
- *mersenne_twister_engine*
- *subtract_with_carry_engine*
- *random_device*

Darüber hinaus definiert die Standardbibliothek noch Spezialfälle und Spielarten, die auf den genannten Generatoren aufbauen.

Verteilungen

Generatoren erzeugen ganzzahlige Zufallszahlen, die zwischen einem Minimalwert und einem Maximalwert gleichmäßig verteilt sind. Das ist aber meistens nicht genau das, was Sie benötigen. Vielleicht brauchen Sie Fließkommazahlen zwischen 0.0 und 1.0 oder Zufallszahlen, die nicht gleichverteilt sind, sondern etwa einer Normalverteilung folgen.

Die Verteilung der Zufallszahlen ist Aufgabe der *distribution*-Klassen. Sie rechnen die Zahlen von der Engine so um, dass die gewünschte Verteilung entsteht. Die einfachste Verteilung ist die Gleichverteilung, bei der jeder Wert mit derselben Wahrscheinlichkeit auftritt.

Wenn Sie zum Beispiel Testdaten erzeugen und die Länge von Strings zwischen 0 und 100 gleichverteilt ermittelt wird, dann kommen Zeichenketten mit der Länge 18 genauso oft vor wie solche mit Länge 0 oder 1 oder 19 oder 100. Das mag eine gute Wahl sein, aber andererseits könnte man argumentieren, dass zwischen Strings der Länge 18 und solchen der Länge 19 wohl kein relevanter Unterschied besteht. Solche mit Länge 0 oder 1 oder 99 oder 100 sind für Testzwecke deutlich interessanter. Eventuell kann man also mit weniger Testfällen auskommen, wenn sehr kurze und sehr lange Strings häufiger erzeugt werden. Dann wäre die Verteilung keine Gleichverteilung, sondern zum Beispiel eine umgekehrte Glockenkurve, eine invertierte Normalverteilung.

Die Standardbibliothek enthält 20 Verteilungen, wie Exponentialverteilung (*exponential_distribution*), Normalverteilung (*normal_distribution*), Bernoulli-Verteilung (*bernoulli_distribution*) und viele andere. Wie in der Standardbibliothek üblich, implementieren sie zwar dasselbe Interface, sind aber von keiner gemeinsamen Basisklasse abgeleitet. Eine gemeinsame Behandlung durch einen Client ist somit nur über eine Templateklasse möglich.

Wie setzt man es ein?

Die erste Frage, die sich beim Einsatz der neuen Klassen stellt ist: Welche Engine soll ich nehmen? Die Antwort ist ganz einfach: Wenn Sie nicht wissen, was der Unterschied zwischen einem linearen Kongruenzgenerator, einem Mersenne-Twister und einem Multiply-with-Carry ist, dann sollten Sie einfach auf die *default_random_engine* der Implementierung zurückgreifen, die einen „vernünftigen" Kompromiss für einfache Anwendungsfälle darstellt. Wenn Sie allerdings im kryptographischen Bereich tätig sind, sollten Sie wissen, was die Unterschiede der Algorithmen sind und können dementsprechend auswählen.

Die Entscheidung für eine *distribution*-Klasse dagegen hängt komplett von Ihrem Anwendungsfall ab. Für viele einfache Zwecke können Sie eine Gleichverteilung benutzen, aber spätestens, wenn es ans Simulieren geht, werden Sie sich Gedanken über die richtige Verteilung machen.

Über diese Entscheidungen hinaus gilt es auch, einige Programmiertechnische Regeln zu beachten.

Denken Sie daran, dass eine Engine normalerweise immer dieselbe Zahlenfolge erzeugt und damit die darauf aufsetzende Verteilung natürlich auch. Deshalb dürfen Sie die Engine nicht als lokale Variable benutzen. Die folgende Funktion verfehlt nämlich ihren Zweck, weil alle Aufrufe denselben „Zufalls"-Vektor produzieren:

```
void FillRandomVector(std::vector<double>& v) {
  std::mt19937 engine;
  std::normal_distribution<double> distribution(0.0, 1000.0);
  for (int& i: v) i = distribution(engine);
}
```

Besser ist es, die Engine als globale oder Thread-lokale Instanz zu erzeugen und eine Referenz an die Funktion zu übergeben:

```
std::mt19937 engine;

template<class Engine>
void FillRandomVector(std::vector<double>& v, Engine& engine) {
  std::normal_distribution<double> distribution(0.0, 1000.0);
  for (double& i: v) i = distribution(engine);
}
```

Zufallszahlen

Mit der Funktion *seed* können Sie einer vorhandenen Engine einen neuen Zustand geben, so dass anschließend eine andere Folge von Zufallszahlen generiert wird. *seed* benutzt wiederum einen unvorhersehbaren Wert (zum Beispiel die Anzahl Millisekunden der Echtzeituhr), um diesen neuen Zustand zu berechnen. Grundsätzlich sollten Sie mit dem Einsatz von *seed* jedoch sparsam umgehen. Es verhindert nämlich, dass Sie das Programm auf reproduzierbare Zufallszahlen umschalten, und erschwert damit die Fehlersuche enorm. Der beste Weg ist es oft, nur eine einzige Engine im Programm/Subsystem zu benutzen, diese zu Beginn des Programms einmal mit *seed* zu initialisieren und diese Initialisierung ein- und ausschaltbar zu machen.

```cpp
template<class Engine>
class RandomNumberGenerator {
public:
  typedef RandomNumberGenerator<Engine> Type;
  // Singleton Idiom von Scott Meyers
  static Type& GetInstance() {
    static Type instance;
    return instance;
  }
  Engine& GetEngine() {
    return engine_;
  }
private:
  inline explicit RandomNumberGenerator() {
#ifndef DEBUG
    // Use current time as the seed
    engine_.seed(std::chrono::high_resolution_clock::now()
    .time_since_epoch().count());
#endif
  }
  ...
  Engine engine_;
};

std::normal_distribution<double> distribution(0.0, 1000.0);
auto myRandomNumber =
  distribution(RandomNumberGenerator<default_random_engine>
  ::GetInstance().GetEngine());
```

Benutzen Sie immer eine Verteilung. Theoretisch könnten Sie gleichverteilte Zufallszahlen auch direkt mit der Engine erzeugen. Aber sogar die korrekte Umrechnung von den Engine-Zahlen auf den gewünschten Bereich der Verteilung ist nicht ganz trivial, so dass Sie das unbedingt eine passende *distribution*-Klasse tun lassen sollten.

Alle Generatoren außer *random_device* beruhen auf wohldefinierten mathematischen Algorithmen. Deswegen erzeugen sie nicht nur nach jeder Instanziierung dieselbe Folge von Zufallszahlen, sondern auch auf jeder unterstützten Plattform. Die einzige Ausnahme ist die *default_random_ engine*, bei der Sie nicht wissen, welche der konkreten Engines auf einer gegebenen Plattform dahintersteckt. Wenn Sie diese Engine benutzen, müssen Sie also damit rechnen, dass nach Übersetzung auf einer anderen Plattform ein anderer Generator benutzt wird und deshalb die Zufallszahlen auch ohne *seed* nicht mehr dieselben sind, wie auf der ursprünglichen Plattform.

Wer unterstützt es?

Standard C++11

MSVC ab 2008

GCC spätestens ab 4.8

Wo gibt es mehr Infos?

Header <random>

4.20 Reguläre Ausdrücke

Worum geht es?

Die Standardbibliothek unterstützt Operationen mit regulären Ausdrücken. Angeboten werden Prüfung auf Übereinstimmung, Suche nach übereinstimmenden Textteilen und Ersetzung von übereinstimmenden Textteilen. Das folgende Beispiel prüft, ob der String *text* das korrekte Format eines deutschen Autokennzeichens hat:

```
bool IsValidLicenseNumber(const std::string& text) {
  std::regex regEx("[A-ZÄÖÜ]{1,3}-[A-ZÄÖÜ]{1,2} [1-9][0-9]
{0,3}");
  return std::regex_match(text, regEx);
}
```

Was steckt dahinter?

regex gibt es in einer Ausführung für *char* und in einer für *wchar_t* (*wregex*). Instanziierungen des Templates *basic_regex<>* für andere Zeichentypen wie *char32_t* sollten kein Problem darstellen. Es unterstützt sechs unterschiedliche Grammatiken für reguläre Ausdrücke:

ECMAScript ist die Voreinstellung und gleichzeitig die mächtigste der Grammatiken. Auf eine Beschreibung der Grammatiken verzichten wir an dieser Stelle, weil sie kein Bestandteil von C++11 sind und es ausreichend Dokumentation zu diesem Thema gibt.

ECMAScript	Reguläre Ausdrücke nach dem Standard, der auch für JavaScript und andere Skriptsprachen benutzt wird
basic	POSIX Standard Basic Regular Expressions
extended	POSIX Standard Extended Regular Expressions
awk	Reguläre Ausdrücke wie in awk, ähnlich zu POSIX Extended Regular Expressions
grep	Reguläre Ausdrücke wie in grep, ähnlich zu POSIX Basic Regular Expressions
egrep	Reguläre Ausdrücke wie in egrep, ähnlich zu POSIX Extended Regular Expressions

Neben dem einfachen Vergleich mit *regex_match* können Sie auch nach einem regulären Ausdruck in einem Text suchen und auf den gefundenen Teilausdruck zugreifen:

```
std::smatch result;
if (std::regex_search("UV-ZZZ..PA-MN 444;Nmbr", result, regEx))
  std::cout << "Gefunden: " << result[0];
```

Oder Sie iterieren mit *regex_iterator* über alle übereinstimmenden Teilausdrücke:

```
const std::sregex_iterator end;
for (std::sregex_iterator xi(text.begin(), text.end(), regEx);
    xi != end; ++xi)
    std::cout << (*xi)[0] << std::endl;
```

Es ist auch möglich, die gefunden Ausdrücke mit *regex_replace* durch einen neuen String zu ersetzen oder gefundene Ausdrücke mit *match_results::format* in einen neuen String einzusetzen.

Generell ist *regex* eine sehr mächtige und flexible Klasse. Wer sich im Detail mit ihr beschäftigen möchte, findet zum Beispiel in Becker 2006 jede Menge Material.

Wie setzt man es ein?

Die naheliegendste Einsatzmöglichkeit für *regex* sind die einfachen *match*-Funktionen. Sie wollen prüfen, ob eine Benutzereingabe tatsächlich eine Postleitzahl, eine E-Mail-Adresse, eine Kreditkartennummer oder Kontonummer ist? *regex* ist das Mittel der Wahl für solche Prüfungen. Allerdings kratzen Sie damit allenfalls an der Oberfläche dieser mächtigen Bibliothekserweiterung.

Andererseits sind auch reguläre Ausdrücke keine Allzweckwaffe. Man könnte auf die Idee kommen, *regex* für Teilauswertungen zum Beispiel von XML-Dokumenten zu benutzen, insbesondere weil C++ dafür immer noch keinen Standard anbietet. Ihre Anwendung benötigt nur bestimmte Attribute aus einem vorhandenen XML-Dokument? Mit *regex* sind sie schnell gefunden. Trotzdem kann man von so einer Vorgehensweise nur abraten. Was passiert denn beispielsweise, wenn das Tag auskommentiert ist oder wenn ein anderes übergeordnetes Element die gleichen Attribute enthält, mit ganz anderer Bedeutung? Trotz aller Mächtigkeit ist *regex* nur ein Mustervergleich und kein Parser. Letzteren sollten sie für solche Aufgaben aber normalerweise einsetzen, außer Sie können falsche Treffer 100%-ig ausschließen oder es kommt darauf gar nicht so an.

Was bleibt, sind die klassischen Verwendungen für Suchen und Ersetzen in Texten, insbesondere in Benutzeroberflächen. Eine Faktura kann nach allen Rechnungen suchen, in denen eine bestimmte Auftragsnummer vorkommt, oder ein technisches Überwachungsprogramm nach allen Messwerten von einer bestimmten Messstelle. Wichtig ist hier immer, dass ein Benutzer das Ergebnis erhält und abschließend beurteilen kann, ob der gefundene Treffer eine echte Übereinstimmung ist oder nur ein syntaktischer Zufall.

Wer unterstützt es?

Standard C++11

MSVC ab 2008

GCC ab 4.9

4.21 „system_error"-Klasse

Worum geht es?

Auch moderne C++-Programme müssen oft auf APIs zugreifen, die ihre Fehlerbehandlung noch mit Fehlercodes statt mit Ausnahmen abhandeln. Zusätzlich zur umständlichen und unsicheren Handhabung haben Fehlercodes auch das Problem, dass die Konstanten und Werte unterschiedlich sind zwischen Betriebssystem oder Bibliotheken. *system_error* ist ein Klasse zur Kapselung systemnaher Fehlercodes, die es erlaubt, sie plattformunabhängig zu benutzten und gleichzeitig um weitere APIs oder Plattformen zu erweitern.

Was steckt dahinter?

Angenommen, Sie möchten eine Klassenbibliothek schreiben, die den Zugriff auf Dateien und Verzeichnisse in C++-Klassen kapselt. Es könnte da eine Klasse *Directory* geben, die unter anderem ein Unterverzeichnis erzeugen kann. Die Implementierung müsste unterschiedlich sein zwischen den Plattformen, weil es dafür keine Standard-C-Funktion gibt.

```
class Directory
{
```

4 – Bibliothek

```
public:
  void CreateSubDirectory(const std::string& name) {
    #ifdef _WIN32
    ...
    #endif
    #ifdef __linux__
    ...
    #endif
  }
};
```

Falls bei der Erstellung des Verzeichnisses ein Problem auftritt, soll die Funktion eine Ausnahme werfen. Ein einfacher Ansatz wäre es,

`runtime_error("Kann Verzeichnis nicht erzeugen")`

zu werfen. Das hat aber den Nachteil, dass die aufrufenden Programmteile sowie der Benutzer nicht erfahren, was die Ursache des Problems ist. Die dahinterliegende Betriebssystemfunktion würde diese Information aber eigentlich liefern. Mögliche Ursachen können sein:

- Wurzelverzeichnis existiert nicht.
- Verzeichnis oder Datei mit dem Namen existiert schon.
- Verzeichnisname ist ungültig, zum Beispiel wegen enthaltener Sonderzeichen.
- Recht zum Erstellen eines Verzeichnisses fehlt.
- Nicht genug Speicherplatz auf der Festplatte.

Diese Information zu verlieren bedeutet einerseits, dass das Programm keine Chance hat, korrigierend einzugreifen und beispielsweise eine schon vorhandene Datei zu löschen. Andererseits erhält der Benutzer keinen Hinweis, wie er das Problem beheben kann.

Also versuchen Sie es anders und geben den Fehlercode mit an, den Sie mit *GetLastError* unter Windows und mit *errno* unter Linux abfragen können. Das Ergebnis ist eine Fehlermeldung wie:

`Fehler 183: Kann Verzeichnis nicht erzeugen`

Da 183 unter Windows der Fehlercode für eine schon existierende Datei ist, kann ein Fachmann damit etwas anfangen. Das Programm selbst kann darauf nicht reagieren, weil dieser Fehlercode abhängig von der Plattform ist. Und ein normaler Benutzer würde auch lieber eine sprechende Fehlermeldung sehen.

In anderen Worten: Eine systemnahe Ausnahme muss einerseits die gesamte Fehlerinformation vom System in sich tragen. Andererseits muss es möglich sein, der Ausnahme eine plattformunabhängige Bedeutung zuzuweisen, damit das Programm selbst reagieren oder zumindest dem Benutzer eine vernünftige Fehlermeldung anzeigen kann. Zusätzlich ist es wichtig, dass das System von Fehlercodes und Bedeutungen, das auf diese Weise entsteht, jederzeit erweitert werden kann. Der C++-Standard kann ja unmöglich alle existierenden Fehlercodes vordefinieren.

Die *system_error*-Bibliothek erfüllt diese Anforderungen. Sie beruht auf den Konzepten:

- Fehlerwert: Nummerischer Wert eines Fehlers, wie 183 unter Windows für ERROR_ALREADY_EXISTS
- *error_category*: Klasse für die Kategorie eines Fehlers, zum Beispiel das API, aus dem der Fehler kommt. Innerhalb einer Fehlerkategorie müssen Fehlerwerte eindeutig sein. Typische Fehlerkategorien wären C, Windows, XML, Dateisystem, Sockets etc.
- *error_code*: Klasse für den ursprünglichen Systemfehler. Sie kapselt einen plattformabhängigen Fehlerwert und seine plattformabhängige Kategorie.
- *error_condition*: Klasse für einen abstrakten Systemfehler. Sie kapselt einen plattformunabhängigen Fehlerwert und seine plattformunabhängige Kategorie.
- *system_error*: Die von *runtime_error* abgeleitete *exception*-Klasse für einen Systemfehler, welche den *error_code* enthält.

Wie setzt man es ein?

Code, der Funktionen aufruft, welche *system_error*-Exceptions werfen können, muss diese nicht gesondert behandeln, weil sie ja von *exception* abgeleitet sind und mit *what* wie üblich einen Fehlertext zurückliefern.

Er kann diese Ausnahmen aber auch abfangen und Sonderfälle behandeln. Am Beispiel der imaginären *Directory*-Klasse aus dem vorherigen Abschnitt sieht das dann so aus:

```
Directory myDirectory("/home/bjarne/");
try {
  myDirectory.CreateSubDirectory("newdir");
} catch(const std::system_error& exc) {
  if (exc.code() == std::errc::file_exists) {
    ... // try to delete the file
  } else throw;
}
```

Eines der wesentlichen Konzepte der *system_error*-Bibliothek versteckt sich dabei hinter dem Gleichheitsoperator in

```
exc.code() == std::errc::file_exists
```

Auf der linken Seite steht hier ein plattformabhängiger Fehlercode inklusive Kategorie und Wert, während auf der rechten Seite eine plattformunabhängige Fehlerkategorie steht. Der Vergleichsoperator hat an dieser Stelle die Bedeutung: Der reale Fehlercode entspricht der generischen Fehlerbedingung.

Als Autor einer Klassenbibliothek, welche das Fehlersystem für sich nutzen möchte, kann man entweder auf die vorhandenen Fehlercodes und Fehlerbedingungen zurückgreifen oder eigene definieren. Dazu sind einige oder alle der folgenden Schritte nötig:

- Definition einer eigenen Fehlerkategorie für den Fehlercode
- Definition von Aufzählungswerten für die Fehlercodes
- Definition einer eigenen Fehlerkategorie für die Fehlerbedingung
- Definition von Aufzählungswerten für die Fehlerbedingungen
- Definition der Äquivalenz von Fehlercodes zu Fehlerbedingungen

Eine genauere Anleitung zur Erstellung eigener Systemfehler würde den Rahmen dieses Buches sprengen. Im Abschnitt „Wo gibt es mehr Infos?" finden Sie einen Link zu allen Details dieser Bibliothek.

Wer unterstützt es?

Standard C++11

MSVC ab 2010

GCC ab 4.4

Wo gibt es mehr Infos?

Header <system_error>

Der Blog eines Mitautors der *system_error*-Bibliothek: *http://blog.think-async.com/2010/04/system-error-support-in-c0x-part-1.html*

4.22 „next"- und „prev"-Funktionen

Worum geht es?

Mit *next* und *prev* können Sie die nächste oder vorhergehende Position eines Iterators berechnen.

Was steckt dahinter?

Angenommen, Sie wollen beim Durchlaufen einer Iterator-Schleife prüfen, ob Sie schon beim letzten Element angekommen sind, dann hilft Ihnen *next* beim Zugriff auf die folgende Position:

```
std::vector<double> v;
for (auto i = v.begin(); i != v.end(); ++i)
  if (std::next(i) != v.end()) {
    ...
  }
}
```

Wenn *i* ein Iterator mit wahlfreiem Zugriff ist (*random access iterator*), könnten Sie zwar stattdessen auch schreiben:

```
if (i + 1 != v.end())
```

Aber wenn *i* nur ein Vorwärts-Iterator (forward iterator) oder nur ein bidirektionaler Iterator ist, gibt es diese Möglichkeit nicht. Dann ist die Funktion *next* und entsprechend auch *prev* recht nützlich.

Wer unterstützt es?

Standard C++11

MSVC ab 2010

GCC spätestens ab 4.8

Wo gibt es mehr Infos?

Header <iterator> für *next* und *prev*

4.23 Containererweiterungen

Worum geht es?

Mit *emplace* können Sie ein neues Element in einem Container direkt an der angegebenen Stelle erzeugen. Dabei werden keine Kopier- oder Verschiebeoperationen ausgeführt.

Die Elementfunktionen *cbegin* und *cend* bei den Containerklassen liefern konstante Iteratoren zurück.

Was steckt dahinter?

emplace spart etwas Code und oft auch Laufzeit beim Einfügen in Containerklassen der Standardbibliothek. Die meisten dieser Klassen unterstützen jetzt Funktionen wie *emplace* oder *emplace_back*, die eine Instanz an Ort und Stelle erzeugen und mit einem Konstruktoraufruf initialisieren. Welcher Konstruktor aufgerufen wird, entscheiden die Parameter von *emplace*:

```
std::vector<std::string> names;
names.emplace_back(100, 'x');
```

Hier sind *100* und *'x'* die Argumente für den *string*-Konstruktor. Somit erzeugt der Vektor hier ein neues String-Element am Ende und initialisiert es mit 100 xen. Bisher hätten Sie das so kodieren müssen:

```
names.push_back(std::string(100, 'x'));
```

was vor C++11 sogar noch eine Kopie des temporären Strings erzeugt hat.

Ab C++17 geben *emplace* und *emplace_back* eine Referenz auf das eingefügte Element zurück. Vorher war der Rückgabetyp *void*. Die Elementfunktionen *cbegin* und *cend* sind nützlich, um konstante Iteratoren für einen nicht-konstanten Container definieren zu können:

```
std::vector<double> myVector;
for (auto it = myVector::cbegin(); it != myVector::cend(); ++it)
  ...
```

Ohne diese neuen Funktionen geht das nur mit Typkonvertierungen, so dass Entwickler sehr oft nicht-konstante Iteratoren verwenden, obwohl gar keine Änderungen am Container gewünscht sind. Das birgt ein gewisses Risiko, dass versehentlich etwas geändert wird, es bringt die Intention des Codes nicht angemessen zum Ausdruck und es kann sogar negativen Einfluss auf das Laufzeitverhalten haben. Somit sind diese unscheinbaren Methoden eine wirklich sinnvolle Sache und Sie sollten sie einsetzen, wann immer Ihr Iterator nur zum Lesen dient.

Wer unterstützt es?

Standard C++11

MSVC spätestens ab 2012

GCC spätestens ab 4.8

Wo gibt es mehr Infos?

Header entsprechend der genutzten Containerklasse

4.24 IO-Manipulator „quoted"

Worum geht es?

Mit dem neuen Manipulator können Textformate wie CSV, XML oder ähnliches einfacher in Streams geschrieben und aus Streams gelesen werden.

```
std::string os("Zeichenkette mit \"Leerzeichen\" und
                                 Anführungszeichen");
outStream << std::quoted(os);
// Inhalt von outStream:
// "Zeichenkette mit \"Leerzeichen\" und Anführungszeichen"
std::string is;
inStream >> std::quoted(is);
// Original-String wieder in is.
```

Was steckt dahinter?

Die Zeichenkette *os* enthält Leerzeichen und zwei Anführungszeichen. Wird sie mit *quoted* in den Stream geschrieben, ergänzt der Manipulator umschließende doppelte Anführungszeichen und maskiert die Anführungszeichen mit umgekehrten Schrägstrichen. Beim Einlesen einer solchen Sequenz werden die Anführungszeichen und umgekehrten Schrägstriche dementsprechend auch wieder entfernt.

Quoted ist ein IO-Manipulator wie *setw* oder *setprecision*. Welche Zeichen zum Einschließen und maskieren benutzt werden, legen Sie mit optionalen Argumenten für *quoted* fest.

Wie setzt man es ein?

Der Manipulator vereinfacht das Lesen und Schreiben von Zeichenketten in Anführungszeichen. Es stellt sich allerdings die Frage, ob eine reine String-Funktion zu diesem Zweck nicht der flexiblere Ansatz gewesen wäre.

Wer unterstützt es?

Standard C++14

MSVC ab 2015

GCC ab 4.9

Wo gibt es mehr Infos?

Header <iomanip>

4.25 String-Sichten

Worum geht es?

Ein *std::string_view* ist eine Sicht auf eine Zeichenkette, die nicht verändert werden kann:

```
size_t CountUpperCase(std::string_view sv) {
  size_t result(0);
  for (const char& c: sv)
    if (std::toupper(c) == c)
      result++;
  return result;
}
```

Was steckt dahinter?

std::string_view funktioniert wie ein Interface auf einen *std::string* und enthält alle lesenden Funktionen, die ein *std::string besitzt* (außer *c_str*), speichert intern aber nur Verweise auf eine Quelle für Zeichen. Damit verhält es sich als Parameter weitgehend wie eine konstante String-Referenz *const std::string&*.

Der Zweck dieser beiden Alternativen, String-Sicht und String-Referenz, besteht darin, in einer Funktion auf einen String lesend zuzugreifen, ohne ihn zu kopieren. Es geht also um das Einsparen von Speicherplatz und Rechenzeit und darin ist *std::string_view* noch etwas besser als *const std::string&*.

Zum einen kann *std::string_view* auch ohne Overhead aus einem klassischen C-String (*const char**) konstruiert werden. Das geht mit *const std::string&* nicht. Zum anderen ist es auch möglich einen Teilstring ohne Allokation als *std::string_view* zu übergeben.

```
cout << CountUpperCase("MannOMann") << endl;
string s("MannOMannOMann");
cout << CountUpperCase(s) << endl;
cout << CountUpperCase({&s[4], 6}) << endl;
```

Die String-Klassen *std::string*, *std::wstring*, *std::u16string*, *std::u32string* verfügen alle über eine implizite Konvertierung in ihre entsprechenden String-Sichten. Dadurch ist der Aufruf in der dritten Zeile im obigen Beispiel zulässig. Zusätzlich kann *std::string_view* mit *std::string* verglichen und verrechnet werden.

Wie setzt man es ein?

Wenn eine Funktion mit einem String-Parameter sowohl für klassische C-Strings als auch für *std::string* oder einen seiner Verwandten einsetzbar sein soll, oder wenn Sie sich alle Möglichkeiten für optimale Performanz offen halten wollen, sollten Sie den String-Parameter als *std::string_view*-Wertparameter realisieren.

Nur wenn der String-Wert dauerhaft in eine String-Elementvariable kopiert werden soll, ist es besser, ihn als *std::string*-Wertparameter zu übergeben (also auch nicht als *const std::string&*, aber das war schon immer so).

Einen richtigen Grund, warum man weiterhin die konstante String-Referenz übergeben sollte, gibt es eigentlich nicht.

Wer unterstützt es?

Standard C++17

MSVC ab 2017

GCC ab 7

Wo gibt es mehr Infos?

Header <string_view>

4.26 Konvertierung von Zeichenketten in Zahlen

Worum geht es?

Statt der klassischen C-Funktionen zum Konvertieren von Strings in Zahlen und zurück (wie *atoi* und *itoa*), enthält die neue Bibliothek moderne Fassungen: *stoi*, *stol*, *stoll*, *stoul*, *stoull*, *stof*, *stod*, *stold*, *to_string*

```
long l = std::stol("180478902632"s);
std::string s = std::to_string(l);
```

Was steckt dahinter?

Die Konvertierungsfunktionen aus *cstdlib* stammen noch aus den 70er Jahren und haben deshalb aus heutiger Sicht einige Probleme. Zum Beispiel:

- Das Verhalten von *atoi* ist undefiniert, wenn das Argument keine gültige Zahlenrepräsentation ist.
- *strtol* liefert 0, wenn der String nicht in eine Zahl konvertiert werden kann. Das ist nicht unterscheidbar von dem Fall, dass der String tatsächlich die 0 darstellt.
- *itoa* ist keine Standard-Funktion und kann Pufferüberläufe verursachen.
- *sprintf* ist umständlich und prüft die Typen seiner Argumente nicht.

Die neuen Funktionen dagegen sind typsicher, verursachen keine Pufferüberläufe und werfen im Fehlerfall Ausnahmen. Alles spricht dafür, sie in Zukunft durchgängig einzusetzen.

Wer unterstützt es?

Standard C++11

MSVC ab 2015

GCC spätestens ab 4.8

Wo gibt es mehr Infos?

Header <string>

5 Nebenläufigkeit

5.1 „async"-Funktion

Worum geht es?

Um mit mehreren Threads zu arbeiten, mussten Sie bisher auf Funktionen des Betriebssystems zurückgreifen, die in der Regel weder komfortabel noch portabel sind. C++11 bietet gleich mehrere Programmiermodelle für die Arbeit mit mehreren Threads an. Die am einfachsten zu benutzende basiert auf der Funktion *async*. Das sieht dann so aus:

```
// LongFunc ist eine lang dauernde Funktion.
int LongFunc(int p) {
  std::this_thread::sleep_for(std::chrono::seconds(p));
  return p;
}

future<int> result = std::async(LongFunc, 8);
...
std::cout << result.get();
```

this_thread::sleep_for(std::chrono::seconds(p)) legt den aktuellen Thread für p Sekunden schlafen (siehe Kapitel 5.2 und 4.17). Die Funktion *async* startet den Funktionsaufruf *LongFunc(8)* im Hintergrund und macht sofort weiter mit den Anweisungen bei den Pünktchen. Der Aufruf von *future<>::get* wartet auf die Beendigung des Hintergrundthreads und liefert das Ergebnis der Funktion *LongFunc* zurück.

Was steckt dahinter?

Die Funktion *async* kann auf viele verschiedenen Arten aufgerufen werden:

- Mit einer einfachen Funktion und den Parametern
- Mit einer Lambda-Funktion
- Mit einem Funktionsobjekt
- Mit einem Methodenzeiger und den benötigten Parametern, der erste davon muss dann der *this*-Zeiger sein

Die folgenden Beispiele zeigen diese verschiedenen Aufrufarten:

```
// Aufruf mit einer normalen Funktion
int LongFunc(int p);
async(LongFunc, 8);

// Aufruf mit einer Lambda-Funktion
int s = 8;
async([s]{return LongFunc(s);});

// Aufruf mit einem Funktionsobjekt/Funktor
class LongFunctor {
public:
  int operator()(int p) {
    return LongFunc(p);
};
async(LongFunctor, 10);

// Aufruf mit Methodenzeiger und Instanz
class Foo {
public:
  int Func(int p) {
    return LongFunc(p);
  }
};

Foo foo;
std::async(&Foo::Func, &foo, 7);
```

In all diesen Fällen erledigt *async* normalerweise die folgenden Arbeitsschritte:

- Es erzeugt einen Thread und übergibt ihm das aufrufbare Objekt.
- Es erzeugt einen *future*, der das Ergebnis zurückliefert, und verbindet ihn mit dem Thread.
- Es startet den Thread.

Wozu dient aber das *future*-Objekt? Es übernimmt die Kommunikation zwischen dem aufgerufenen Thread und dem aufrufenden Thread. Der Templateparameter entspricht dem Rückgabetyp des gestarteten aufrufbaren Objekts und kann auch *void* sein. Die Funktion *future<>::get* wartet, bis das aufrufbare Objekt ausgeführt ist und liefert das Funktionsergebnis zurück, vorausgesetzt, es gibt eines.

Falls bei der Ausführung des ausführbaren Objekts eine Ausnahme aufgetreten ist, wirft *get* diese Ausnahme, als ob sie im aufrufenden Thread aufgetreten wäre. In Wirklichkeit ist die Ausnahme jedoch im Hintergrundthread erzeugt und geworfen worden. Dann hat sie der Hintergrundthread gefangen und gespeichert, damit *future<>::get* sie schließlich erneut werfen kann. Im Kapitel 5.16 wird genauer beschrieben, wie das Weiterleiten der Ausnahme mit einem *exception_ptr* funktioniert.

future<>::get kann nur genau einmal aufgerufen werden. Anschließend liefert *future<>::valid false* und ein weiterer Aufruf soll laut Standard zur Ausnahme *future_exception* führen, darf aber auch beliebiges undefiniertes Verhalten zeigen.

Alternativ zur Funktion *future<>::get* können Sie auch mit den Methoden *wait*, *wait_for* und *wait_until* auf die Beendigung des aufrufbaren Objekts warten oder seinen Status anzeigen.

```
void future<>::wait()
```

wartet, bis der *future* bereit ist, das heißt, entweder bis ein Ergebnis vorliegt oder eine Ausnahme auftritt.

```
future_status wait_for(
  const chrono::duration<Rep, Period>&duration)
```

wartet eine bestimmte Zeitspanne darauf, dass der *future* bereit ist, und liefert seinen Status zurück. Der Status kann sein:

- *future_status::deferred*: Das aufrufbare Objekt wurde noch gar nicht gestartet.
- *future_status::ready*: Der Thread ist abgeschlossen und der *future* bereit. Das Ergebnis ist verfügbar und kann mit *future<>::get* abgeholt werden.

- *future_status::timeout*: Die Wartezeit ist abgelaufen, bevor der Thread das aufrufbare Objekt beendet hat und der *future* bereit geworden ist.

```
future_status wait_until(
    const chrono::time_point<Clock, Duration>& time)
```

wartet bis zu einem bestimmten Zeitpunkt darauf, dass der *future* bereit ist und liefert seinen Status zurück. Auf die Datentypen für Zeitdauern (*chrono::duration*) und Zeitpunkte (*chrono::time_point*) geht das Kapitel 4.17 näher ein.

Um die *future*-Klasse möglichst schlank zu halten, bietet sie nur den minimalen Funktionsumfang. Insbesondere kann es nur eine Instanz von *future* pro Hintergrundaufgabe geben. Die Standardbibliothek stellt das dadurch sicher, dass *future* keinen normalen Kopierkonstruktor und keinen kopierenden Zuweisungsoperator besitzt. Nur die Varianten mit *Move*-Semantik sind vorhanden. Das bedeutet, dass Ihr Programm nur an einer Stelle und nur in einem Thread per *future* auf ein bestimmtes aufrufbares Objekt warten kann. Falls das nicht genügt, können Sie einen *shared_future* einsetzen, der im Kapitel 5.5 beschrieben wird.

Wie sind die Details?

Zusätzlich können Sie beim Aufruf von *async* noch eine Startmethode mitgeben. Der Hintergrund ist, dass die Sprachdefinition nicht vorschreibt, was bei *async* eigentlich passieren soll. Die Funktion soll einen Thread erzeugen und starten, muss es aber nicht. Sie kann theoretisch auch nur das *future*-Objekt generieren und den Funktionsaufruf erst in *future<>::get* synchron abarbeiten. Das hängt von der Implementierung, dem Zielsystem und den verfügbaren Ressourcen zur Laufzeit ab.

Mit

```
std::async(std::launch::async, ...)
```

erzwingen Sie den sofortigen Start des ausführbaren Objekts in einem eigenen Thread. Falls das nicht möglich ist, wirft *async* eine Ausnahme.

Das Gegenteil geschieht mit

```
std::async(std::launch::deferred, ...)
```

„async"-Funktion

Auf diese Weise wird die Ausführung garantiert erst innerhalb von *future<>::get* beziehungsweise einer der *wait*-Funktionen synchron erledigt.

Wie setzt man es ein?

Wann immer in Ihrer Software länger dauernde Operationen auftreten, sollten Sie über eine Parallelisierung nachdenken. Typische Operationen sind:

- Komplexe Berechnungen wie zum Beispiel das Formatieren eines Dokuments, die Invertierung einer Matrix oder das Lösen eines Optimierungsproblems.
- Ein-/Ausgabe-Operationen mit Dateien oder Ports, also Schreiben einer Datei, Parsen einer Datei, Download von Daten, Druckauftrag verschicken, Datenbank abfragen und ähnliches.
- Warten. Manche Programme müssen auf Ereignisse aus der Außenwelt warten, zum Beispiel auf eine Antwort von einem Server, auf eine Eingabe vom Benutzer, auf ein Signal von einer Maschine oder ähnliches.

Damit das Programm in der gleichen Zeit, während diese längerdauernden Operationen laufen, weitere sinnvolle Arbeit verrichten kann, ist Parallelisierung angebracht. Dabei gibt es wiederum verschiedene Muster.

- Hintergrundaufgabe: Wie der Name schon sagt, geht es hier um eine ständig laufende Aufgabe im Vordergrund und eine sporadisch notwendige Aufgabe im Hintergrund. Eine typische Vordergrundaufgabe sind eine interaktive Benutzeroberfläche, die nicht einfrieren soll, oder Kommunikationsaufgaben mit anderen Systemen.
- Parallele Algorithmen: Viele komplexe Algorithmen können parallelisiert werden, um die Rechendauer zu verkürzen. Ein Beispiel dafür ist die divide-and-conquer-Gruppe, zu der Mergesort und Quicksort gehören. Aber auch viele Optimierungsmethoden wie genetische Algorithmen sowie nummerische Berechnungen können parallelisiert werden.
- Als einfachsten parallelen Algorithmus könnte man die parallele *for*-Schleife sehen. Wenn beispielsweise die Aufgabe darin besteht, 10 000 lange Texte in 10 000 Dateien zu schreiben, kann man statt einer langen *for*-Schleife 10 kürzere machen, von denen sich jede um 1 000

5 – Nebenläufigkeit

Texte kümmert und jede dieser Schleifen in einem eigenen Thread abarbeiten.

- Unabhängige Aufgaben: Viele Programme erledigen voneinander weitgehend unabhängige Aufgaben, die gut parallelisiert werden können. Ein Server etwa wartet auf Anfragen seiner Clients und kann Aufgaben von verschiedenen Clients oft weitgehend unabhängig beantworten. Zum Beispiel liefert ein Webserver im wesentlichen Dokumente aus, die er einfach parallel zum jeweiligen Client schicken kann. Eine Navigationssoftware zeigt die aktuelle Kartenposition an, fragt die Verkehrsmeldungen ab und berechnet eventuell eine neue Route. Dies sind Aufgaben, die zwar miteinander kommunizieren, aber streckenweise unabhängig voneinander erledigt werden können.

Umgekehrt gibt es auch Kriterien, die gegen eine Parallelisierung sprechen:

- Wenn eine Operation zu kurz dauert, kann der Zeitgewinn durch Parallelisierung durch den Overhead für den Start und die Verwaltung des Threads schon wieder aufgefressen werden. Dazu kommt dann noch der zusätzliche Entwicklungs- und Testaufwand sowie ein erhöhtes Fehlerrisiko.

- Wenn zwei Operationen zu stark miteinander verzahnt sind, entweder sehr viele gemeinsame Ressource besitzen oder starke zeitliche Abhängigkeiten haben, ist es zum einen sehr schwierig, eine korrekte parallele Implementierung zu finden, und zum anderen entsteht durch Synchronisierung wiederum ein Overhead und Latenzzeiten, die den Vorteil der Parallelisierung ins Negative drehen können.

Wenn die genannten Voraussetzung aber erfüllt sind, bietet C++11 mit seiner Multithreading-Unterstützung eine leistungsfähige, flexible und portable Plattform für die Implementierung. Obwohl gerade *async* einen für C++ beinahe schon erstaunlich hohen Komfort bietet, bleiben Ihnen die üblichen Stolpersteine der nebenläufigen Programmierung nicht erspart: Datensynchronisation, →race conditions, →deadlocks und →livelocks, umständliche Fehlerbehandlung, Fragen der Terminierung und etliches mehr, was nicht zum Thema dieses Buches gehört. Allerdings bietet C++11 auch die nötigen Werkzeuge an, um diesen Stolpersteinen ausweichen zu können. Sie werden in den folgenden Kapiteln genauer beschreiben.

„async"-Funktion

Zunächst aber ein einfaches Beispiel für eine parallele *for*-Schleife:

```
void WriteToFile(std::vector<std::string>::const_iterator begin,
   std::vector<std::string>::const_iterator end, int base) {
  for (auto ti = begin; ti != end; ++ti) {
    std::ostringstream fileName;
    fileName << "file" << ti - begin + base;
    std::ofstream os(fileName.str());
    os << *ti;
  }
}

std::vector<std::string> data;
... // Fülle data mit 10 000 Texten zur Ausgabe

const size_t threadCount = 10;
std::vector<std::future<void>> futures;

// Starte die Threads zum Erzeugen der Dateien.
size_t step = data.size()/threadCount;
for(auto it = data.begin(); it < data.end(); it += step) {
  int n = it - data.begin();
  futures.push_back(std::async(
    [it, step, n]{WriteToFile(it, it + step, n);}));
  );
}

// Warte, bis alle Threads beendet sind.
for (auto& f: futures) f.get();
```

In diesem Beispiel sind die Aufgaben komplett unabhängig und deshalb einfach zu synchronisieren. In den meisten Fällen ist es nicht ganz so trivial und es gibt Variablen, die von mehreren Threads benutzt werden. Aufpassen muss man dabei ganz besonders auf Lambda-Funktionen. Hier kann man mit

```
[&]{...}
```

sehr einfach und unauffällig auf viele Variablen schreibend zugreifen, die dann entsprechend geschützt werden müssen, ein weiterer Grund, warum Sie lieber alle benutzten Elementvariablen in der Zugriffsklausel der Lambda-Funktion angeben sollten.

Wer unterstützt es?

Standard C++11

MSVC ab 2012

GCC ab 4.8

Wo gibt es mehr Infos?

Header <future>

5.2 Threads

Worum geht es?

Wenn Sie direkter auf Betriebssystemthreads zugreifen und die nebenläufige Verarbeitung präziser steuern möchten, können Sie dies mit der *thread*-Klasse tun.

```
int LongFunc(int p) {
    std::this_thread::sleep_for(std::chrono::seconds(p));
    return p;
}
std::thread myThread(LongFunc, 8);
...
myThread.join();
```

Dieser Programmausschnitt erzeugt einen Thread, der die Funktion *LongFunc* mit dem Argument *8* aufruft. Die Elementfunktion *join* wartet auf Beendigung des Threads und kehrt dann zurück. Eine Behandlung von Rückgabewerten und Ausnahmen ist auf diese Weise nicht so ohne weiteres möglich.

Was steckt dahinter?

Ein Threadobjekt entspricht einem Thread des Betriebssystems. Mit dieser Klasse sind Sie viel näher an der Systemprogrammierung als mit der

Threads

Funktion *async*. So können Sie zum Beispiel auf eine Thread-ID zugreifen, welche den Thread identifiziert. Die Verbindung zum darunter liegenden Betriebssystemthread wird über *native_handle* hergestellt.

Ob Sie *join* aufrufen dürfen, können Sie mittels

```
bool thread::joinable()
```

feststellen. Sie liefert genau dann *true*, wenn der Thread parallel ein aufrufbares Objekt ausführt. Ein Thread, der ohne aufrufbares Objekt erzeugt oder für den schon einmal *join* aufgerufen wurde, ist nicht mehr joinable und seine ID hat den Standardwert *thread::id()*.

Mit der Funktion

```
void thread::detach()
```

können Sie den Betriebssystemthread von der C++-*thread*-Instanz trennen. Ab diesem Zeitpunkt haben Sie keine Kontrolle mehr über den Thread und können weder seinen Status abfragen noch auf seine Beendigung warten. Das ist für gewöhnlich nur dann sinnvoll, wenn Sie den Threadzustand stattdessen mittels *promise*- und *future*-Instanz kontrollieren, wie es im Kapitel 5.4 beschrieben wird.

Sollte das Programm bis zum Ende der Lebenszeit der *thread*-Instanz weder *join* noch *detach* aufgerufen haben, ruft sein Destruktor *terminate* auf und beendet damit das Programm.

Der Namensraum *this_thread* stellt weitere nützliche Funktionen zur Verfügung, die sich auf den aktuellen Thread beziehen, in dem sie aufgerufen werden:

- *get_id*: Liefert die ID des ausführenden Threads.
- *sleep_until*: Legt den Thread bis zum angegebenen Zeitpunkt schlafen.
- *sleep_for*: Legt den Thread für eine angegebene Zeitspanne schlafen.
- *yield*: Gibt die Kontrolle ab, so dass das Betriebssystem auf andere Threads umschalten kann.

Diese Funktionen können Sie auch dann benutzen, wenn der aktuelle Thread nicht explizit mit Hilfe der *thread*-Klasse erzeugt wurde.

Wie setzt man es ein?

Die Multithreading-Bibliothek von C++11 erfordert die explizite Verwendung von *thread*-Instanzen, wenn Sie mit den im Folgenden beschriebenen Klassen *packaged_task* oder *promise* arbeiten wollen. Im Vergleich zur Funktion *async* hat die *thread*-Klasse wenig Komfort zu bieten. Sie können sich vorstellen, dass *async* intern mit *thread*-Instanzen arbeitet, wenn das aufrufbare Objekt tatsächlich asynchron ausgeführt wird, wie es zum Beispiel beim Aufruf mit *launch::async* der Fall ist.

Zusätzlich erlaubt die *thread*-Klasse den Zugriff auf den nativen Handle des Betriebssystemthreads mit *nativ_handle* und damit den Übergang von reinem C++ zu plattformabhängigem Code mit allen Möglichkeiten. Sie können dann unter anderem Prioritäten festlegen, Zeitparameter abfragen, den Thread anhalten und fortsetzen und vieles mehr. Dafür verlieren Sie natürlich die Portabilität und müssen die entsprechende Funktionalität für jede geforderte Plattform implementieren und testen.

Wer unterstützt es?

Standard C++11

MSVC ab 2012

GCC spätestens ab 4.8 weitgehend

Wo gibt es mehr Infos?

Header <thread>

5.3 „packaged_task"-Klasse

Worum geht es?

Im Gegensatz zur Funktion *async* können Sie mit *packaged_task* die Erzeugung der parallelen Aufgabe von der Ausführung und der Ergebnisbehandlung trennen:

„packaged_task"-Klasse

```
int LongFunc(int p) {
  std::this_thread::sleep_for(std::chrono::seconds(p));
  return p;
}

std::packaged_task<int(int)> task(&LongFunc);
...
std::thread myThread(std::move(task), 9);
myThread.detach()
...
task.get_future().get();
```

Die *packaged_task* speichert den Aufruf und liefert einen *future* dafür. Zur Ausführung benötigt man noch einen Thread, dem die *packaged_task* und die Aufrufparameter übergeben werden.

Was steckt dahinter?

Die Funktion *async* erledigt alle Aufgaben bei der nebenläufigen Ausführung von Funktionsobjekten in einem Stück. *packaged_task* dagegen hält nur eine Referenz auf den asynchronen Zustand. Dieser speichert einerseits das aufrufbare Objekt und gleicht darin der Klasse *function* (siehe Kapitel 4.7). Zusätzlich stecken im asynchronen Zustand aber auch das Resultat der Ausführung (Ergebniswert oder Ausnahme) sowie der Mechanismus, über den das Resultat an den *future* zurückgemeldet wird. Zuständig dafür ist wiederum eine Instanz der Klasse *promise*, welche im folgenden Kapitel beschrieben wird.

Die eigentliche Ausführung der *packaged_task* in einem Thread bleibt dem Programm überlassen. Deshalb sehen Sie im obigen Beispiel, wie ein solcher erzeugt wird. Hier wäre es schön gewesen, wenn eine Überladung von *async* diese Aufgabe übernommen hätte.

Der Thread akzeptiert das ausführbare Objekt im Übrigen nur als *Rvalue*, daher das dazwischengeschaltete *move*. Damit wird verhindert, dass versehentlich zwei Threads mit derselben *packaged_task*-Instanz gestartet werden. Sie würden dann denselben asynchronen Zustand teilen und die gesamte Verwaltung durcheinander bringen.

Wie Sie sehen, kann der Thread direkt nach dem Start auch schon abgehängt werden. Dadurch, dass das aufrufende Programm mit *future<>::get* auf das Ende der Aufgabe wartet, erübrigt sich ein explizites *join*, und deshalb wird auch die *thread*-Instanz nicht benötigt.

Alternativ könnten Sie auch mit *join* warten und dann erst das Ergebnis abfragen:

```
std::thread myThread(std::move(task));
...
myThread.join();
task.get_future().get();
```

Aber das funktioniert ja nur, wenn die Ergebnisbearbeitung noch im selben Block wie der Start des Threads stattfindet. Die *packaged_task* hingegen ist eher dafür geeignet, als Referenz oder Zeiger an andere Programmteile weitergegeben zu werden.

Wie setzt man es ein?

Ein typischer Anwendungsbereich für *packaged_task* ist eine Klasse, die Hintergrundarbeiten entgegen nimmt und je nach Verfügbarkeit von Threads abarbeitet. Eine solche Klasse enthält typischerweise eine Warteschlange von *packaged_tasks*, von denen immer so viele parallel gestartet werden, wie für die Anzahl der zur Verfügung stehenden Prozessoren sinnvoll ist.

Im einfachsten Fall wird nur die Erzeugung der Aufgabe vom Start als Thread getrennt.

```
future<void> StartTask(packaged_task<void()>&& task) {
  thread(forward<packaged_task<void()>>(task)).detach();
  return task.get_future();
}

std::packaged_task<void()> task(...);
auto result = StartTask(std::move(task));
result.get();
```

Die *packaged_task* soll hier vom Aufrufer bis in den asynchronen Zustand hineinverschoben werden und braucht nie kopiert zu werden. Umgekehrt benötigt nur der Aufrufer den *future*, und da dieser nicht kopiert werden kann, wird er aus dem temporären Rückgabeobjekt in das Ziel verschoben.

In diesem Beispiel hat die *packaged_task* keine Parameter. Das ist auch sinnvoll, weil der ausführende Teil des Programms meistens nicht wissen wird, mit welchen Parametern die Task aufgerufen werden soll.

Wer unterstützt es?

Standard C++11

MSVC ab 2012

GCC spätestens ab 4.8 weitgehend

Wo gibt es mehr Infos?

Header <future>

5.4 „promise"-Klasse

Worum geht es?

promise-Objekte nehmen Ergebniswerte und Ausnahmen einer parallelen Aufgabe entgegen und kommunizieren diese an die zugehörige *future*-Instanz.

```
// myPromise nimmt den Ergebniswert entgegen
std::promise<std::string> myPromise;
auto myFuture = myPromise.get_future();
std::thread myThread(
  [](std::promise<std::string>& p){p.set_value("Bjarne");},
  std::move(myPromise));
myThread.detach();
…
auto value = myFuture.get(); // Liefert Bjarne
```

Was steckt dahinter?

Das Klassenmodell von C++11 für Multithreading beruht auf der untersten Ebene auf *thread*, *promise* und *future*.

- Die *thread*-Instanz kapselt einen Betriebssystemthread, startet die nebenläufige Ausführung und ermöglicht das Warten auf das Threadende.
- Der *promise* nimmt das Resultat des Threads entgegen, sei es ein Ergebniswert oder eine Ausnahme, und benachrichtigt seinen *future*, wenn das Resultat bereit steht.
- Der *future* wiederum ist mit dem *promise* verbunden und wartet, bis er die Benachrichtigung erhält. Dann wirft er entweder die Ausnahme in seinem eigenen Thread oder gibt den Ergebniswert der Threadfunktion zurück.

Im Vergleich dazu kapselt eine *packaged_task* (siehe Kapitel 5.3) das nebenläufige →ausführbare Objekt und den zugehörigen *promise*. Sie fängt entweder eine Ausnahme aus dem ausführbaren Objekt und speichert sie im *promise* ab, oder sie übergibt den Ergebniswert des ausführbaren Objekts an den *promise*.

Die Funktion *async* wiederum übernimmt nicht nur die Aufgaben von *packaged_task*, sondern erzeugt und startet außerdem noch den Thread und verwaltet die unterschiedlichen Aufrufstrategien und -status wie *deferred*.

In der Klasse *promise* gibt es vier Funktionen, die das Ergebnis setzen und an den *future* signalisieren:

```
void set_value(const ResultType& value)
```

Diese Funktion speichert den Wert als Ergebnis der Threadausführung im zum *promise* gehörenden asynchronen Zustand und setzt seinen Status auf *bereit*. Dadurch wird der zugehörige *future* benachrichtigt und kehrt wiederum aus seiner Funktion *get* oder *wait* zurück.

Die folgende Funktion tut im Prinzip genau das gleiche. Der Unterschied ist, dass der asynchrone Zustand erst dann auf *bereit* gestellt wird, wenn der Thread beendet wurde.

```
void set_value_at_thread_exit(const ResultType& value)
```

Wenn im aufrufbaren Objekt ein Ausnahme auftritt, kann kein Ergebniswert gesetzt werden, sondern stattdessen das Ausnahmeobjekt mit

```
void set_exception(std::exception_ptr p)
```

„promise"-Klasse

Dabei ist *exception_ptr* eine spezielle Klasse für beliebige Ausnahmen, die im Kapitel 5.16 erklärt wird. Auch von dieser Funktion gibt es die Variante, welche erst nach Beendigung des Threads den *future* benachrichtigt:

```
void set_exception_at_thread_exit(std::exception_ptr p)
```

Die Funktionsweise des *promise* können Sie sich folgendermaßen vorstellen, wenn Sie davon ausgehen, dass *func* das aufrufbare Objekt ist und *Execute* die im Thread ausgeführte Funktion:

```
void Execute() {
  try {
    auto r = func();
    myPromise.set_value(r);
  } catch(...) {
    myPromise.set_exception(
      std::exception_ptr::current_exception());
  }
}
```

Wie setzt man es ein?

Mit *promise* haben Sie die Möglichkeit, die Benachrichtigung an den Aufrufer komplett selbst zu organisieren. Damit sind Szenarien möglich, die mit *async* oder *packaged_task* nicht zu verwirklichen sind. Wie oben soll *Execute* hier die vom Thread ausgeführte Funktion und *func* das ausführbare Objekt sein:

Unterschiedliche Rückgabewerte

In diesem Szenario wird nicht einfach das Ergebnis von *func* zurückgegeben. Stattdessen können Sie noch eine Berechnung zwischenschalten und diese auch noch von weiteren äußeren Gegebenheiten abhängig machen:

```
void Execute() {
  try {
    int r = func();
    if (r <= 0) myPromise_.set_value(false);
    else myPromise_.set_value(true);
  } catch(...) {
```

```
myPromise_.set_exception(
    std::exception_ptr::current_exception());
  }
}
```

Mehrere Rückgabewerte

Ein einzelner Thread kann auch mehrere unterschiedliche *futures* mit unterschiedlichen Rückgabewerten versorgen. Dafür braucht er dann auch mehrere *promises*:

```
void Execute() {
  try {
    myPromise1_.set_value(func1());
  } catch(...) {
    myPromise1_.set_exception(
      std::exception_ptr::current_exception());
  }
  try {
    myPromise2_.set_value(func2());
  } catch(...) {
    myPromise2_.set_exception(
      std::exception_ptr::current_exception());
  }
}
```

Spezielle Ausnahmebehandlung

Die standardmäßige Ausnahmebehandlung in der *packaged_task* setzt einfach die aufgetretene Ausnahme im *promise*. Sie könnten aber zum Beispiel auch bestimmte Fehler als spezielle Rückgabewerte behandeln.

```
void Execute() {
  try {
    auto r = func();
    myPromise_.set_value(r);
  } catch(const MySpecialException& exc) {
    myPromise_.set_value(exc.GetErrorValue());
  } catch(...) {
    myPromise_.set_exception(
      std::exception_ptr::current_exception());
  }
}
```

Benachrichtigung erst nach Threadende

Wie schon erwähnt, ist es auch möglich, bis zur Beendigung des Threads zu warten, bevor der *future* bereit wird.

```
void Execute() {
  try {
    auto r = func();
    myPromise_.set_value_at_thread_exit(r);
  } catch(...) {
    myPromise_.set_exception_at_thread_exit(
      std::exception_ptr::current_exception());
  }
}
```

Dies geht übrigens auch mit *packaged_task*, wenn Sie *make_ready_at_thread_exit* aufrufen statt des normalen Aufrufoperators. Aber warum ist diese Option überhaupt interessant?

Mit dieser Option wird der *future* erst dann benachrichtigt und der aufrufende Thread läuft erst dann weiter, wenn der aufgerufene Thread komplett abgeschlossen ist. Es gibt dann keine lokalen Objekte mehr, weder in der Threadfunktion noch Thread-lokale Variablen, der Thread selbst existiert nicht mehr und damit sind auch alle etwaigen Sperren durch Synchronisationsobjekte zurückgesetzt. Der aufrufende Thread kann also ohne weitere Rücksichtnahme mit seiner Arbeit weitermachen.

Im Übrigen müssen Sie beim direkten Einsatz von *promise* unbedingt sichergehen, dass vor dem Ende des Threads entweder *set_value* oder *set_exception* aufgerufen wird. Andernfalls wird der *promise* in seinem Destruktor eine Ausnahme *future_errc::broken_promise* auslösen.

Wer unterstützt es?

Standard C++11

MSVC ab 2012

GCC spätestens ab 4.8 weitgehend

Wo gibt es mehr Infos?

Header <promise>

Ausgezeichnete Erläuterung zu *promise* von Anthony Williams:

http://www.justsoftwaresolutions.co.uk/threading/multithreading-in-c++0x-part-8-futures-and-promises.html

5.5 „shared_future"-Klasse

Worum geht es?

Während es immer nur genau ein *future*-Objekt für eine laufende Aufgabe geben darf, können es bei *shared_future* beliebig viele sein. Auf diese Weise können Sie mehrere Threads beim Abschluss der Aufgabe benachrichtigen.

```
std::promise<std::string> myPromise;
std::shared_future<std::string> myFuture =
  myPromise.get_future().share();

// Verwendet eine lokale Kopie von myFuture.
std::thread thread1(
  [](std::shared_future<string> sf){sf.wait();}, myFuture);

// Verschiebt myFuture in den Thread.
std::thread thread2(
  [](std::shared_future<std::string>& sf){sf.wait();},
  std::move(myFuture));

// Hauptthread benachrichtigt beide Nebenthreads.
myPromise.set_value("Grimm");
...
thread1.join();
thread2.join();
```

In diesem Beispiel liefert der Hauptthread das Ergebnis „Grimm" an die beiden Nebenthreads. Natürlich könnte auch ein weiterer Nebenthread den Wert senden.

Was steckt dahinter?

Ein normales *future*-Objekt geht davon, dass ihm die zugrundeliegende parallele Aufgabe gehört. Deshalb darf es immer nur ein *future* für eine Aufgabe geben und deshalb bietet die Klasse *future* Kopierkonstruktor und Zuweisungsoperator nur in *Move*-Semantik an.

Die Folge davon ist, dass immer nur ein Thread mittels *future<>::get* oder *future<>::wait* auf eine parallele Aufgabe warten kann. Wenn das nicht ausreicht, können Sie mit *future<>::share* aus dem *future* einen *shared_future* erzeugen. Anschließend ist der *future* ungültig, aber den *shared_future* können Sie kopieren und mit jeder Kopie in einem anderen Thread auf das Ergebnis warten.

Wie setzt man es ein?

Anwendungsfälle für *shared_future* sind eher rar. Man kann ihn dazu benutzen, mehrere Threads auf einen weiteren warten zu lassen. Dieses Szenario wird jedoch typischerweise mit einer *condition_variable* (siehe Kapitel 5.14) gelöst. Nur wenn die Threads an genau einer Stelle warten sollen, alle Threads auf dasselbe warten und außerdem den Ergebniswert beziehungsweise die Ausnahme des sendenden Threads benötigten, ist *shared_future* der richtige Kandidat.

Denkbare wäre folgendes Szenario:

1. N Threads werden gestartet und bereiten eine parallele Bildanalyse vor.
2. Ein Downloadthread startet und holt das Bild aus dem Web in eine temporäre Datei.
3. Die Analysethreads warten mit *shared_futures* auf den Downloadthread.
4. Der Downloadthread beendet sich und liefert den Analysethreads als Ergebniswert den Namen der temporären Datei.
5. Die Analysethreads erhalten den Dateinamen über ihren *future* und beginnen mit der Arbeit.

Dies wäre gleichzeitig auch ein Beispiel, wo es sinnvoll sein könnte, mit *set_value_at_thread_exit* zu arbeiten, damit die temporäre Datei auch ganz sicher geschlossen ist, bevor die Analysethreads sie öffnen wollen.

Wer unterstützt es?

Standard C++11

MSVC ab 2012

GCC ab 4.8 größtenteils

Wo gibt es mehr Infos?

Header <future>

5.6 Mutexe

Worum geht es?

Ein *Mutex*-Objekt kann immer nur von einem Thread gleichzeitig gesperrt werden und ermöglicht so synchronisierte Zugriffe auf Daten:

```
std::mutex dataMutex;
dataMutex.lock();
... // Zugriff auf gemeinsame Ressourcen
dataMutex.unlock();
```

Was steckt dahinter?

Ein wichtiger Punkt bei der Programmierung mit mehreren Threads besteht darin, den Zugriff auf gemeinsame Daten zu regeln und →data races zu verhindern. Wenn zwei Threads gleichzeitig dieselbe Variable ändern wollen, führt das zu undefiniertem Verhalten und zu sporadischen Fehlern im Programm.

Die *lock*-Methode des Mutex sperrt diesen für den ersten Thread, der sie aufruft. Bei weiteren Aufrufen blockiert die Methode den aufrufenden Thread, bis der erste Thread, der Besitzer des Mutex, *unlock* aufgerufen hat. Anschließend kehrt der *lock*-Aufruf des zweiten Threads zurück und dieser kann wiederum auf die gemeinsamen Daten zugreifen. So wird verhindert, dass zwei Threads gleichzeitig gemeinsame Variablen

Mutexe

benutzen. Der Zugriff auf diese Variablen ist damit quasi atomar. Das funktioniert natürlich nur, wenn wirklich alle Zugriffe auf sie innerhalb eines *lock/unlock*-Paares stehen.

Neben der *lock*-Methode besitzt der Mutex auch eine *try_lock*-Methode, die den aufrufenden Thread nicht blockiert, sondern *false* zurückgibt, wenn der Mutex schon gesperrt war. Der aufrufende Thread ist dann nicht blockiert, sondern kann die Wartezeit für andere Aufgaben sinnvoll nutzen, bevor er wieder einen Sperrversuch unternimmt.

```
std::mutex dataMutex;
if (dataMutex.try_lock()) {
  // Zugriff auf gemeinsame Variablen
  dataMutex.unlock();
}
```

Sollte ein Thread die *lock*-Methode noch einmal aufrufen, bevor er *unlock* ausgeführt hat, blockiert er sich selbst und das Programm hängt. Die Laufzeitumgebung kann dieses Problem auch erkennen und eine Ausnahme vom Typ *system_error* werfen, aber darauf kann man sich nicht verlassen, weil der Standard das nicht vorschreibt. Wenn Sie in dieser Situation ein anderes Verhalten erwarten, werfen Sie einen Blick auf die Klasse *recursive_mutex* im Kapitel 5.9.

Eine Variante von *mutex* ist der *timed_mutex*. Er bietet zusätzliche Methoden, mit denen ein Sperrversuch zeitlich begrenzt werden kann. *try_lock_for* versucht eine Sperre für eine bestimmte Zeitdauer und liefert *false*, wenn der Mutex danach immer noch nicht gesperrt werden konnte:

```
template<class Rep, class Period>
bool try_lock_for(
  const std::chrono::duration<Rep, Period>&timeout_duration);
```

try_lock_until dagegen wartet bis zu einem gegebenen Zeitpunkt:

```
template<class Clock, class Duration>
bool try_lock_until(
  const chrono::time_point<Clock,Duration>&timeout_time);
```

5 – Nebenläufigkeit

Die Funktionalität von Mutexen wird für gewöhnlich vom Betriebssystem bereitgestellt. Die C++-Klasse kapselt nur diese Funktionalität und bietet sie mit einer einheitlichen Schnittstelle und Semantik an.

Wie setzt man es ein?

Es gibt unter Entwicklern manche Fehleinschätzungen bezüglich der Notwendigkeit von Synchronisation, wie zum Beispiel:

- Ein Thread, der nur liest, muss nicht synchronisieren.
- Eine *char*-Variable ist nur ein Byte groß, darauf kann man auch ohne Synchronisation zugreifen.

Diese Aussagen sind falsch! Der gleichzeitige unsynchronisierte Zugriffe auf gemeinsame Daten von mehreren Threads ist ganz unabhängig vom Datentyp nur dann erlaubt, wenn kein beteiligter Thread die Daten schreibt, das heißt, alle dürfen nur lesend zugreifen.

Weitere verbreitete falsche Annahmen über Threads und Synchronisation:

- Der Compiler sorgt dafür, dass auf eine Variable, die mit *volatile* deklariert ist, atomar zugegriffen wird.
- Zum Synchronisieren von Datenzugriffen kann man statt Mutexen und ähnlichem auch Bool'sche Variablen verwenden.
- Wenn ein Thread zuerst eine Variable *b1* auf *true* setzt und dann eine Variable *b2* ebenfalls auf *true* und wenn ein anderer Thread sieht, dass *b2 true* ist, dann ist für ihn garantiert auch *b1 true*.

Noch einmal: Keine dieser Aussagen ist zutreffend! Eine ausführliche Diskussion dieser Themen würde den Rahmen dieses Buches sprengen. Sie finden Erklärungen zu diesen Aussagen und warum sie falsch sind jedoch in vielen guten C++-Büchern, wie zum Beispiel in Josuttis 2012 oder sehr detailliert in Williams 2012.

Obwohl man Mutexe theoretisch so einsetzen kann, wie das Beispiel es zeigt, sollten Sie unbedingt immer die im übernächsten Unterkapitel beschriebene *lock_guard*-Klasse benutzen, welche den Einsatz von Mutexen benutzerfreundlicher macht. Zum Beispiel ist das Verhalten eines gesperrten Mutex undefiniert, wenn er seinen Gültigkeitsbereich verlässt.

Wer unterstützt es?

Standard C++11

MSVC ab 2012

GCC ab 4.8

Wo gibt es mehr Infos?

Header <mutex>

5.7 Zweistufige Mutexe

Worum geht es?

Die Klassen *shared_mutex* und *shared_timed_mutex* sind ähnliche Synchronisationsprimitive wie der normale Mutex, können aber zusätzlich zur exklusiven Sperre auch nicht-exklusiv sperren.

```
std::shared_timed_mutex dataMutex;
dataMutex.lock_shared();
… // Zugriff auf gemeinsame Ressourcen
dataMutex.unlock_shared();
```

Was steckt dahinter?

Wenn zwei oder mehr Threads jeweils eine nicht-exklusive Sperre anfordern, sind alle erfolgreich. Somit können beliebig viele Threads gleichzeitig eine solche Sperre besitzen und auf die geschützte Ressource zugreifen.

Dagegen kann wie beim normalen Mutex eine exklusive Sperre nur dann vergeben werden, wenn noch keine exklusive oder nicht-exklusive Sperre besteht. Umgekehrt wird keine weitere Sperre vergeben, wenn schon eine exklusive Sperre existiert.

Neben dem unbedingten Aufruf *lock_shared* stehen analog zum normalen Mutex auch die Varianten *try_lock*, *try_lock_for* und *try_lock_until* zur

Verfügung, die bei Misserfolg nach einem Versuch bzw. einer gewissen Zeit mit *false* zurückkehren.

Der Unterschied zwischen *shared_timed_mutex* und *shared_mutex* besteht einfach darin, dass letzterem die Methoden für den zeitbeschränkten Sperrversuch fehlen, also *try_lock_for* und *try_lock_until* und ihre Entsprechungen für die nicht-exklusive Sperre.

Wie setzt man es ein?

Ein oder besser der typische Anwendungsfall ist der Unterschied zwischen einer Lesesperre und einer Schreibsperre. In den allermeisten Fällen unterstützen Ressourcen, egal ob es sich um Container im Speicher, Dateien auf Speichermedien, Datenbankobjekte oder etwas anderes handelt, zwar den gleichzeitigen lesenden Zugriff, verbieten aber das Schreiben, wenn zur selben Zeit noch weitere Zugriffe – egal ob lesend oder schreibend – laufen.

Dieses Muster lässt sich mit einem zweistufigen Mutex sehr einfach realisieren. Lesende Vorgänge werden mit einer nicht-exklusiven Sperre synchronisiert, während schreibende Vorgänge mit einer exklusiven Sperre abgesichert werden.

Wer unterstützt es?

- *shared_mutex*

Standard C++17

MSVC ab 2015

GCC spätestens ab 7

- *shared_timed_mutex*

Standard C++14

MSVC ab 2015

GCC ab 4.9

Wo gibt es mehr Infos?

Header <shared_mutex>

5.8 „lock_guard"-Klasse

Worum geht es?

Bei der Benutzung eines Mutex muss das Programm garantieren, dass er in allen Fällen wieder entsperrt wird, also auch, wenn eine Ausnahme auftritt, Dies können Sie auf einfache Weise mit dem *lock_guard* erreichen:

```
{
  std::mutex dataMutex;
  // Der Konstruktor ruft die lock-Methode des Mutex auf.
  std::lock_guard<std::mutex> lock(dataMutex);
  ... // Hier erfolgt der gemeinsame Zugriff auf die Daten.
} // Automatische Freigabe des Mutex
```

Der Destruktor des *lock_guard* garantiert, dass beim Verlassen des Blocks *mutex::unlock* aufgerufen wird.

Was steckt dahinter?

Ein Mutex, der unbeabsichtigt gesperrt bleibt, kann den Prozess komplett blockieren oder zu anderem undefinierten Verhalten führen. Er ist eine Ressource, die verwaltet und sicher freigegeben werden muss. In C++ empfiehlt sich in solchen Fällen das →RAII-Idiom. „Resource acquisition is initialization" bedeutet, dass eine Ressource im Konstruktor allokiert und im Destruktor freigegeben wird. Da C++ garantiert, dass beim Verlassen eines Blocks unter allen Umständen die Destruktoren aller lokalen Variablen aufgerufen werden, ist das ein bombensicheres Verfahren.

lock_guard unterstützt optional eine alternative Sperrstrategie, die im Konstruktor spezifiziert werden kann.

```
std::mutex dataMutex;
if (dataMutex.try_lock()) {
  std::lock_guard<std::mutex> lock(dataMutex, std::adopt_lock);
  … // Hier erfolgt der Zugriff auf die gemeinsamen Daten.
} // Freigabe des Mutex
else {
  … // Ersatzaktion
}
```

Hier wird der Mutex direkt über seine Methode *try_lock* gesperrt. Wenn dies erfolgreich war, übergibt der Konstruktor von *lock_guard* mit der Strategie *adopt_lock* den gesperrten Mutex an den *lock_guard*. *lock_guard* übernimmt dabei die vorhandene Sperre und sorgt im Destruktor dafür, dass die Sperre am Ende seiner Lebenszeit freigegeben wird.

Die anderen beiden Sperrstrategien neben *adopt_lock* sind *defer_lock* und *try_to_lock*. Sie sind nicht für *lock_guard* gedacht, sondern für die erweiterte Fassung *unique_lock* (siehe Kapitel 5.11).

Neben der beschriebenen Variante mit einem Mutex gibt es ab C++17 noch eine variadische Version mit mehreren Mutexen. Diese werden im Konstruktor alle belegt und im Destruktor alle wieder freigegeben. Dabei wendet die Standardbibliothek einen Algorithmus an, der Deadlock vermeidet.

Wie setzt man es ein?

Oft werden Mutexe als Elementvariablen einer Klasse definiert, um den gleichzeitigen Zugriff auf die anderen Elementvariablen zu verhindern. Öffentliche Funktionen, welche auf diese synchronisierten Elementvariablen zugreifen wollen, beginnen dann mit der Instanziierung von *lock_guard*.

```
// Foo ist eine synchronisierte Klasse. Öffentliche
// Öffentliche Elementfunktionen dürfen ohne weitere Maßnahmen
// aus unterschiedlichen Threads aufgerufen werden.
class Foo
{
public:
  void Insert(int key, const std::string& value) {
```

„lock_guard"-Klasse

```
    std::lock_guard<std::mutex> lock(myMutex_);
    names_.emplace(key, value);
  }
  std::string Find(int key) {
    std::lock_guard<std::mutex> lock(myMutex_);
    auto it = names_.find(key);
    return it == names_.end()? "": it->second;
  }
private:
  std::unordered_map<int, std::string> names_;
  std::mutex myMutex_;
};
```

Denken Sie daran, einen Mutex nur so lange zu sperren, wie es unbedingt nötig ist. Die Sperre verhindert ja parallele Abarbeitung und schadet dadurch dem Durchsatz des Gesamtprogramms. Sollten Sie also zu Beginn einer länger laufenden Funktion für kurze Zeit eine Sperre benötigen, zum Beispiel um die Startwerte einer Schleife zu bestimmen, dann wäre es sinnvoll, wenn die Sperre nicht unnötigerweise bis zum Ende der Funktion aufrecht erhalten würde. Indem Sie wie im Anfangsbeispiel einen zusätzlichen kleineren Block definieren, können Sie bestimmen, wo die Sperre aufgehoben wird.

Wer unterstützt es?

Standard C++11, variadisch C++17

MSVC ab 2012, variadisch ab 2017

GCC spätestens ab 4.8, variadisch nicht bis 7

Wo gibt es mehr Infos?

Header <mutex>

5.9 Rekursiver Mutex

Worum geht es?

Ein *recursive_mutex* ist ein Mutex, den derselbe Thread mehrmals hintereinander sperren kann. Ab dem zweiten Aufruf kehrt die *lock*-Methode sofort zurück:

```
{
  std::mutex dataMutex;
  dataMutex.lock();
  // dataMutex ist einmal gesperrt
  // Programm kann auf gemeinsame Ressourcen zugreifen
  ...
  dataMutex.lock();
  // dataMutex ist zweimal gesperrt
  ...
  dataMutex.unlock();
  // dataMutex ist einmal gesperrt
  ...
  dataMutex.unlock();
  // dataMutex ist entsperrt, Zugriff auf gemeinsame
  // Ressourcen nicht mehr zulässig
  ...
}
```

Was steckt dahinter?

Sollte ein Thread die *lock*-Methode eines normalen Mutex zweimal hintereinander aufrufen, ohne dazwischen den Mutex zu entsperren, ist eine Ausnahme oder eine Selbstblockierung die Folge:

```
class Foo {
public:
  void InsertIfMissing(int key, const std::string& value) {
    std::lock_guard<std::mutex> lock(myMutex_);
    if (names_.find(key) == names_.end())
      Insert(key, value);
  }
  void Insert(int key, const std::string& value) {
    std::lock_guard<std::mutex> lock(myMutex_);
```

```
    names_.emplace(key, value);
  }
private:
  std::unordered_map<int, std::string> names_;
  std::mutex myMutex_;
};
```

Obwohl das recht ordentlich aussieht, führt ein Aufruf von *InsertIfMissing* sofort zur Selbstblockade, weil der schon gesperrte Mutex in *Insert* noch einmal gesperrt werden soll. Um das zu verhindern, müsste man eine dritte private Methode *InsertInternal* schreiben, welche den effektiven Code von Insert aufnimmt (ohne den *lock_guard*) und dann diese Methode sowohl von *InsertIfMissing* und *Insert* aus aufrufen. In einer größeren Klasse verursacht dieser Ansatz einiges an Programmieraufwand und man verliert leicht den Überblick, welche Methoden aus welchen anderen aufgerufen werden dürfen. In letzter Konsequenz führt es dazu, dass keine öffentliche Methode mehr eine andere öffentliche Methode referenzieren darf.

Die Klasse *recursive_lock* löst das Problem, indem nur Sperren aus anderen Threads blockiert werden, jedoch nicht aus dem eigenen. Wenn *myMutex_* durch einen *recursive_mutex* ersetzt wird, passiert bei einem Aufruf von *InsertIfMissing* folgendes:

1. Der ausführende Thread ruft über den *lock_guard recursive_mutex::lock* auf. Dieser Aufruf wartet, bis der Mutex von etwaigen Vorbesitzern entsperrt wird, sperrt dann selbst den Mutex und kehrt zurück.
2. Der ausführende Thread gelangt zum Aufruf von *Insert*.
3. In Insert führt er wiederum *recursive_mutex::lock* aus. Diesmal ist der Thread selbst aber der Besitzer des Mutex. Der Mutex weiß das, registriert die zweite Sperre und kehrt sofort zurück.
4. Im folgenden Code von *Insert* kann auf die geschützten Daten zugegriffen werden.
5. Beim Verlassen von *Insert* ruft der Thread im Destruktor von *lock_guard recursive_mutex::unlock* auf. Der rekursive Mutex registriert, dass er jetzt nur noch einmal von diesem Thread gesperrt ist. Wenn schon andere Threads warten, können sie den Mutex noch nicht sperren und sind noch blockiert.

6. Beim Verlassen von *InsertIfMissing* ruft der Thread im Destruktor des *lock_mutex* wiederum *recursive_mutex::unlock* auf. Damit wird der Mutex endgültig entsperrt und weitere Threads können ihn in Besitz nehmen und auf die Variable *names_* zugreifen.

Auch ein Aufruf von *try_lock* statt *lock* (durch den *lock_guard*) innerhalb von *Insert* würde den Mutex sperren und *true* zurückliefern.

Die Variante mit wartenden Sperrfunktionen analog zum *timed_mutex* (siehe Kapitel 5.6) für den *recursive_mutex* heißt *recursive_timed_mutex*.

Wie setzt man es ein?

Der Overhead für *recursive_lock* ist nicht besonders hoch. Sie können ihn also bedenkenlos einsetzen, wo auch immer Sie nicht ganz sicher sind, dass ein Thread immer nur einmal gleichzeitig den Mutex sperrt. Auch von der Funktionsweise her ist ein rekursiver Mutex nämlich eigentlich immer korrekt. Es ist kein Anwendungsfall denkbar, in dem gewünscht wäre, dass ein Thread sich selbst blockiert.

Ein rekursiver Mutex empfiehlt sich immer dort, wo der Mutex eine Elementvariable oder gar eine statische Variable ist. Eine rekursive Funktion sollte allerdings tatsächlich die Sperre vor Beginn der eigentlichen Rekursion setzen.

Achten Sie darauf, dass der *recursive_mutex* genauso viele Aufrufe von *unlock* benötigt, um ihn zu entsperren, wie es erfolgreiche Aufrufe von *lock* beziehungsweise *try_lock* gegeben hat. Solange Sie mit dem Standardidiom von *lock_guard* arbeiten, ist dies allerdings automatisch gewährleistet. Schwieriger wird es, wenn Sie *try_lock* direkt einsetzen. In diesem Fall sollten Sie einfach im Erfolgsfall immer als nächste Anweisung

```
std::lock_guard lock(myMutex, std::adopt_lock);
```

verwenden, um das korrekte Entsperren sicherzustellen. Falls das *try_lock* jedoch scheitert, dürfen Sie den Mutex nicht an den *lock_guard* übergeben. Das führt nämlich zum Programmabbruch.

Was ist, wenn Sie auf eine Situation stoßen, wo eine Funktion eine Sperre setzt, aber nicht selbst wieder freigeben möchte? Zuerst sollten Sie prüfen, ob nicht ein Entwurfsfehler vorliegt. Normalerweise schützt man mit einem Mutex einen Codebereich und den kann man immer in einen Block einschließen. Die einzige Ausnahme sind Klassen, deren Sperre komplett von außen verwaltet wird:

```cpp
class SyncVector {
public:
  void Lock() {
    mutex_.lock();
  }
  void Unlock() {
    mutex_.unlock();
  }
  void Append(int v) {
    data_.push_back(v);
  }
  int Get(int index) {
    return data_[index];
  }
private:
  std::vector<int> data_;
  std::recursive_mutex mutex_;
};
```

Achten Sie wie beim normalen Mutex darauf, dass der *recursive_mutex* am Ende seiner Lebenszeit unbedingt freigegeben sein muss. Ansonsten ist das Verhalten seines Destruktors undefiniert.

Umgekehrt darf *unlock* auch nicht öfter aufgerufen werden, als es erfolgreiche Aufrufe von *lock* gegeben hat. Ansonsten kann das Programm an dieser Stelle einfach beendet werden.

Wer unterstützt es?

Standard C++11

MSVC ab 2012

GCC ab 4.8

Wo gibt es mehr Infos?

Header <mutex>

5.10 „lock"- und „try_lock"-Methoden

Worum geht es?

Wenn mehrere Mutexe gleichzeitig gesperrt werden sollen, können Sie auf Methoden der Standardbibliothek zurückgreifen, statt die Verwaltung selbst zu übernehmen:

```
std::mutex dataMutex1;
std::mutex dataMutex2;
// Beide Mutexe in einem Stück sperren
std::lock(dataMutex1, dataMutex2);
// Sicherstellen, dass die Mutexe am Ende des
// Gültigkeitsbereichs entsperrt werden.
std::lock_guard<mutex> lock1(dataMutex1, std::adopt_lock);
std::lock_guard<mutex> lock2(dataMutex2, std::adopt_lock);
...
```

Das geht auch mit *try_lock*:

```
int mutexIdx = std::try_lock(dataMutex1, dataMutex2);
if (mutexIdx < 0) {
  // Sicherstellen, dass die Mutexe am Ende des
  // Gültigkeitsbereichs entsperrt werden.
  std::lock_guard<mutex> lock1(dataMutex1, std::adopt_lock);
  std::lock_guard<mutex> lock2(dataMutex2, std::adopt_lock);
  ...
} else {
  cout << "data mutex " << mutexIdx << " could not be locked.";
}
```

Was steckt dahinter?

lock tut folgendes:

1. Es ruft *lock* für jeden angegebenen Mutex auf. Wenn das funktioniert, ist *lock* beendet.
2. Wenn eine Ausnahme auftritt, ruft es *unlock* für alle bisher erfolgreich gesperrten Mutexe auf und wirft die Ausnahme erneut.

„lock"- und „try_lock"-Methoden

Darüber hinaus sperrt *lock* die Mutexe auf eine Weise, die →Deadlocks verhindert. Denn grundsätzlich wird ein Programm anfällig für Deadlocks, wenn Threads mehr als einen Mutex gleichzeitig sperren. Wie *lock* das verhindert, ist nicht definiert. Eine mögliche Implementierung wäre aber, die Mutexe in der Reihenfolge ihrer Speicheradressen zu sperren. Denn wenn Mehrfachsperren an allen Stellen im Programm in derselben Reihenfolge durchgeführt werden, können nachweislich keine Deadlocks auftreten.

Die Speicheradresse ist eine eindeutige Identifikation der *mutex*-Instanz und an allen Stellen, wo sie benutzt werden kann, gleich. Wenn alle Mehrfachsperren im Programm die Mutexe in der Reihenfolge aufsteigender Speicheradressen sperren, kann es nicht zu Deadlocks kommen.

try_lock funktioniert ganz analog zu *lock*, kehrt aber sofort zurück, wenn sich ein Mutex nicht sperren lässt. Es liefert den Index desjenigen Mutex in der Liste zurück, bei dem die Elementfunktion *try_lock* nicht erfolgreich war. Wenn *try_lock* alle Mutexe sperren konnte, ist der Rückgabewert -1.

Nach dem generellen Entwurfsmuster der Standardbibliothek sind *lock* und *try_lock* Templatefunktionen, die auf beliebige Objekte angewendet werden können. Wichtig ist nur, dass diese die Elementfunktionen *lock* beziehungsweise *try_lock* sowie *unlock* besitzen. Auch wenn Sie selbst eine sperrbare Klasse mit diesen Funktionen und dem korrekten Verhalten implementieren, können *lock* und *try_lock* darauf operieren.

Wie setzt man es ein?

Das oberste Ziel in einem Programm sollte sein, gleichzeitige Sperren von zwei oder mehr Mutexen zu eliminieren. Dadurch kommt es nicht nur zur Deadlock-Gefahr, es ist auch wahrscheinlicher, dass Threads blockiert werden und damit den Parallelitätsgrad des Programms herabsetzen.

Die Situation, dass tatsächlich mehrere Mutexe auf einmal gesperrt werden müssen, tritt dann hauptsächlich in Algorithmen auf, wie zum Beispiel beim parallelen Mergesort. Wo immer das geschieht, sollten Sie unbedingt die Funktionen *lock* und *try_lock* einsetzen, um Deadlocks zu verhindern. Ab C++17 ist der bessere Weg allerdings der variadische *lock_guard* aus Kapitel 5.8.

Schwierigere Fälle entstehen dadurch, dass mehrere Instanzen von synchronisierten Klassen wie dem in Kapitel 5.9 erwähnten *SyncVector* gleichzeitig gesperrt werden sollen. Das sind dann reine Optimierungsmaßnahmen, die aber sehr sinnvoll sein können. Andererseits können Sie aber auf die internen Mutex-Objekte nicht zugreifen und deshalb die Funktion *lock* nicht so ohne weiteres aufrufen.

Ein Lösungsansatz wäre hier, die synchronisierten Klassen mit dem Konzept eines sperrbaren Objekts auszurüsten, sprich ihnen die Methoden

```
void lock()
void unlock()
bool try_lock()
```

zu spendieren und das korrekte Verhalten dafür zu implementieren. Wie schon erwähnt, genügt das als Voraussetzung, um die Funktionen *lock* und *try_lock* auf sie anzuwenden.

```
class SyncVector {
public:
  void lock() {
    mutex_.lock();
  }
  bool try_lock() {
    return mutex_.try_lock();
  }
  void unlock() {
    mutex_.unlock();
  }
  void Append(int v) {
    data_.push_back(v);
  }
  int Get(int index) {
    return data_[index];
  }
private:
  std::vector<int> data_;
  std::recursive_mutex mutex_;
};
```

```
SyncVector syncVec1;
SyncVector syncVec2;
std::lock(syncVec1, syncVec2);
std::lock_guard<SyncVector> lock1(syncVec1, std::adopt_lock);
std::lock_guard<SyncVector> lock2(syncVec2, std::adopt_lock);
```

Wie schon erwähnt, geht das ab C++17 aber einfacher mit der variadischen Erweiterung der *lock_guard*-Klasse.

Wer unterstützt es?

Standard C++11

MSVC ab 2012

GCC spätestens ab 4.8

Wo gibt es mehr Infos?

Header <mutex>

5.11 „unique_lock"-Klasse

Worum geht es?

unique_lock ist der flexiblere Bruder von *lock_guard*. Es sorgt wie dieser dafür, dass der zugeordnete Mutex beim Verlassen des Gültigkeitsbereichs entsperrt wird und bietet darüber hinaus noch mehrere Optionen:

- Konstruktion ohne den Mutex sofort sperren

    ```
    std::unique_lock<mutex> lock(myMutex, std::defer_lock);
    ```

- Konstruktion mit Sperrversuch

    ```
    std::unique_lock<mutex> lock(myMutex, std::try_to_lock);
    ```

- Zeitlich begrenzter Sperrversuch

  ```
  unique_lock<mutex> lock(myTimedMutex, std::defer_lock);
  if (lock.try_lock_for(…))
  …
  ```

- Abfrage, ob der zugeordnete Mutex gerade gesperrt ist

  ```
  unique_lock<mutex> lock(myTimedMutex, std::try_to_lock);
  if (lock.owns_lock())
  …
  ```

- Entsperren des Mutex über eine explizite Methode

  ```
  std::unique_lock<std::mutex> lock(myMutex);
  …
  lock.unlock();
  ```

Was steckt dahinter?

Der Einsatz von *lock_guard* ist optimiert auf den absoluten Standardfall. Er ist überall dort am Platz, wo innerhalb eines Blocks eine Sperre benötigt wird. Für komplexere Szenarien kommt *unique_lock* zum Einsatz.

Der Konstruktor mit *defer_lock* macht keinen Versuch, den Mutex zu sperren. Er ist gedacht für darauffolgende Aufrufe von *lock* oder *try_lock_for/try_lock_until*. Im Destruktor entsperrt *unique_lock* den Mutex, wenn er ihn inzwischen erfolgreich sperren konnte.

Der Konstruktor mit *try_to_lock* probiert, den Mutex zu sperren. Der Code muss anschließend mit *owns_lock* herausfinden, ob der Versuch erfolgreich war.

Die Funktionen *try_lock_for* und *try_lock_until* sowie die entsprechenden Konstruktoren unternehmen einen Sperrversuch und warten maximal während der angegebenen Zeitdauer oder bis zum angegebenen Zeitpunkt. Die Funktionen liefern zurück, ob der Sperrversuch erfolgreich war, nach einem Aufruf der Konstruktoren muss der Code dies mit *owns_lock* prüfen.

Die Funktion *owns_lock* oder der gleichbedeutende Bool'sche Operator stellen fest, ob der *unique_lock* derzeit den Mutex besitzt. Dies ist nicht unbedingt gleichbedeutend damit, dass der aktuelle Thread den Mutex besitzt. Wenn der Mutex zum Beispiel ein *std::mutex* ist und der Thread schon einmal *lock* erfolgreich ausgeführt hat, besitzt er den Mutex, obwohl ein nachfolgendes

```
std::unique_lock lock(myMutex);
```

eine Ausnahme geworfen hat.

Mit *unlock* wird der Mutex explizit entsperrt. In diesem Fall ruft der Destruktor kein *mutex::unlock* mehr auf.

Wie setzt man es ein?

unique_lock bietet viel mehr Möglichkeiten als *lock_guard*, warum sollten Sie ihn nicht grundsätzlich statt diesem verwenden? Nun, gerade deshalb. Gerade, weil er so flexibel ist, kann man *unique_lock* sehr einfach falsch einsetzen. Dafür bieten sich jede Menge Gelegenheiten:

- Konstruktor mit *defer_lock* verwenden und anschließend auf die Ressource zugreifen.
- Konstruktor mit *try_lock_for/try_lock_until* verwenden und anschließend auf die Ressource zugreifen, ohne mit *owns_lock* oder *(bool)* sichergestellt zu haben, dass das zulässig ist.
- Ähnliche Situationen nach *try_lock_for/try_lock_until*, wenn dieses *false* zurückgeliefert hat.
- *unlock* aufrufen, obwohl vorher keine Sperre gesetzt wurde, bzw. diese schon einmal aufgehoben wurde.

Gerade bei einem rekursiven Mutex sind diese Fehler nicht leicht festzustellen und noch schwieriger zu finden. An der eigentlichen Fehlerstelle kommt nur der interne Zähler des *recursive_lock* aus dem Tritt. Nach außen tritt der Fehler aber erst dann, wenn die Sperre aufgehoben wird oder aufgehoben werden sollte, und das kann an einer weit entfernten Position im Quellcode der Fall sein.

Auch wenn alles korrekt ist, macht die extensive Verwendung der Möglichkeiten von *unique_lock* das Verständnis des Codes und seine Überprüfung sehr schwierig. Deshalb sollten Sie, wo immer es möglich ist, *lock_guard* vorziehen und *unique_lock* auf die Fälle beschränken, wo es anders nicht geht.

Wer unterstützt es?

Standard C++11

MSVC ab 2012

GCC ab 4.8

Wo gibt es mehr Infos?

Header <mutex>

5.12 Thread-lokale Daten

Worum geht es?

Das Schlüsselwort *thread_local* definiert eine statische Variable, die pro Thread einen eigenen Speicherplatz besitzt. Das bedeutet, sie kann in jedem Thread einen anderen Wert annehmen:

```
int IncPerThread() {
  thread_local int count = 0;
  return ++count;
}
```

Für jeden Thread, in dem *IncPerThread* ausgeführt wird, erzeugt das Laufzeitsystem eine Variable *count* und belegt sie mit *0* vor.

Was steckt dahinter?

thread_local ist ein neues C++-Schlüsselwort für die Speicherklasse wie *static* und *extern*. Es ist somit eine Spracherweiterung und nicht Bestandteil der Standardbibliothek. Es definiert eine Variable, die allokiert wird, wenn der Thread beginnt, und freigegeben wird, wenn der Thread endet. *thread_local* kann mit *static* kombiniert werden, um →interne Bindung festzulegen, oder mit *extern*, um die Variable auch in anderen Übersetzungseinheiten verfügbar zu machen.

Im obigen Beispiel existiert die Variable *count* in jedem Thread, der *IncPerThread* aufruft, als eigene Einheit mit eigenem Wert. Sie ist insofern statisch, als der Wert über den Funktionsaufruf hinaus erhalten bleibt, ihre Lebensdauer ist an die des Threads gekoppelt. Etwas erweitert sieht das Beispiel so aus:

```
std::mutex m;
int globalCount = 0;

int IncPerThread() {
  thread_local int count = 0;
  std::lock_guard<std::mutex> lock(m);
  ++globalCount;
  return ++count;
}

auto r1 = std::async(
  []{while(IncPerThread() < 1000000); return IncPerThread();});
auto r2 = std::async(
  []{while(IncPerThread() < 1000000); return IncPerThread();});
std::cout << globalCount << ", " << r1.get() << ", " << r2.get();
```

Als Ausgabe erwartet man hier 2000002, 1000001, 1000001 und das bestätigt sich auch meistens. Nur mit GCC 4.8 unter Windows ist das Ergebnis 1000003, 1000003, 1000001. Das lässt sich nur so erklären, dass hier keine separaten Threads erzeugt wurden, sondern beide Schleifen wahrscheinlich verzögert in *future<>::get* ausgeführt wurden.

Die folgenden Objekte können als *thread_local* spezifiziert werden:

- Globale Variablen auf Datei- oder Namensraumebene
- Funktionslokale statische Variablen wie im obigen Beispiel
- Statische Elementvariablen

Wie statische Variablen unterstützen auch Thread-lokale Variablen dynamische Initialisierung. Der Zugriff auf Thread-lokale Variablen, insbesondere von solchen, die nicht innerhalb einer Funktion definiert sind, kann teurer sein als der Zugriff auf normale statische Variablen.

Wie setzt man es ein?

Thread-lokale Variablen sind die Entsprechung von statischen Variablen in der parallelen Welt, deswegen werden sie analog zu jenen verwendet. In einem objektorientierten Entwurf werden Sie üblicherweise eine gesonderte Klasse für die nebenläufige Aufgabe implementieren, wenn diese eigene Daten benötigt. Diese Daten sind dann als Elementvariablen der Aufgabe realisiert, und für Thread-lokale Variablen besteht gar kein Bedarf.

In den Spezialfällen, wo ansonsten statische Variablen eingesetzt werden, ergeben Thread-lokale Variablen dann ausnahmsweise Sinn, zum Beispiel um die Anzahl der Funktionsaufrufe zu zählen oder um das Singleton-Muster in einer Variante pro Thread zu implementieren.

Wer unterstützt es?

Standard C++11

MSVC ab 2015, vorher als __declspec(thread)

GCC spätestens ab 4.8

5.13 Einmalige Ausführung

Worum geht es?

Die Funktion *call_once* sorgt dafür, dass ein Funktionsobjekt auch im Falle mehrerer Threads genau beim ersten Aufruf auch tatsächlich ausgeführt wird:

```
void Foo() {
  ...
}

std::once_flag onceFlag;

void Execute() {
  std::call_once(onceFlag, Foo);
  ...
}
```

Was steckt dahinter?

Wenn *Execute* aus Threads heraus aufgerufen wird, sorgt die Konstruktion mit *call_once* dafür, dass *Foo* dann aufgerufen wird, wenn der erste Thread das *call_once* ausführt. Bei weiteren Aufrufen wird es dann einfach übersprungen. Ein Aufruf, der eine Ausnahme geworfen hat, zählt dabei nicht. Das bedeutet, dass der Aufruf, der auf den versuchten Aufruf folgt, auch wieder ausgeführt wird.

Die Standardbibliothek benutzt das *once_flag*, um sich zu merken, ob schon ein erfolgreicher Aufruf stattgefunden hat.

Wie setzt man es ein?

Typischerweise benutzt man *call_once* für verzögerte Initialisierung (lazy initialization). Das bedeutet, Sie wollen ein Objekt, das in mehreren Threads benutzt wird, einmal initialisieren, aber eben erst dann, wenn es tatsächlich benötigt wird. Dadurch können Sie die Initialisierung nicht vor dem Starten der Threads erledigen. Das würde es zwar einfacher machen, wäre dann aber früher als unbedingt nötig.

Welche Gründe kommen für verzögerte Initialisierung in Frage?

- Es hängt von Verarbeitungen im Thread ab, ob das zu initialisierende Objekt überhaupt benötigt wird. Wenn die Initialisierung kostspielig ist, hätten Sie andernfalls Ressourcen verschenkt.
- Die Initialisierung bedingt ein Warten auf Eingabedaten. Je später Sie das tun, desto kürzer ist die voraussichtliche Wartezeit.

Da im Grunde das *once_flag* steuert, ob das ausführbare Objekt aufgerufen wird oder nicht, können Sie auch mehrere unterschiedliche Funktionsobjekte mit dem selben *once_flag* aufrufen, also zum Beispiel unterschiedliche Initialisierungsfunktionen für dasselbe Objekt. Nur der erste all dieser Aufrufe mit demselben *once_flag*-Objekt wird dann ausgeführt.

```
class Foo {
public:
  static void Init(int v);
};
```

```
std::once_flag fooOnce;

void Thread1() {
  ...
  std::call_once(fooOnce, []{Foo::Init(3);});
  ...
}

void Thread2() {
  ...
  std::call_once(fooOnce, []{Foo::Init(18);});
  ...
}

std::thread t1(&Thread1);
std::thread t2(&Thread2);
...
t1.join();
t2.join();
```

Je nachdem welcher Thread schneller ist, wird *Foo::Init* hier mit 3 oder 18 aufgerufen. *call_once* garantiert aber, dass einerseits einer der beiden Aufrufe zum Zuge kommt und andererseits nie beide Aufrufe getätigt werden. Das *once_flag* hat keinerlei weitere öffentliche Methoden und lässt sich insbesondere nicht zurücksetzen.

Wenn also die Initialisierungssequenz mit den beiden Threads öfter als einmal ausgeführt werden soll, müssen Sie das *once_flag* in einer Klasse kapseln, von der Sie eine weitere Instanz erzeugen können. Das könnte ungefähr so aussehen:

```
class MyOnceFlag {
public:
  MyOnceFlag(): onceFlag_(new std::once_flag) {
  }
  template<class Function, class ...Args>
  void CallOnce(Function&& f, Args&& ...args) {
    call_once(*onceFlag_, std::forward<Function>(f),
      std::forward<Args>(args)...);
  }
  void Reset() {
    onceFlag_.reset(new std::once_flag());
  }
```

```
private:
  std::unique_ptr<std::once_flag> onceFlag_;
};
```

Die Funktion *Reset* ist hier allerdings nicht Thread-sicher und darf nur zu Zeitpunkten aufgerufen werden, wo garantiert nur ein Thread mit der *MyOnceFlag*-Instanz zu tun hat.

Wer unterstützt es?

Standard C++11

MSVC ab 2012

GCC spätestens ab 4.8

Wo gibt es mehr Infos?

Header <mutex>

5.14 Bedingungsvariablen

Worum geht es?

Mit einer *condition_variable* kann ein Thread andere Threads über das Eintreten einer Bedingung informieren. Die anderen Threads warten auf dieses Ereignis und werden durch die Benachrichtigung aufgeweckt und fortgesetzt.

```
std::mutex conditionWaitMutex;
std::condition_variable conditionVariable;

void ThreadProc()
{
  { // Warten auf die condition_variable
    std::unique_lock<std::mutex> lock(conditionWaitMutex);
    conditionVariable.wait(lock);
  }
  std::cout << "ThreadProc hat die Benachrichtigung erhalten.";
}
```

```
std::thread t1(ThreadProc);
std::thread t2(ThreadProc);
std::this_thread::sleep_for(std::chrono::seconds(10));
// Benachrichtigung an einen Thread
conditionVariable.notify_one();
// Benachrichtigung an den anderen Thread
conditionVariable.notify_one();
t1.join();
t2.join();
```

Was steckt dahinter?

Die Bedingungsvariablen der neuen Standardbibliothek entsprechen in etwa den Events unter Windows oder den Bedingungsvariablen in der POSIX Threadbibliothek. Im Unterschied zum Mutex, der einen Zustand hat, nämlich *freigegeben* oder *gesperrt*, stellt die *condition_variable* ein Ereignis oder Signal da. Auf dieses Signal können ein oder mehrere Threads warten. Wenn es eintritt, werden je nach Anwendungsfall entweder nur einer oder alle wartenden Threads aufgeweckt.

Gerade weil die Aufgabe der *condition_variable* einfacher ist als die des Mutex, ist es etwas irritierend, dass man für den Einsatz einer *condition_variable* zusätzlich noch einen Mutex benötigt. Der Grund dafür liegt in der technischen Realisierung der *condition_variable* und der grundlegenden Philosophie der Standardbibliothek. Betrachten Sie den Mutex fürs erste als Implementierungsdetail, die Erläuterung folgt im nächsten Abschnitt.

Ebenfalls etwas verwirrend ist diese Eigenschaft von *condition_variable*: Wartende Threads werden oft auch fälschlicherweise aufgeweckt, also auch dann, wenn der signalisierende Thread das Signal gar nicht abgeschickt hat. Das heißt dann „falscher Alarm" (spurious wake-up) und ist ebenfalls ein Implementierungsdetail, mit dem Sie sich herumschlagen müssen.

Aus unterschiedlichen Gründen kann das Laufzeitsystem nicht immer sicher sein, dass es bei einer Benachrichtigung auch wirklich die geforderte Anzahl Threads aufgeweckt hat. Wenn aber ein Thread, der aufgeweckt werden soll, nicht aufgeweckt wird, ist das das Schlimmste, was passieren kann. Die Folge ist fast zwangsläufig mindestens eine Fehlfunktion, weil ein Ereignis nicht verarbeitet wird, oder sogar eine Blockade des ganzen Programms. Stellen Sie sich vor, im obigen Bei-

Bedingungsvariablen

spiel würde einer der *notify_one*-Aufrufe den Thread nicht erreichen. Der Thread würde weiter in *conditionVariable.wait* verharren, während der Hauptthread mit *join* auf den Thread warten würde.

Damit dies unter keinen Umständen geschieht, werden wartende Threads im Zweifel aufgeweckt. Sie müssen dann selbst prüfen, ob die Situation, auf die Sie gewartet haben, tatsächlich eingetroffen ist, in dem Sie eine geeignete gemeinsame Variable testen oder eine entsprechende Funktion aufrufen.

Nachdem diese beiden Besonderheiten angesprochen wurden, zeigt das folgende Beispiel eine komplette korrekte Implementierung. Die Variable *count* beinhaltet eine Anzahl an Aktionen, die der *Consumer*-Thread durchführen soll. Der *Producer*-Thread berechnet diese Anzahl und weckt den Consumer-Thread dann auf. Das Erzeugen und Starten der Threads müssen Sie sich dazu denken.

```
int count;
std::mutex countMutex;
std::condition_variable consumerCondition;

void Produce() {
  ...
  {
    std::lock_guard<std::mutex> lock(countMutex);
    count = n;
  }
  consumerCondition.notify_one();
}

void Consume() {
  int myCount;
  {
    std::unique_lock<std::mutex> lock(countMutex);
    while(count <= 0)
      consumerCondition.wait(lock);
    myCount = count;
  }
  for (int i = 0; i < myCount; ++i) {
    ...
  }
}
```

5 – Nebenläufigkeit

Der Aufruf von *wait* steht hier in einer Schleife, die erst dann verlassen wird, wenn *count* tatsächlich größer als 0 ist, also wenn der *Consumer*-Thread tatsächlich etwas zu tun bekommen hat. Diese Prüfung ist den falschen Alarmen geschuldet und vermeidet, dass der *Consumer* unnötigerweise in die Verarbeitungsschleife wechselt. Warum hier ein *unique_lock* nötig ist und ein *lock_guard* nicht ausreicht, erfahren Sie im folgenden Abschnitt.

Auf den ersten Blick könnte man meinen, dass die *condition_variable* überflüssig ist und den Code nur komplizierter macht. Schließlich könnte *Consume* auch auf den Mutex warten, dann prüfen, ob *count* > 0 ist, und entsprechend fortfahren.

```
void Consume() {
  int myCount = 0;
  while(myCount <= 0) {
    std::lock_guard<std::mutex> lock(countMutex);
    myCount = count;
  }
  for (int i = 0; i < myCount; ++i) {
    ...
  }
}
```

Der Unterschied zwischen den Varianten mit und ohne *condition_variable* liegt aber darin, dass in der einfachen Variante der *Consumer*-Thread praktisch ständig arbeiten würde, weil er den Wert von *count* pollt. Er würde den Mutex sperren, die Variable prüfen, den Mutex entsperren und sofort wieder von vorne anfangen. Nur in den vergleichsweise seltenen Momenten, wo der *Producer*-Thread einen Wert in *count* schreibt, würde der *Consumer*-Thread warten. Ansonsten würde er ständig Rechenzeit verbrauchen, also mit geschäftigem Warten (busy wait) ausgelastet sein. Ein zusätzliches *sleep_for* in der Schleife würde zwar den Prozessor entlasten, dafür aber die Reaktionszeit erheblich verlängern.

In der Variante mit *condition_variable* wird der *Consumer*-Thread nur aufgeweckt, wenn tatsächlich Daten vorhanden sind. (Und eventuell noch ein paar Mal zusätzlich wegen der falschen Alarme.) Den Rest der Zeit schläft er und verbraucht keine Ressourcen.

Vielleicht fragen Sie sich, was passiert, wenn der *Producer* die Variable *count* setzt und alle *Consumer*-Threads noch mit der Verarbeitung beschäftigt sind und somit nicht aufgeweckt werden können. Das ist aber gar kein Problem, weil die eigentliche Bedingung ja schon vor dem *wait* geprüft wird. Wenn sie schon zu Beginn erfüllt ist, wartet der *Consumer* überhaupt nicht, sondern macht sich gleich wieder an die Arbeit.

Um die *while*-Schleife zu vermeiden bietet, *condition_variable* eine Überladung für *wait* an, welche die Prüfung der Bedingung direkt enthält in Form eines Funktionsobjektes, genauer gesagt eines Prädikats.

```
void Consume() {
  int myCount = 0;
  {
    std::unique_lock<std::mutex> lock(countMutex);
    consumerCondition.wait(lock, []{return count > 0;});
    myCount = count;
  }
  for (int i = 0; i < myCount; ++i) {
    ...
  }
}
```

Statt *notify_one* könnte der Producer auch *notify_all* aufrufen. In diesem Fall würde nicht nur genau einer der wartenden Threads aufgeweckt, sondern alle. Die Consumer können statt *wait* auch *wait_for* oder *wait_until* benutzen, um die Wartezeit zu begrenzen.

Wie sind die Details?

Wie schon erwähnt hat *condition_variable* zwei Eigenheiten, die auf den ersten Blick seltsam und überflüssig wirken. Die Rede ist von den falschen Alarmen und dem notwendigen Mutex. Hätte man das nicht so definieren können, dass dem Anwender solche Umstände erspart bleiben?

Bei den falschen Alarmen ist es allgemein definitiv nicht möglich. Bei der Implementierung gibt es unvermeidbare Fälle, wo die Standardbibliothek nicht eindeutig entscheiden kann, ob eine Benachrichtigung erfolgen muss oder nicht. Da aber garantiert werden muss, dass eine Benachrichtigung nie verloren geht – ansonsten könnten wartende Threads auf ewig blockiert bleiben –, muss der Thread aufgeweckt werden und die Chance erhalten, selbst zu prüfen, ob die erwartete Bedingung eingetroffen ist.

Die erwartete Bedingung kann aber nicht anders geprüft werden, als durch Zugriff auf gemeinsame Variable, die mindestens ein Thread schreibt und mindestens einer liest. Um →data races zu vermeiden, müssen Sie also zwangsläufig den Zugriff auf diese Variablen mit einem Mutex absichern. Dabei darf absolut keine Lücke entstehen zwischen dem Aufwecken des wartenden Threads und dem Sperren des Mutex für das Prädikat. Denn gäbe es eine solche, könnte Folgendes passieren:

1. Thread 1 wartet in der Bedingungsvariablen.
2. Thread 2 setzt das Prädikat und schickt die Benachrichtigung.
3. Thread 1 wird aufgeweckt und läuft los.
4. In der Lücke zwischen Aufwecken und Sperren setzt Thread 2 das Prädikat zurück.
5. Thread 1 sperrt den Mutex, prüft das Prädikat und stellt fest, dass es nicht gesetzt ist. Also geht er wieder in den Wartezustand über.

Das bedeutet, dass eine Benachrichtigung verloren gegangen ist, und das darf unter keinen Umständen passieren. Verhindert wird es dadurch, dass die Bedingungsvariable das Aufwecken des Threads und das Sperren des Mutex in einem Schritt, also atomar, durchführt. Dann kommt es zu keiner Lücke und somit auch zu keinen verpassten Benachrichtigungen.

Aus diesem Grund muss die Bedingungsvariable Zugriff auf den Mutex haben, der das Prädikat synchronisiert. Doch warum muss der Mutex beim Aufruf von *wait* gesperrt sein? Der Grund ist wieder ganz ähnlich wie oben. Wäre der Mutex beim Aufruf von *wait* nicht gesperrt, könnte es zu zeitlichen Verschiebungen zwischen dem Setzen des Prädikats, der Benachrichtigung und dem Betreten des Wartezustands kommen und wiederum könnte eine Benachrichtigung verloren gehen.

Die tatsächliche Ablaufreihenfolge sieht so aus:

1. Thread 1 sperrt den Mutex. In dieser Zeit kann Thread 2 nicht auf das Prädikat zugreifen.

Bedingungsvariablen

2. Thread 1 betritt die Funktion *condition_variable::wait*. Diese Funktion entsperrt den Mutex und versetzt den Thread in den Wartezustand und zwar atomar. Eine Lücke wie im vorherigen Ablauf entsteht nicht.
3. Thread 1 erhält einen falschen Alarm. Er verlässt den Wartezustand und sperrt im gleichen Atemzug den Mutex. Dann überprüft er das Prädikat. Es ist immer noch nicht erfüllt, deshalb geht Thread 1 zurück in den Wartezustand. Das bedeutet: Atomar den Mutex freigeben und Wartezustand einnehmen.
4. Thread 2 kann nun die Bedingung setzen. Dazu sperrt er den Mutex und weist *count* einen positiven Wert zu. Anschließend entsperrt er den Mutex und ruft *condition_variable::notify_one* oder *condition_variable::notify_all* auf. Dann setzt er seine Tätigkeit fort.
5. Thread 1 wird geweckt und sperrt gleichzeitig den Mutex. Das Prädikat ist nun erfüllt, deshalb fährt Thread 1 mit der Bearbeitung fort. Ob er den Mutex sofort freigibt oder später, hängt davon ab, ob er die mit dem Prädikat verknüpften Variablen noch länger benötigt oder nicht.

Aus dieser Beschreibung wird auch klar, warum der Mutex mit einem *unique_lock* gesperrt werden muss und ein *lock_guard* nicht ausreicht. Die *condition_variable* sperrt und entsperrt den Mutex, das wäre mit einem *lock_guard* nicht möglich.

Wie setzt man es ein?

Nicht jede Kommunikation zwischen Threads kann man sinnvollerweise über Mutexe abwickeln. Die Information, die in der Freigabe eines Mutex steckt, bedeutet ja in etwa „Ich brauche diese Ressource nicht mehr, jemand anders kann sie haben.". Oftmals bezieht sich die Kommunikation aber nicht auf Ressourcen, sondern auf Ereignisse, ungefähr wie „Ich bin jetzt fertig, jemand anders kann hier weitermachen.". Der Zweck einer *condition_variable* ist es, in solchen Szenarien busy wait zu vermeiden und keine unnötige Rechenzeit zu verbrauchen. Es geht nicht primär um das Absichern von Ressourcen.

Die wichtigste Regel dabei ist:

5 – Nebenläufigkeit

Rechnen Sie mit falschen Alarmen. Warten Sie immer in einer Schleife und prüfen Sie das Prädikat oder setzen Sie die Wartefunktion ein, welche das selbst tut.

Wenn Sie nicht unbeschränkt warten und deshalb eine zeitbegrenzte Wartefunktion benutzen wollen, ist es besser *wait_until* einzusetzen, obwohl *wait_for* auf den ersten Blick einleuchtend erscheint. Aber sehen Sie sich die naheliegende Variante einmal genauer an:

```
bool Consume() {
  int myCount;
  {
    std::unique_lock<std::mutex> lock(countMutex);
    while (count <= 0) {
      if (consumerCondition.wait_for(lock,chrono::seconds(1))
          == std::cv_status::timeout)
        return false;
      myCount = count;
    }
  }
  for (int i = 0; i < myCount; ++i) {
    ...
  }
  return true;
}
```

Die Absicht, die dahinter steckt, ist die, dass *Consume* höchstens eine Sekunde lang wartet und mit *false* zurückkehrt, wenn innerhalb dieser Sekunde keine Daten angekommen sind. Aber was passiert, wenn vor Ablauf dieser Sekunde ein falscher Alarm hereinkommt? Der Thread wird aufgeweckt, prüft das Prädikat und beginnt mit dem Warten von vorne. Also wieder eine Sekunde. Wenn vor Ablauf dieser Sekunde ein weiterer falscher Alarm auftritt, passiert dasselbe. Jedes Mal beginnt das Warten von vorne, was der Absicht, höchstens eine Sekunde blockiert zu sein, eklatant widerspricht.

Deshalb ist die folgende Variante besser:

```
bool Consume() {
  int myCount;
  {
    std::unique_lock<std::mutex> lock(countMutex);
    auto until(std::chrono::steady_clock::now()
      + std::chrono::seconds(1));
```

```
  while (count <= 0) {
    if (consumerCondition.wait_until(lock, until)
    == std::cv_status::timeout)
      return false;
    myCount = count;
  }
}
for (int i = 0; i < myCount; ++i) {
  ...
}
return true;
}
```

Damit wird die Sekunde mehr oder weniger eingehalten.

Im Übrigen nützt es auch nichts, *wait_for* mit dem Funktionsobjekt für das Prädikat zu benutzen, da es sich laut Definition genauso verhält wie die gezeigte *while*-Schleife. *steady_clock* (siehe Kapitel 4.17) wird deswegen hier eingesetzt, weil es als einzige Uhr garantiert, dass die Uhrzeit nicht verstellt und die Wartezeit dadurch gravierend verlängert oder verkürzt wird.

Wer unterstützt es?

Standard C++11

MSVC ab 2012

GCC spätestens ab 4.8

Wo gibt es mehr Infos?

Header <condition_variable>

Schöne Erklärung zu falschen Alarmen von Anthony Williams:

http://www.justsoftwaresolutions.co.uk/threading/condition-variable-spurious-wakes.html

5.15 Atomare Operationen

Worum geht es?

Das Synchronisieren von gemeinsamen Daten über Mutexe ist vergleichsweise kostspielig. Es verbraucht zum einen Rechenleistung und führt außerdem durch blockierte Threads zu Verzögerungen (Latenzen) bei der Programmausführung. Wenn es darum geht, einzelne einfache Variablen synchronisiert zu schreiben und zu lesen, sind atomare Operationen eine leichtgewichtigere Alternative.

```
std::atomic<int> count(0);

void Produce() {
    ...
    count.store(8);
    ...
}

void Consume() {
    int myCount = count.load();
    ...
}
```

Auch wenn *Produce* und *Consume* in zwei verschiedenen Threads ausgeführt werden, garantiert das Template *atomic*, dass Zugriffe auf *count* atomar sind und somit keine →data race auftritt.

Was steckt dahinter?

Die Templateklasse *atomic* kapselt den Zugriff auf einzelne Variablen und stellt atomare Operationen wie Schreiben und Lesen bereit. Atomar bedeutet, dass diese Operationen (im Gegensatz zu den echten Atomen) unteilbar sind, immer in einem Stück ausgeführt werden und damit keine data race verursachen können. Solche atomaren Operationen können häufig direkt auf atomare Operationen des Betriebssystems oder sogar des Prozessors abgebildet werden und sind deshalb wesentlich schneller als die Synchronisation über Mutexe.

Der zweite große Vorteil von atomaren Operationen besteht darin, dass sie keine →Deadlocks verursachen können, weil es ja Operationen sind

Atomare Operationen

und nicht Zustände. Wenn man überhaupt von Sperre sprechen kann, ist bei atomaren Operationen gewährleistet, dass ein Thread zu einem Zeitpunkt höchstens eine solche Sperre besitzt.

Das *atomic*-Template kann für folgende Typen instanziiert werden:

- triviale Typen
- ganzzahlige Typen
- Zeiger-Typen

Für eine ganze Reihe davon gibt es vordefinierte Spezialisierungen, so für *atomic_bool*, *atomic_int*, *atomic_intptr_t* und viele andere.

Bevor Sie atomare Operationen nutzen können, müssen Sie eine Instanz des jeweiligen Typs anlegen. Beachten Sie, dass die Konstruktoren der atomaren Typen nicht atomar sind und dass der Standardkonstruktor einen atomaren Typ nicht vollständig initialisiert.

Die beiden wichtigsten Operationen sind

```
T atomic::load() const;
```

und

```
void atomic::store();
```

mit denen eine atomare Variable gelesen und geschrieben werden kann. Dabei tun beide Methoden mehr, als einfach nur dafür zu sorgen, dass keine Zwischenzustände beim Lesen und Schreiben sichtbar werden.

load kümmert sich intern darum, dass alle nachfolgenden schreibenden Zugriffe auf die atomare Variable erst dann für andere Threads sichtbar werden, nachdem *load* seine Arbeit getan hat. Umgekehrt sorgt *store* dafür, dass vorhergehenden Änderungen, die der Thread an der atomaren Variablen vornimmt, auch wirklich vor dem aktuellen Schreibvorgang für andere Threads sichtbar sind.

Ohne diese Speicherschranken (memory barriers) hätten unterschiedliche Threads eine verschiedene Sichtweise davon, in welcher Reihenfolge die Werte der atomaren Variablen eingetreten sind. Was für den einen Thread die Sequenz 1, 2, 3 ist, wäre dann möglicherweise für einen anderen 2, 1, 3 oder gar 3, 1, 2. Die meisten Algorithmen kommen mit einem solchen Verhalten nicht zurecht.

5 – Nebenläufigkeit

Über *store* und *load* hinaus bietet das Template *atomic* noch die folgenden atomaren arithmetischen Operationen:

Operator	Funktion	Bedeutung
++		Inkrement
--		Dekrement
+=	fetch_add	Addition
-=	fetch_sub	Subtraktion
&=	fetch_and	Bitweise Und-Verknüpfung
|=	fetch_or	Bitweise Oder-Verknüpfung
^=	fetch_xor	Bitweise XOR-Verknüpfung

Die Operationen haben dieselbe Bedeutung wie bei gewöhnlichen arithmetischen Typen. Zusätzlich erzeugen sie die notwendigen Speicherschranken und liefern das Ergebnis als Wert zurück statt als Referenz.

Interessant sind dann noch die Austauschoperationen:

```
T std::atomic::exchange(T desired);
```

Diese Methode schreibt den Wert *desired* in die atomare Variable und liefert ihren vorherigen Wert zurück. Das gibt es auch mit Bedingung:

```
bool atomic::compare_exchange_strong(T& expected,T desired);
```

Hier wird *expected* mit dem aktuellen Wert verglichen. Sind sie gleich, schreibt die Funktion den Wert *desired* in die Variable und liefert *true* zurück. Andernfalls belässt es den aktuellen Wert und liefert *false*.

Als Beispiel können Sie wieder eine *Producer-Consumer*-Anordnung hernehmen. Der *Producer* gibt dem *Consumer* Aufträge, indem er die gemeinsame Variable *count* auf einen positiven Wert setzt. Das darf er natürlich nur dann tun, wenn der *Consumer* die bisherigen Aufträge abgearbeitet hat, die Variable *count* also auf 0 steht:

```
std::atomic<int> count;

void Produce() {
  int myCount;
  do {
    ...
```

```
    if (count.compare_exchange_strong(0, myCount)) {
      // Aufgaben übertragen, neue Aufgaben sammeln
      myCount = 0;
    } else {
      // Aufgaben noch nicht übertragen
    }
  } while(true);
}

void Consume() {
  do {
    while (count.load() <= 0)
      std::this_thread::sleep_for(chrono::milliseconds(10));
    int myCount(count.load());
    for (int i = 0; i < myCount; ++i)
      ...
    count.store(0);
  } while(true);
}
```

Auch hier müssen Sie sich die Threads für *Produce* und *Consume* dazu denken. *Consume* wartet auf neue Aufträge in einer *busy-wait*-Schleife. Hier wäre eine *condition_variable* besser. Außerdem ist ein einzelner Zähler normalerweise nicht ausreichend, um Aufträge vom *Producer* an den *Consumer* zu übermitteln. Das Beispiel beschränkt sich auf das grundlegende Prinzip, weil komplette echte Algorithmen mit atomarer Operation schnell kompliziert werden.

Je nach Betriebssystem und Bibliothek haben nicht alle Instanziierungen des *atomic*-Templates tatsächlich eine sperrenfreie Implementierung. Echte atomare Operationen bedürfen einer Unterstützung durch das Betriebssystem, und wenn diese nicht angeboten wird, bleibt nur eine Simulation der Atomizität durch einen Mutex. Damit hat Ihr Programm dann nicht viel gewonnen, außer, dass Sie den Mutex nicht explizit erzeugen und sperren müssen. Um herauszufinden, ob ein bestimmter atomarer Typ sperrenfrei implementiert wurde, können Sie seine Funktion *is_lock_free* aufrufen.

Viele Funktionen von *atomic* haben einen zusätzlichen optionalen Parameter vom Typ *memory_order*. Durch Angabe spezifischer Werte an dieser Stelle können Sie bestimmte Annahmen über das Speichermodell lockern. Zu können Sie zum Beispiel definieren, dass die Reihenfolge, in der atomaren Operationen in anderen Threads sichtbar werden, nicht zwangsweise dieselbe sein muss, wie sie im Quellcode stehen. Dies eröffnet dem Compiler und dem Prozessor weitere Optimierungsmöglichkeiten.

Auf die Möglichkeiten durch erweiterte Speichermodelle wird hier jedoch nicht weiter eingegangen. Dazu wäre eine tiefgreifende Diskussion der Vorgänge im Prozessor und im Betriebssystem nötig. In der täglichen Programmierarbeit werden Sie diese Varianten mit großer Wahrscheinlichkeit nie benötigen. Bei Interesse sei auf das Buch von Anthony Williams (Williams 2012) verwiesen.

Wie setzt man es ein?

Setzen Sie atomare Operationen ein, wenn die zu synchronisierenden Daten entsprechend einfach sind. Das ist eine sichere, schnelle und manchmal sogar weniger fehleranfällige Alternative zu Mutexen.

Wie schon erwähnt, initialisiert der Standardkonstruktor das atomare Objekt nicht vollständig. Sie sollten also immer den Konstruktor mit Startwert einsetzen. Wo dies nicht möglich ist, müssen Sie nach der Konstruktion als erstes die Funktion *atomic_init* aufrufen.

Auf einer weiteren Ebene kann man atomare Operationen dazu verwenden, den Zugriff auf komplexe Datenstrukturen sperrenfrei (lockfree) zu synchronisieren. Das ist ein äußerst interessantes Thema, das zu schnellen, latenzarmen und Deadlock-freien parallelen Programmen führen kann, wenn man alles richtig macht.

Stellen Sie sich vor, dass in Ihrem Programm eine Warteschlange benötigt wird, an die mehrere Threads gleichzeitig Elemente anhängen und Elemente aus hier herausnehmen können. Die einfachste Implementierung hierfür ist, die Warteschlange mit einem Mutex zu versehen und alle öffentlichen Methoden innerhalb einer Sperre auszuführen:

```
class Queue {
public:
  void Push(int v) {
    std::lock_guard<std::mutex> lock(mutex_);
    data_.push(v);
  }
  int Pop() {
    std::lock_guard<std::mutex> lock(mutex_);
    int r = data_.front();
```

```
    data_.pop();
    return r;
  }
private:
  std::queue<int> data_;
  std::mutex mutex_;
};
```

Diese Implementierung sperrt die Warteschlange als Ganzes bei jeder Operation und bedingt dadurch nicht nur einen merklichen zusätzlichen Verarbeitungsaufwand, sondern blockiert auch alle zugreifenden Threads bis auf einen. Im Extremfall führt das dazu, dass die Threads gar nicht parallel arbeiten können, sondern durch die Warteschlange serialisiert werden.

Bei einer intelligenteren Implementierung müsste der gegenseitige Ausschluss aber nicht so grobgranular sein. Zum Beispiel kann in vielen Situationen gleichzeitig ein Thread ein Element hinten anfügen, während ein anderer eines vorne heraus nimmt. Das Kopieren oder Verschieben der Elemente in und aus der Warteschlange muss also nicht unbedingt gegenseitig verriegelt werden. Es kann ausreichen, die entsprechenden Zähler und/oder Zeiger mit Hilfe von atomaren Operationen zu verändern, um eine korrekte Implementierung ohne Sperren zu realisieren. Solche sperrenfreie (lock-free) Implementierungen sind zwar sehr schwierig zu planen und zu implementieren, aber dafür garantieren sie höchste Performanz. In Williams 2012 finden Sie mehr über dieses Thema.

Wenn Sie noch weitergehen wollen, können Sie auch atomare Operationen mit weniger restriktiven Speichermodellen durchführen, um noch etwas mehr Performanz herauszuholen. Auch darüber finden Sie im Buch von Anthony Williams mehr Informationen.

Wer unterstützt es?

Standard C++11

MSVC ab 2012

GCC ab 4.4

Wo gibt es mehr Infos?

Header <atomic>

5.16 „exception_ptr"-Klasse

Worum geht es?

Im Smartpointer *exception_ptr* kann ein Ausnahmeobjekt beliebigen Typs gespeichert und wieder geworfen werden:

```
class Foo
{
public:
  void Execute() {
    try {
      DoSomething();
    } catch(...) {
      // Ausnahmeobjekt merken
      currentException_ = std::current_exception();
    }
  }

  void Check() {
    // Falls ein Ausnahmeobjekt gespeichert ist, hier werfen.
    if (currentException_)
      std::rethrow_exception(currentException);
  }
private:
  exception_ptr currentException_;
};
```

Was steckt dahinter?

exception_ptr löst ein Problem, das die meisten anderen Programmiersprachen gar nicht haben. Da jeder beliebige Typ als Ausnahmeobjekt benutzt werden kann, gab es bisher keine Möglichkeit, im *catch(...)*-Block die Ausnahme abzuspeichern. Da dies für die Multithreading-Bibliothek aber unerlässlich ist, wurde *exception_ptr* erfunden.

Multithreading ist dann auch effektiv der einzige Anwendungsfall. Wenn eine Funktion im selben Thread eine Ausnahme wirft, gibt es eigentlich keinen Grund, sie zu speichern und erst später erneut zu werfen. Wenn aber, auf das Beispiel bezogen, *Execute* in einem Hintergrundthread gestartet wird, muss die Ausnahme zum Aufrufer transportiert werden, also zurück in den aufrufenden Thread. Und genau dafür ist *exception_ptr* gemacht.

Diese Klasse sieht aus wie eine harmlose Bibliotheksklasse, aber, wie schon gesagt, ist die Funktionalität mit C++-Mitteln gar nicht realisierbar. Deshalb ist hier Compiler-Magic mit im Spiel, ähnlich wie ja auch bei den Initialisierer-Listen (siehe Kapitel 2.14).

Wie setzt man es ein?

Das beschriebene Muster ist so ziemlich der einzige Anwendungsfall für *exception_ptr*. Leider ist es nicht möglich, auf das im Smartpointer enthaltene Ausnahmeobjekt zuzugreifen und etwa seinen Typ abzufragen. Auf diese Weise könnte man generische Ausnahmebehandlung realisieren. Auch die Idee, in einer äußeren Ausnahme eine innere Ausnahme als *exception_ptr* mitzuführen, ist nicht fruchtbar, weil man aus der inneren Ausnahme keinerlei Information gewinnen kann.

Nach einem *rethrow_exception* ist der *exception_ptr* immer noch belegt, deshalb müssen Sie darauf achten, dass er nur einmal im Gültigkeitsbereich geprüft wird.

Wer unterstützt es?

Standard C++11

MSVC ab 2010

GCC spätestens ab 4.8

Wo gibt es mehr Infos?

Header <exception>

6 Anhang

6.1 Glossar

Das Glossar erläutert Begriffe, die bei der Beschreibung der Sprache C++ eine wichtige Rolle spielen. Sie werden in diesem Buch an mehreren Stellen verwendet, gehören aber nicht zum eigentlichen Thema, weil sie nicht neu in C++11 bis C++17 sind.

Aggregat – Aggregate

Aggregate nennt man C-Arrays oder Klassen, die schon vor C++11 mit geschweiften Klammern initialisiert werden konnten. Beispiele sind:

```
int numbers[] = {1, 2, 3, 4};
struct { std::string a; double b; } pair = { "Otto", 3.1415};
```

Die vollständige Definition lautet:

Ein Aggregat ist ein Array oder eine Klasse ohne

- benutzerdefinierten Konstruktor
- Elementvariablen, die mit Gleichheitszeichen oder geschweiften Klammern initialisiert sind
- private oder geschützte (protected) nicht-statische Elementvariablen
- Basisklassen
- virtuelle Funktionen

Atomare Operation – Atomic Operation

Als atomar bezeichnet man eine Operation, wenn sie unteilbar ist. Andere Threads können dann keine Zwischenzustände dieser Operation sehen. Der Name kommt daher, dass „atomos" auf Altgriechisch „unteilbar" bedeutet. Auch die Atome der Physik haben ihren Namen daher. Nur wissen wir inzwischen, dass sie sehr wohl teilbar sind.

Auch in der Programmierung sind Operationen teilbar, von denen man es nicht vermuten würde. Nicht einmal

```
bool ready(false);
```

oder

```
i = 3
```

sind garantiert atomar. Von komplizierten Anweisungen wie

```
if (i > 3) i = 5
```

ganz zu schweigen.

Betriebssysteme bieten aber echte atomare Operationen an, wie zum Beispiel

```
long InterlockedIncrement(long volatile* addend);
```

unter Windows oder

```
long __sync_fetch_and_add(long* ptr, long value, ...);
```

unter Linux. Diese Funktionen greifen meistens auf entsprechende Anweisungen des Prozessors zurück. Außerdem kann man mit Synchronisierungsobjekten wie Mutexen ganze Codebereiche quasi atomar machen. Die C++11-Standardbibliothek bietet für beides Klassen an, die in Kapitel 5.15 und Kapitel 5.6 beschrieben sind.

Aufrufbares Objekt – Callable Object

Alles, was man wie eine Funktion mit runden Klammern und Parametern aufrufen kann und eventuell auch ein Ergebnis zurückliefert, wird aufrufbares Objekt genannt. Im Einzelnen sind das:

- normale Funktionen oder statische Elementfunktionen
- nicht-statische Elementfunktionen, die mit dem ausführenden Objekt als ersten Parameter aufgerufen werden
- Lambda-Funktionen (siehe Kapitel 2.17)

- Funktionsobjekte, auch Funktoren genannt, also Instanzen von Klassen, die den Aufrufoperator *operator()* implementieren

Einige Templates der Standardbibliothek können mit allen Arten von aufrufbaren Objekten benutzt werden, insbesondere *bind* (Kapitel 4.6), *async* (Kapitel 5.1) und *function* (Kapitel 4.7).

Bindung – Linkage

Bindung beschreibt die Art, wie Namen von Objekten und Funktionen zwischen Übersetzungseinheiten ausgetauscht werden.

Interne Bindung:

Interne Bindung haben Namen, die nur innerhalb der Übersetzungseinheit sichtbar sind. Derselbe Name in einer anderen Übersetzungseinheit kann auf etwas anderes verweisen, ohne dass es Konflikte gibt.

- Interne Bindung haben Variable und Funktionen auf Dateiebene, die mit *static* gekennzeichnet sind:

```
static int InternalValue;
```

- Außerdem haben in C++ Konstanten auf Dateiebene ebenfalls interne Bindung. Dadurch kann man eine typische Definition wie die folgende in den Header aufnehmen.

```
const int maxLength = 98;
```

Externe Bindung:

Der Name verweist in allen Übersetzungseinheiten des Programms auf dasselbe Objekt. Das bedeutet aber nicht automatisch, dass er überall sichtbar ist und verwendet werden kann. Externe Bindung haben:

- Auf Dateiebene deklarierte Namen mit dem Spezifizierer *extern*

```
extern int ExternalValue;
```

- statische Elementfunktionen und Elementvariablen
- Elementfunktionen und Elementvariablen

Keine Bindung:

Der Name ist nur innerhalb seines →Sichtbarkeitsbereichs gültig. Keine Bindung haben die folgenden Namen, wenn sie nicht explizit als statisch oder extern gekennzeichnet sind.

- Funktionsparameter
- Variablen innerhalb eines Blocks
- Aufzählungstypen
- mit *typedef* definierte Bezeichner

boost

boost ist eine Sammlung von C++-Bibliotheken, die inzwischen sehr weit verbreitet ist. Die Bibliotheken stehen meist unter der Boost Software License oder unter ähnlichen Lizenzen, die eine freie Benutzung für alle möglichen Arten von Projekten erlauben.

boost etabliert einen Reviewprozess, um die Qualität der Beiträge sicherzustellen. Viele der neuen Features in der Standardbibliothek ab C++11 wurden aus Boost übernommen. Mehr Informationen finden Sie auf der Website *www.boost.org*.

C-Array

Ein Array im C-Stil, also zum Beispiel:

```
int myArray[80];
```

Ein C-Array ist ein Aggregat und ein trivialer Typ. Es hat außerdem Standardlayout und ist damit ein POD. Im Gegensatz zu C-Arrays stehen die Arrays der Standardbibliothek, also Instanzen der Klasse *array* (Kapitel 4.9).

C-String

Ein C-Array von Zeichen mit Nullterminierung wird als C-String bezeichnet:

```
char string1[100];
wchar_t string2[100];
```

```
char16_t string3[100];
char32_t string4[100];
```

Die Bezeichnung C-String dient zur Unterscheidung von den String-Klassen der Standardbibliothek, also *string*, *wstring*, *u16string* und *u32string*.

Datenwettlauf – Data Race

Eine race condition, die durch gemeinsamen Zugriff auf Daten von mehreren Threads aus entsteht. Eine data race liegt dann vor, wenn

- mehrere Threads gleichzeitig auf die gleichen Daten zugreifen und
- mindestens einer der Threads einen Schreibzugriff ausführt und
- keine Synchronisierung über Mutexe oder ähnliches stattfindet.

In diesem Fall ist die Reihenfolge von Teilzugriffen undefiniert und das Ergebnis hängt von ihrer zufälligen Reihenfolge ab. In den meisten Fällen ist eine data race unerwünscht.

Verklemmung – Deadlock

Eine Verklemmung entsteht, wenn zwei oder mehrere Threads sich gegenseitig blockieren. Sie warten dann jeweils auf den anderen, können nicht mehr fortgesetzt werden und kommen also nie zum Ende.

In der typischen Deadlock-Situation benötigen zwei Threads T1 und T2 jeweils die beiden selben Ressourcen R1 und R2. Sie reservieren diese Ressourcen für sich, wodurch der andere Thread auf die Freigabe der Ressource warten muss und solange blockiert.

1. T1 reserviert R1.
2. T2 reserviert R2.
3. T1 möchte R2 reservieren und blockiert, weil sie von T2 reserviert ist.
4. T2 möchte R1 reservieren und blockiert, weil sie von T1 reserviert ist.

Üblicherweise verhindert man Deadlocks, indem jeder Thread alle benötigten Ressourcen in der immer gleichen Reihenfolge reserviert. Man kann auch die Wartezeit beschränken und auf diese Weise erkennen, dass wahrscheinlich ein Deadlock vorliegt. In diesem Fall muss das Programm reagieren und zum Beispiel abbrechen oder alle Ressourcen freigeben und neu zu belegen versuchen.

Funktionsobjekt – Function Object

siehe Funktor

Funktor – Functor

Eine Klasse, welchen den Aufrufoperator mit den runden Klammern implementiert, heißt Funktor oder Funktionsobjekt.

```
class Functor
{
public:
  Functor(int a1, const std::string& a2): a1_(a1), a2_(a2) {
  }
  bool operator()(double a) {
    return Call(a1_, a2_, a);
  }
private:
  bool Call(int a1, const std::string& a2, double a3) {
    ...
  }
  int a1_;
  std::string a2_;
};
```

Eine *Funktor*-Instanz kann man aus syntaktischer Sicht aufrufen wie eine Funktion:

```
Functor f(999, "Meyers");
bool b = f(8.3);
```

Aus diesem Grund lassen sich Funktoren auf die gleiche Weise an Templatefunktionen und Templateklassen übergeben wie normale Funktionen. Beispiele hierfür sind viele Algorithmen der Standardbibliothek wie *for_each* und *sort*. Noch allgemeiner ist das Konzept der →aufrufbaren Objekte.

Gültigkeitsbereich, Geltungsbereich

Der Gültigkeitsbereich oder Geltungsbereich einer Variablen ist offiziell nicht so richtig definiert. Im Grunde bezieht er sich auf die →Lebensdauer einer Variablen, meint aber den Bereich im Code zwischen Konstruktion und Destruktion, wenn die Sichtbarkeit mit der Lebensdauer übereinstimmt.

Lebensdauer – Lifetime

Die Lebensdauer bezeichnet den Zeitraum, in dem eine Variable einen Speicherplatz zugewiesen hat und einen gültigen Wert enthält. Die Lebensdauer lokaler Objekte wird manchmal auch →Gültigkeitsbereich oder →Geltungsbereich genannt.

Eine automatische Variable innerhalb eines Blocks hat zum Beispiel eine Lebenszeit, die mit dem Betreten des Blocks beginnt und mit seinem Verlassen endet. Hat die Variable aber die Speicherklasse *statisch*, lebt sie während der gesamten Programmausführung, auch wenn sie nur innerhalb des Blocks →sichtbar ist.

```
// Die Sichtbarkeit von b1 und b2 ist gleich: Nur innerhalb des
// Blocks. Ihre Lebensdauer aber ist unterschiedlich.
void Foo()
{
  // Konstruktor von b1 wird beim Betreten des Blocks
  // aufgerufen.
  Bar b1(1);
  // Konstruktor von b2 wird vor dem ersten Aufruf von Foo
  // ausgeführt. Destruktor von b2 wird am Ende des Programms
  // aufgerufen.
  static Bar b2(2);
  …
  // Destruktor von b1 wird beim Verlassen des Blocks
  // aufgerufen.
}
// Destruktor von b2 wird beim Programmende aufgerufen.
```

Literaler Typ – Literal Type

Ein literaler Typ ist ein Typ, dessen Instanzen zur Übersetzungszeit erzeugt werden können. Im Detail sieht die Definition so aus:

Ein literaler Typ ist ein skalarer Typ, Referenztyp oder Klassentyp mit folgenden Eigenschaften:

- Er hat einen trivialen Destruktor.
- Alle Konstruktor- und Initialisiereraufrufe für nicht-statische Elementvariablen sind konstante Ausdrücke (siehe Kapitel 2.18 und 2.20).
- Er ist ein Aggregat oder hat mindestens einen *constexpr*-Konstruktor außer dem Kopier- und Verschiebekonstruktor.
- Alle nicht-statischen Elementvariablen und Basisklassen sind literale Typen.

Auch C-Arrays von literalen Typen sind literale Typen. Mit dem Typmerkmal *is_literal_type* (siehe Kapitel 3.12) können Sie prüfen, ob ein Typ literal ist oder nicht. Diese Eigenschaft ist entscheidend, wenn Sie eigene Literale (siehe Kapitel 2.25) definieren wollen.

Livelock – Livelock

Eine gebräuchliche deutsche Übersetzung für diesen Begriff gibt es nicht. Während sich beim →Deadlock mehrere Threads blockieren und nichts mehr tun, führen sie beim Livelock zwar ständig Aktionen aus, erzielen dadurch aber trotzdem keinen Fortschritt.

Zum Beispiel könnte man versuchen, die im Abschnitt über Verklemmung beschriebene Situation zu erkennen und zu umgehen, indem ein Thread nach fünf Sekunden vergeblichen Wartens den Sperrversuch aufgibt, seine Ressource freigibt und dann die Ressourcen in der umgekehrten Reihenfolge reserviert:

1. T1 reserviert R1.
2. T2 reserviert R2.
3. T1 möchte R2 reservieren und blockiert, weil sie von T2 reserviert ist.
4. T2 möchte R1 reservieren und blockiert, weil sie von T1 reserviert ist.
5. Fünf Sekunden nach 3. gibt T1 R1 frei und reserviert R2.
6. Fünf Sekunden nach 4. gibt T2 R2 frei und reserviert R1.
7. T1 möchte R1 reservieren und blockiert, weil sie von T2 reserviert ist.
8. T2 möchte R2 reservieren und blockiert, weil sie von T1 reserviert ist.

Glossar

Unter bestimmten Randbedingungen kann dies auf ewig so weitergehen. Beide Threads arbeiten, kommen aber effektiv nicht voran.

Metaprogrammierung – Meta Programming

Im Kontext von C++ beschreibt Metaprogrammierung die Programmierung mit Templates im Sinne einer eigenständigen Programmiersprache. Kennzeichnend für die Template-Metaprogrammierung ist, dass ein Teil des Programms zur Übersetzungszeit ausgeführt wird. Aber nicht jede Templatefunktion oder Templateklasse ist Metaprogrammierung. Zum Beispiel hat eine Containerklassen mit Templateparameter wie *vector*<> mit Metaprogrammierung nichts zu tun. Die im Kapitel 3.9 erwähnte typsichere *printf*-Funktion ist dagegen ein schönes Beispiel für Metaprogrammierung.

In der Template-Metaprogrammierung existieren die wichtigsten Konzepte, die eine Programmiersprache benötigt:

Konzept	Template-Metaprogrammierung
Funktion	Templateklasse
Variable/Wert	Typdefinition/Aufzählungswert in der Templateklasse
Funktionsparameter und -argumente	Templateparameter und -argumente
Schleife	Rekursive Templateklassendefinition
Bedingte Ausführung (*if*, *switch*)	unterschiedliche Spezialisierung der Templates

In modernem C++ spielt die Metaprogrammierung eine große Rolle. In Alexandrescu 2001 finden Sie eine hervorragende Quelle für dieses Themengebiet.

POD – POD

POD steht für Plain Old Data und bezeichnet lax gesagt einen Typen ohne Compilermagie, eben einfach nur Daten und normale Elementfunktionen. POD-Variablen kann man statisch initialisieren, mit *memcpy* kopieren, und sie haben dieselbe interne Speicherstruktur wie ihre Entsprechungen in klassischem C (siehe „Standardlayout"). Das bedeutet, dass man sie an Schnittstellen zwischen C- und C++-Code zum Austausch von Daten einsetzen kann.

Im Detail lauten die Regeln so:

- Skalare Typen sind POD.
- Eine POD-Klasse ist eine Struktur oder Union, die sowohl trivial ist als auch ein Standardlayout hat und die wiederum keine nicht-POD-Klassen enthält.
- C-Arrays von POD sind POD.

Ob eine Klasse oder Union ein POD ist, sagt Ihnen das Typmerkmal *is_pod* (Kapitel 3.12).

RAII – Resource Acquisition is Initialization

Zu Deutsch bedeutet die Abkürzung: Ressourcenanforderung ist Initialisierung. Gemeint ist damit ein Idiom, bei dem die Initialisierung einer Klasse gleichzeitig auch die benötigten Ressourcen anfordert. Diese Ressourcen werden dann im Destruktor freigegeben und damit ist es sicher, dass kein Ressourcenleck entstehen kann, auch dann nicht, wenn eine Ausnahme auftritt.

Beispiele für RAII in der Standardbibliothek sind Smartpointer (siehe Kapitel 4.2, 4.3, 4.4 und 5.16) und die Klasse *lock_guard* (siehe Kapitel 5.8).

Sichtbarkeitsbereich – Scope

Der Sichtbarkeitsbereich eines Namens ist der Bereich im Quellcode, wo der Name verwendet werden darf. Es gibt drei Arten von Sichtbarkeitsbereichen

Datei: Name ist in der gesamten Übersetzungseinheit sichtbar.

```
// Außerhalb aller Funktionen und Klassen definiert:
int IntegerOnFileScope;
```

Klasse: Name ist innerhalb der Klasse sichtbar.

```
class Foo
{
public:
  void DoSomething();
};
```

Block: Name ist innerhalb eines Blocks sichtbar:

```
if (b) {
  // Sichtbar nur innerhalb des Blocks
  std::string name;
  ...
}
```

Die Sichtbarkeit kann auch eingeschränkt sein, wenn zum Beispiel in einer Funktion eine lokale Variable mit demselben Namen definiert wird wie eine globale Variable.

Sichtbarkeit und →Lebensdauer sind unabhängige Konzepte. Eine statische lokale Variable hat zum Beispiel die Sichtbarkeit *Block* aber die Lebensdauer *Programm*.

Spezielle Elementfunktion – Special Member Function

Elementfunktionen, die der Compiler automatisch generiert, wenn sie nicht im Programm definiert sind, heißen spezielle Elementfunktionen. In modernem C++ gibt es folgende:

Standardkonstruktor – default constructor

`Foo::Foo();`

Kopierkonstruktor – copy constructor

`Foo::Foo(const Foo&);`

Verschiebekonstruktor – move constructor

`Foo::Foo(Foo&&);`

Kopierender Zuweisungsoperator – copy assignment operator

`Foo& operator=(const Foo&);`

Verschiebender Zuweisungsoperator – move assignment operator

`Foo& operator=(Foo&&)`

Destruktor – destructor

~Foo()

SFINAE – Substitution Failure is not an Error

Auf Deutsch könnte man SFINAE übersetzen als „Es ist kein Fehler, wenn die Ersetzung fehlschlägt". Diese Regel bedeutet, dass es bei einer Templateinstanziierung noch kein Problem ist, wenn bei einem oder mehreren Kandidaten die Typersetzung nicht klappt. Der Compiler sucht dann nach weiteren Templates, die passen könnten, und wenn er eines findet, ist alles in Ordnung.

Das ist im Grunde ganz ähnlich wie beim Überladen von Funktionen. Wenn ein bestimmter Funktionsaufruf nicht auf eine bestimmte Überladung passt, macht das nichts. Dann wird eben eine andere Überladung gesucht, deren Parameter übereinstimmen. Soweit ist SFINAE nur eine mehr oder weniger selbstverständliche Vorgehensweise beim Übersetzen von C++-Templates.

Es gibt aber auch Programmiertechniken, die dieses Prinzip ausnutzen. Auf diese Weise kann man mit zwei Templatefunktionen zum Beispiel testen, ob ein Typ ein bestimmtes *typedef* enthält oder nicht.

Standardlayout – Standard Layout

Ein Typ hat das Standardlayout, wenn er im Speicher genauso organisiert ist wie der entsprechende Typ in C. Damit das so ist, muss er folgende Bedingungen erfüllen:

- Er enthält keine nicht-statischen Elementvariablen, die selbst kein Standardlayout haben oder Referenzen sind. Dann wäre das Speicherlayout natürlich nicht kompatibel mit C, denn Referenzen kennt C nicht.

- Er hat keine virtuellen Funktionen oder virtuellen Basisklassen. Denn dann gäbe es vermutlich einen Zeiger auf eine virtuelle Methodentabelle, die C nicht kennt.

- Er definiert dieselben Zugriffsmodifizierer (also *private*, *protected*, *public*) für alle seine Elementvariablen. Ansonsten würde der Compiler eventuell die Variablen umorganisieren.

Glossar

- Er hat entweder keine Basisklasse mit nicht-statischen Elementvariablen oder wenn, dann darf zumindest die letzte abgeleitete Klasse keine nicht-statischen Elementvariablen enthalten, und es darf höchstens eine Basisklasse geben, die nicht-statische Elementvariablen enthält.
- Er ist nicht von der Klasse seiner ersten nicht statischen Elementvariablen abgeleitet.

Die Eigenschaft *Standardlayout* kann mit dem Typmerkmal *is_standard_layout* (siehe Kapitel 3.12) überprüft werden.

Statische Initialisierung – Static Initialization

Statische Initialisierung bedeutet, dass der Wert, mit dem ein Objekt initialisiert wird, zur Übersetzungszeit berechnet werden kann. Die Berechnung und die Zuweisung müssen dann nicht mehr zur Laufzeit erfolgen:

```
int a = 4;
```

Dem gegenüber steht die dynamische Initialisierung, wo das nicht der Fall ist:

```
int b = Foo(a);
```

Statische Initialisierung ist möglich mit Literalen oder *constexpr*-Ausdrücken (siehe Kapitel 2.20) als Initialisierer.

Temporäres Objekt – Temporary Object

Ein Objekt ohne Name, das durch Aufruf des Konstruktors erzeugt wird:

```
Foo(std::string("C", 100));
```

erzeugt eine *string*-Instanz und übergibt sie an die Funktion *Foo*. Das temporäre Objekt lebt solange, bis der Ausdruck komplett ausgewertet ist.

Ganz präzise gesagt, dauert die Lebensdauer eines temporären Objekts, bis der vollständige Ausdruck, zum dem es gehört, abgearbeitet ist. Ein vollständiger Ausdruck ist ein Ausdruck, der nicht Teil eines anderen Ausdrucks ist. Im Aufruf

```
Bar(Foo(std::string("C", 100));
```

ist

```
Foo(std::string("C", 100))
```

ein Teilausdruck. Damit lebt der String, bis auch *Bar* abgearbeitet ist. Innerhalb von *if*, *do*, *while*, *switch* etc. geht der vollständige Ausdruck bis zur schließenden runden Klammer.

Die Lebenszeit eines temporären Objekts kann verlängert werden, indem man es einer Referenzvariablen zuweist. In diesem Fall lebt das temporäre Objekt so lange, wie die Referenzvariable.

Trivialer Typ – Trivial Type

Wenn ein Typ trivial ist, kann er ohne Argumente initialisiert werden und beispielsweise durch *memcpy* kopiert oder durch *memset* auf Null gesetzt werden. Dazu darf er keine nicht-triviale Fassung der folgenden speziellen Elementfunktionen enthalten:

- Kopierkonstruktor
- Verschiebekonstruktor
- kopierender Zuweisungsoperator
- verschiebender Zuweisungsoperator

Zudem muss er einen trivialen Standardkonstruktor und trivialen Destruktor besitzen. Die genannten Funktionen gelten als trivial, wenn sie vom Compiler generiert wurden, also nicht benutzerdefiniert sind, wenn die Klasse weder virtuellen Funktionen noch virtuelle Basisklassen enthält und diese Eigenschaften auch für alle Elementvariablen und die Basisklasse gelten.

Einen trivialen Typ erkennen Sie am Typmerkmalt *is_trivial* (siehe Kapitel 3.12).

UTF-8/16/32

UTF-8, UTF-16 und UTF-32 sind Kodierungen von Unicode in 8-Bit-Zeichen (*char*), 16-Bit-Zeichen (*char16_t*) oder 32-Bit-Zeichen (*char32_t*). Unicode hat den Anspruch, alle existierenden Zeichen darstellen zu können, und enthält deshalb momentan über eine Million Codepunkte. Um diese Vielfalt darstellen zu können, gibt es in den Kodierungen UTF-8 und UTF-16 Sequenzen von mehr als einem Zeichen für einen Codepunkt. So hat zum Beispiel der Codepunkt U+00C4, der das Ä darstellt, in UTF-8 die Kodierung 0xc384 aus zwei *char*-Werten. In diesen Kodierungen ist der C++-String also manchmal länger als der dadurch dargestellte Text.

6.2 Literatur

[1] Alexandrescu 2001
   Modern C++ Design – Generic Programming and Design Patterns Applied: Andrei Alexandrescu, 2001

[2] Becker 2006
   The C++ Standard Library Extension: Pete Becker, 2006

[3] Grimm 2012
   C++11 – Der Leitfaden für Programmierer zum neuen Standard: Rainer Grimm, 2012

[4] Meyers 2015
   Effektives modernes C++: Scott Meyers, 2015

[5] Josuttis 2012
   The C++ Standard Library: A Tutorial and Reference, 2nd edition: Nicolai M. Josuttis

[6] Sutter 2005
   C++ Coding Guidelines – 101 Rules, Guidelines, and best practices: Herb Sutter, 2005

[7] Williams 2012
   C++ Concurrency in Action – Practical Multithreading: Anthony Williams, 2012

Stichwortverzeichnis

A

Ableitung
 verhindern 45
Ableitungshierarchie 45
add_const 149
add_cv 149
add_lvalue_reference 149
add_pointer 149
add_rvalue_reference 149
add_volatile 149
Aggregat 68, 305
Alarm
 falscher 288
Alias-Template 129
alignas 110
aligned_storage 149
aligned_union 150
alignment_of 148
alignof 110
any 212
array 197
Array
 mit fester Länge 197
assign
 forward_list 195
at
 array 198
atomare Operation 296, 305
atomic 296

atomic_init
 atomic 300
Attribut 31
aufrufbares Objekt 306
 gebundenes 79
Aufzählung
 streng typisierte 25
Ausführung
 einmalig 284
Ausnahmespezifikation 29
Audsruck
 gebundener 192
 regulärer 230
auto 19
 bei nachgestelltem Ergebnistyp 23
Automatische Typableitung
 mit auto 19
auto_ptr 168
awk
 Grammatik 231

B

back
 array 198
basic
 Grammatik 231
basic_regex<> 231
Bedingungsvariablen 287

before_begin
  forward_list 194
begin
  array 198
  forward_list 194
Bereich-basierte for-Schleife 61
  verallgemeinerte 64
bernoulli_distribution 227
Bernoulli-Verteilung 227
bind 187
bind expression 192
Bindung 307
  externe 307
  interne 307
  keine 308
  strukturierte 112
boost 308
Bruch 217
busy wait 290

C

C-Array 308
cbefore_begin
  forward_list 194
cbegin 238
  array 198
  forward_list 194
cend 238
  array 198
  forward_list 194
clear
  forward_list 195
clock 220
Closure 77
common_type 150
compare_exchange_strong
  atomic 298

conditional 150
condition_variable 287
constexpr 83
constexpr if 162
Container
  Hash-basierter 200
copy assignment operator 315
copy constructor 315
crbegin
  array 198
cref 141
crend
  array 198
C-String 308

D

data
  array 198
Data Race 309
Daten
  Thread-lokale 282
Datenwettlauf 309
Deadlock 277, 309, 312
decay 150
decltype 121
  auto 123
declval 161
default
  Spezifizierer 47
Default-Argumente
  für Funktions-Templates 127
default constructor 315
default_random_engine 228
deferred
  future_status 247
delete
  Spezifizierer 47

deprecated
  Attribut 32
Destruktor 51, 316
detach 253
distribution 225, 227
duration 220, 221
  clock 221

E

ECMAScript
  Grammatik 231
egrep
  Grammatik 231
Elementfunktion
  spezielle 315
emplace 238
emplace_after
  forward_list 195
emplace_back 238
emplace_front
  forward_list 195
empty
  array 198
  forward_list 194
enable_if 150
end
  array 198
  forward_list 194
engine 225
enum class 25
enum struct 25
erase_after
  forward_list 195
error_category 235
error_code 235
error_condition 235

exchange
  atomic 298
exponential_distribution 227
Exponentialverteilung 227
extended
  Grammatik 231
extent 148

F

fallthrough
  Attribut 32
Faltungsausdruck
  in variadischen Templates 139
Fehlercode 233
Fehlerwert 235
fetch_add
  atomic 298
fetch_and
  atomic 298
fetch_or
  atomic 298
fetch_sub
  atomic 298
fetch_xor
  atomic 298
fill
  array 198
final 45
for-Schleife
  Bereich-basierte 61
forward 156
forward_as_tuple 208
forward_list 194
friend
  erweitertet Deklaration 89
from_time_t 221

front
  array 198
  forward_list 194
function 190
Function Object 310
Functor 310
Funktionsabschluss 77
Funktionsobjekt 79, 310
Funktor 79, 191, 310
future 245, 247, 257, 262
future_exception 247
future_status 247

G

Geltungsbereich 311
get 208
  future 247
get<> 215
get_id
  this_thread 253
Grammatik
  für reguläre Ausdrücke 231
grep
  Grammatik 231
Gültigkeitsbereich 311

H

Hash-Tabelle 200
has_virtual_destructor 148
high_resolution_clock 221

I

Implementierung
  automatische, löschen 47
  automatische, wiederherstellen 47
Initialisierer-Liste 65, 69
Initialisierung
  einheitliche 68
inline namespace 105
Inline-Variable 117
insert_after
  forward_list 195
int8_t 165
int16_t 165
int32_t 165
int64_t 165
Integraler Typ
  mit definierter Länge 165
intptr_t 165
is_abstract 147
is_arithmetic 147
is_array 146
is_assignable 148
is_base_of 149
is_class 146
is_compound 147
is_const 147
is_constructible 148
is_convertible 149
is_copy_assignable 148
is_copy_constructible 148
is_default_constructible 148
is_destructible 148
is_empty 147
is_enum 146
is_floating_point 146
is_function 146
is_fundamental 147
is_integral 146
is_literal_type 147

is_lock_free
 atomic 299
is_lvalue_reference 146
is_member_function_pointer 147
is_member_object_pointer 146
is_member_pointer 147
is_move_assignable 148
is_move_constructible 148
is_nothrow_assignable 148
is_nothrow_constructible 148
is_nothrow_copy_assignable 148
is_nothrow_copy_constructible 148
is_nothrow_default_constructible 148
is_nothrow_destructible 148
is_nothrow_move_assignable 148
is_nothrow_move_constructible 148
is_object 147
is_pod 147
is_pointer 146
is_polymorphic 147
is_reference 147
is_rvalue_reference 146
is_same 149
is_scalar 147
is_signed 147
is_standard_layout 147
is_steady 221
 clock 221
is_trivial 147
is_trivially_assignable 148
is_trivially_constructible 148
is_trivially_copyable 147
is_trivially_copy_assignable 148
is_trivially_copy_constructible 148
is_trivially_default_constructible 148
is_trivially_destructible 148
is_trivially_move_assignable 148
is_trivially_move_constructible 148
is_union 146
is_unsigned 147
is_void 146
is_volatile 147

J

join
 thread 252
joinable 253

K

Kodierung
 von Zeichenketten-Literalen 92
Kompilierung
 bedingte im Template 162
Konstante Ausdrücke 83
Konstruktor 47, 52, 56
 vererben 56
Konstruktoraufruf
 delegieren 52
 in Konstruktoren 52
Kopierender Zuweisungsoperator 315
Kopierkonstruktor 47, 315

Stichwortverzeichnis

L

Lambda-Bindung
  initialisiert   80
Lambda-Funktion   72
  generische   82
Lesesperre   268
linear_congruential_engine   227
Linkage   307
Liste
  einfach verkettete   194
Literal
  benutzerdefinierter   96
  binäres   91
  Zeitdauer   224
Literaler Typ   311
Literal-Operator   96
Literal Type   311
Livelock   312
lock   264
  mutex   264
lock_guard   266, 269, 279
Lvalue   34

M

make_ready_at_thread_exit
  packaged_task   261
make_signed   149
make_tuple   208
make_unsigned   149
memory barrier   297
merge
  forward_list   195
mersenne_twister_engine   227
Metaprogrammierung   313
move   182
move assignment operator   316

move constructor   315
Move-Semantik   37, 169, 182
mutable   75
mutex   264, 277
Mutex   264, 272, 276, 288, 291, 296
  rekursiver   272
  zweistufiger   267

N

Nachgestellter Ergebnistyp   23
Namensraum
  geschachtelter   116
  inline   104
Nebenläufigkeit   245
next
  für Iterator   237
noexept
  Ausnahmespezifikation   29
noreturn
  Attribut   31
Normalverteilung   227
notify_one
  condition_variable   288
now
  clock   221
nullptr   100
Null-Zeiger   100

O

Objekt
  aufrufbares   190, 246, 306
  temporäres   317
Operation
  atomare   296, 305

Stichwortverzeichnis

operator[]
  array 198
  optional 214
  override 42

P

packaged_task 254
pefect forwarding 156
period
  clock 221
POD 313
pop_front
  forward_list 195
prev
  für Iterator 237
promise 257
push_front
  forward_list 195

Q

quoted
  I/O-Manipulator 240

R

race condition 309
random_device 227
rank 148
ratio 217, 221
Raw-String 93
rbegin
  array 198
ready
  future_status 247
recursive_mutex 272
recursive_timed_mutex 274

ref 141
Referenz-Wrapper 141
regex 231
Reguläre Ausdrücke 230
remove
  forward_list 195
remove_all_extents 149
remove_const 149
remove_cv 149
remove_extent 149
remove_if
  forward_list 195
remove_pointer 149
remove_reference 149
remove_volatile 149
rend
  array 198
resize
  forward_list 195
result_of 150
reverse
  forward_list 195
runtime_error 235
Rvalue 34, 156, 182
Rvalue-Referenz 34, 156, 182

S

Schreibsperre 268
Scope 314
Sequenzkonstruktor 66, 69
set_exception
  promise 258
set_exception_at_thread_exit
  promise 259
set_value
  promise 258

set_value_at_thread_exit
  promise 258
SFINAE 316
shared_future 262
shared_mutex 267
shared_ptr 174, 179
shared_timed_mutex 267
Sichtbarkeitsbereich 314
signed long long 149
size
  array 198
sizeof 111
sleep_for
  this_thread 253
sleep_until
  this_thread 253
Smartpointer 168, 174, 179, 302
sort
  forward_list 195
Speicherschranke 297
splice_after
  forward_list 195
Standardkonstruktor 51, 315
Standardlayout 316
static_assert 106
steady_clock 221, 295
Streuwertabelle 200
String-Literale 92
String-Sicht 241
string_view 241
subtract_with_carry_engine 227
system_clock 221
system_error 233, 235

T

Template
  für Variable 119
  variadisch 133
Templateargument 126
Templateinstanziierung
  externe 131
Temporäres Objekt 317
Thread 245, 252, 257
Thread-ID 253
thread_local 282
throw
  Ausnahmespezifikation 29
tie 208
timeout
  future_status 248
time_point 220
  clock 221
time_t 221
to_time_t 221
Trivialer Typ 318
try_lock
  für mehrere Mutexe 276
try_lock_for
  timed_mutex 265
try_lock_until
  timed_mutex 265
Tupel 207
  Zugriff über Elementtyp 215
tuple 207
tuple_cat 208
tuple_size 208
Typ
  lokaler als Templateargument 126
  unbenannter als Templateargument 126

Typableitung
  automatische, mit auto   19
  decltype(auto)   123
Template-Parameter   128
Typ-Alias   129
Typberechnung   121
type_traits   145
Typmerkmal
  und Aufzählungstyp   28
Typmerkmale   145
  und static_assert   108

U

Überschreiben
  explizites   42
  verhindern   45
Uhr   220
uint8_t   165
uint16_t   165
uint32_t   165
uint64_t   165
uintptr_t   165
underlying_type   150
Unicode-Literale   92
Union
  unbeschränkte   58
unique
  forward_list   195
unique_lock   279
unique_ptr   168
unlock
  mutex   264
unordered_map   200
unordered_multiset   200
unordered_set   200
unsigned long long   149

using
  für Typ-Alias   129
UTF   319

V

valid
  future   247
Variable
  inline   117
Variadische Templates   133
variant   210
Variante   210
  Zugriff über Elementtyp   215
Vererbungshierarchie   45
Verklemmung   309
Verschiebekonstruktor   51, 315
Verschiebender Zuweisungsoperator   316
Verteilung
  von Zufallszahlen   225
Visitor
  Muster mit Lambda-Funktion   77

W

wait   247
  condition_variable   287
wait_for   247
wait_until   247
wake-up
  spurious   288
Warten
  geschäftiges   290
weak_ptr   179
Wert-Initialisierung
  mit geschweiften Klammern   70
wregex   231

Y

yield
 this_thread 253

Z

Zahlenliterale 91
Zahlentrennzeichen 91
Zeichenketten
 Konvertierung in Zahlen 243
Zeichenketten-Literale 92
Zeitdauer 220, 248
Zeitpunkt 220, 248
Zifferntrenner 91
Zufallszahl 225
Zufallszahlen 225
Zusicherung
 statische 106
Zuweisungsoperator 47